北京航空航天大学
70 周年校庆
70th ANNIVERSARY of BUAA
1952-2022

赵巍胜
李艳
吕卫锋 编

卓越领航人

——百名优秀博导谈博士生培养

北京航空航天大学出版社
BEIHANG UNIVERSITY PRESS

内 容 简 介

在北京航空航天大学建校 70 周年之际，北京航空航天大学研究生院特别邀请了 100 名优秀博士生指导教师，就其培养博士生的教育理念、个性经验、指导方式和育人模式等进行回顾和总结，汇编形成了本书。

本书不仅对广大导师培养博士生有指导意义，对中青年学者成长也有重要参考价值。

图书在版编目（CIP）数据

卓越领航人：百名优秀博导谈博士生培养 / 赵巍胜，李艳，吕卫锋编 . -- 北京：北京航空航天大学出版社，2022.10

ISBN 978-7-5124-3903-0

Ⅰ . ①卓… Ⅱ . ①赵… ②李… ③吕… Ⅲ . ①博士生—研究生教育—培养模式—研究—中国 Ⅳ . ① G643.7

中国版本图书馆 CIP 数据核字（2022）第 183713 号

卓越领航人——百名优秀博导谈博士生培养

赵巍胜　李艳　吕卫锋　编

策划编辑　蔡喆　李晓琳　　责任编辑　蔡喆

*

北京航空航天大学出版社出版发行

北京市海淀区学院路 37 号（邮编 100191）　http://www.buaapress.com.cn

发行部电话：（010）82317024　　传真：（010）82328026

读者信箱：goodtextbook@126.com　　邮购电话：（010）82316936

艺堂印刷（天津）有限公司印装　各地书店经销

*

开本：710×1000　1/16　印张：20.75　字数：369 千字

2022 年 10 月第 1 版　2022 年 10 月第 1 次印刷

ISBN 978-7-5124-3903-0　定价：79.00 元

序 言

习近平总书记:"当今世界的综合国力竞争,说到底是人才竞争"。"当前,我国进入了全面建设社会主义现代化国家、向第二个百年奋斗目标进军的新征程,我们比历史上任何时期都更加接近实现中华民族伟大复兴的宏伟目标,也比历史上任何时期都更加渴求人才。"

研究生教育肩负着高层次人才培养和创新创造的重要使命,是国家发展、社会进步的重要基石,也是国家发展水平和发展潜力的重要标志。党的十八大以来,我国研究生教育快速发展,实现了历史性跨越,向研究生教育强国稳步迈进。

北京航空航天大学(以下简称北航)是新中国创建的第一所航空航天高等学府,也是首批设立研究生院的22所高校之一。自1952年建校以来,北航坚持以服务国家为最高追求,落实立德树人根本任务,传承"空天报国"红色基因在人才培养中实现科技创新,在科技创新中培养优秀人才,形成了以大项目、大团队、大平台、大成果、大贡献为特色的博士研究生培养模式。截至2022年10月,共授予博士学位11 400多人,涌现出了一大批基础研究和工程实践的领军领导人才,为我国航空航天事业和国民经济建设做出了重要贡献。

博士学位论文是博士生知识水平、科研能力的集中体现,是评价博士生培养质量的核心指标。为进一步加强高层次创造型人才的培养工作,鼓励创新,提高博士生教育的质量,学校自1998年开始评选校级优秀博士学位论文,已累计评选出419篇,占博士学位论文总数的4%。其中,19篇论文获得全国优秀博士学位论文,26篇论文获得全国优秀博士学位论文提名论文,还有一批论文被评选为北京市和行业学会优秀博士学位论文。在这一过程中,作为博士生学术训练、价值观塑造的重要引路人，博士生导师发挥了重要作用。

建设一流博士生导师队伍，提高导师指导能力，引导导师立德修身、严谨治学、潜心育人，是决定博士生教育人才培养质量的关键因素，是博士生教育的基础性工程。指导博士生是一项高度个体化的活动，在不同个体、高校和不同学科领域之间很难形成具有普遍意义的标准或规范，但充分提炼、总结优秀学位论文指导教师的培养理念和实践经验，不仅对广大博士生导师具有重要的借鉴意义和示范效应，也可以为培养单位进一步完善培养机制、加强导师岗位管理提供重要的事实依据。

为此，我们特别邀请了一百名优秀学位论文指导教师，分别就其如何高质量培养博士生专门进行回顾和总结，汇编形成了本书。这百名博士生导师，分布在学校航空宇航、信息、理科、医工交叉、文科等五大学科群，其中，既有矢志"努力使学生超越自己"年逾九旬的高镇同先生，也有不少"九零后"的青年博导。从每一位博士生导师撰写的字里行间，我们既能够充分感受到他们富有哲理的对人才培养的深刻见解，也能够领略到他们发自肺腑的对人才培养的满腔热情。这些不同学科群导师的成功经验，既有在重视生源选拔和研究选题、开展交叉研究和跨领域创新等方面的共识，也不乏一些不同观点的"交锋"。我们希望通过这种百花齐放、百家争鸣的研讨，有助于我们全方位总结博士生培养的特征，立体化探索博士生培养的规律，共同推动新时代博士生教育高质量内涵式发展、培养造就大批德才兼备的高层次人才。

北京航空航天大学校长（王云鹏）

2022 年 10 月

目 录

航空航天学科群

对我校立德树人使命的一点认识和思考   钟群鹏   2

以人才培养为本　以创新精神铸魂   蒋成保   7

博采众志　因人施教   张佐光   10

构建良好科研氛围，促进学生全面发展   赵立东   14

做学生成长成才的引路人   张　涛   18

教学相长花自开   张世超   21

在实际科研中锤炼   朱立群   24

在博士论文指导中的一些做法   聂景旭   26

研究生学位论文与原始创新   周　盛   29

挑战难题　宁拙勿巧   李晓东   32

校园耕耘六十春："努力使学生超越自己"   高镇同   34

行远自迩、有的放矢，助力学生成长、成才   王晋军   37

治学唯实　攀峰求新   陆启韶   40

点燃一把火——我的博士研究生培养体会   潘　兵   44

细节着手　交流合作   高以天   47

跨越学科　自主创新   沈志刚   49

努力进取　服务国家需求   吴大方   51

以身作则　授人以渔   邱志平   53

以身作则　形成合力   王青云   56

以老带新　多元思考   吕明云   58

勇于创新　敢于应用　甘于寂寞   杨　超   61

产学结合　精益求精   林贵平   63

青出于蓝而胜于蓝   黄　俊   66

重大工程项目培育优秀研究生人才 　　　　　　　　　　　祝　明　70

教学相长　携手前行 　　　　　　　　　　　黄　勇　73

立足机构学前沿　提升博士生创新能力 　　　　　　　　　　　宗光华　76

前沿交叉、需求牵引的创新培养环境 　　　　　　　　　　　张德远　79

航天需求牵引的博士人才培养探讨 　　　　　　　　　　　王春洁　82

在服务国家需求和联合培养过程中成就优秀博士生 　　　　　　　　　　　郑联语　85

探寻内心驱动　立足国际前沿　追求一流卓越 　　　　　　　　　　　文　力　88

知行合一　张弛有度 　　　　　　　李新军　吴向东　90

探奥拓新　亦师亦友 　　　　　　　　　　　万　敏　93

服务国家战略需求　培养新时代高层次人才 　　　　　　　　　　　孟　宝　96

建立良好学术氛围　加强学生能力培养 　　　　　　　　　　　刘献栋　99

学科交叉研究结硕果 　　　　　　　　　　　吴　超　102

以需求为导向，持续创新 　　　　　　　　　　　余贵珍　105

求实创新　可靠为民 　　　　　　　　　　　王自力　108

浅谈博士生培养 　　　　　　　　　　　康　锐　110

从"教学合一"到"学生自治" 　　　　　　　　　　　付桂翠　113

教导筑梦　指导逐梦　引导圆梦 　　　　　　　　　　　马小兵　115

教学相长　互相成就——指导首位博士生的心路历程 　　　　　　　　　　　文美林　117

理想引航　师生同行 　　　　　　　　　　　杨立军　120

咬定工程问题特点，另辟蹊径，发展有效解决方法 　　　　　　　　　　　黄　海　124

师导生行　博优可期 　　　　　　　　　　　刘　宇　127

良驹本天成　伯乐偶得之 　　　　　　　　　　　汤海滨　129

交叉融合　寓教于研 　　　　　　　　　　　姜志国　131

以身作则　用心用情 　　　　　　　　　　　史振威　133

以国家需求为牵引　双螺旋驱动实现研究生"专红并举"培养 　　　　　　　　　　　李海旺　136

以航天综合项目驱动的优秀人才培养 　　　　　　　　　　　刘　昊　139

信息学科群

守正创新　做学生的引路人 　　　　　　　　　　　张　军　144

身先垂范　当好学生并肩作战的队友 　　　　　　　　　　　肖振宇　147

明确培养目标　注重因材施教　　　　　　　　　　　杨晨阳　149

依托团队"五结合"育人　　　　　　　　　　　　　张其善　152

产教融合、国际联合培养集成电路优秀人才　　　　　张有光　155

科研育人　桃李芬芳　　　　　　　　　　　　　　　徐　迈　158

时光不语静待花开　　　　　　　　　　　　　　　　郑　铮　161

认真踏实地进行科学研究　　　　　　　　　　　　　霍　伟　165

为国家培养优秀人才是神圣和光荣的使命　　　　　　毛剑琴　168

想干事　能干事　干成事　　　　　　　　　　　　　吕金虎　181

攀崖式创新与博士生培养　　　　　　　　　　　　　段海滨　186

亦师亦友　共同发展　　　　　　　　　　　　　　　王宏伦　191

筑牢基础　聚焦前沿　　　　　　　　　　　　　　　王　青　195

学好两论是掌握正确科研方法的法宝　　　　　　　　陈伟海　198

唯有热爱　方有成就　　　　　　　　　　　　　　　王少萍　201

建立良好学术氛围　实施闭环培养管理　　　　　　　蔡茂林　203

立德树人　润物无声　　　　　　　　　　　　　　　裴忠才　205

强化科研实践　注重逻辑思维能力培养　　　　　　　郭　宏　207

关于博士研究生教育理念的思考与认识　　　　　　　赵沁平　210

"宽严相济"实现高素质博士生培养　　　　　　　　牛建伟　214

言传身教育英才　　　　　　　　　　　　　　　　　郝爱民　217

因材施教培育创新型人才　　　　　　　　　　　　　李　帅　219

试谈博士生培养过程的"不变量"　　　　　　　　　李　甲　221

传承永恒的陀螺精神　培养仪器科学与技术学科高层次创新人才　　房建成　223

助力学生个性成长　培养分类卓越人才　　　　　　　樊尚春　227

育苗的过程，需要生命的陪伴　　　　　　　　　　　冯丽爽　234

用真心换真情　做学生成长的引路人　　　　　　　　刘建伟　238

因材施教、量体裁衣，为优秀博士生的成长创造条件　伍前红　242

激发无限潜能，培养世界一流的科技创新领军人才　　赵巍胜　246

培养全面发展的高层次创新人才　　　　　　　　　　李　波　251

理科与医工交叉学科群

做落地的应用数学　　　　　　　　　　　　　　　　刘铁钢　254

数学专业博士生培养的"竹石图" 夏 勇 257

点亮学生的闪光点　助力其成为"金子" 陈子瑜 259

与优秀的学生同行是一种幸福 耿立升 261

Importance of Real Education for Future Scientists 谷畑勇夫 265

苔花如米小　也学牡丹开 胜献雷 268

如何培养学生独立开展科研工作的能力 郭 林 271

孜孜不倦为师路　春风化雨润新苗 刘明杰 274

十年一剑的坚持：从 0 到 1 的虫子吃塑料研究 杨 军 277

师承：博士生培养心得 衡利苹 281

培养学生"享受科研" 程群峰 284

愿你岁月静好　我来负重前行 符慧山 287

传道解惑、因材施教培养医工交叉一流人才 樊瑜波 290

位卑未敢忘忧国 李晓光 293

研究生导师的使命担当 刘 红 295

文科学科群

新一代博士研究生的培养与实践初探 邱菀华 302

因材施教　助生成长 赵秋红 306

从细微之处研究高等教育

——浅谈教育经济与管理学科博士学位论文选题 雷 庆 308

千锤万凿出深山——研究生培养漫谈 文 军 313

历尽千帆　方拾一贝 李福印 318

重理论　强实践　态度与功夫兼容 付翠英 321

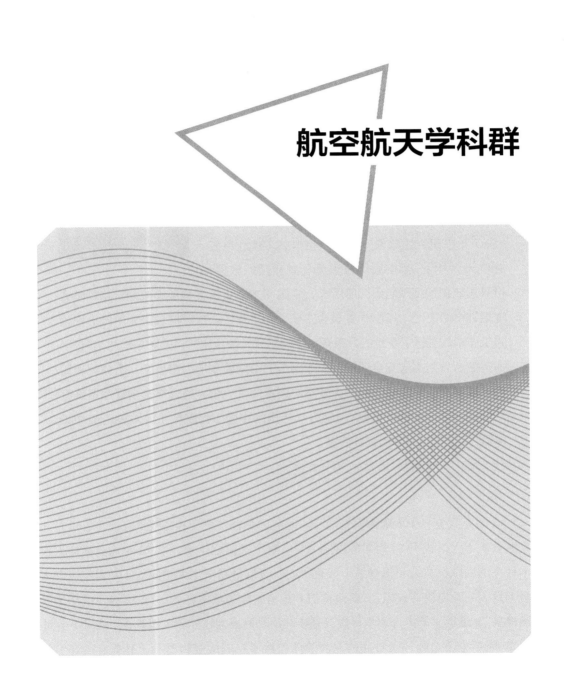

航空航天学科群

对我校立德树人使命的一点认识和思考

钟群鹏

材料科学与工程学院教授，指导的学生金星学位论文《工程断裂失效概率分析和评估方法研究》，被评为 2000 年校级优秀博士学位论文，指导的学生梁志勇学位论文《复合材料液体成型工艺技术基础研究》，被评为 2001 年校级优秀博士学位论文。

中国机械装备失效专家，中国工程院院士。1957 年以研究生毕业于北京航空学院（现北京航空航天大学）。留校后历任讲师、副教授、教授，材料失效和预测预防研究所所长，中国－加拿大机械装备失效分析和预防人才培训中心主任，校学术委员会主任、名誉主任。在机械装备失效分析和预防工作领域进行了系统的、有开创性的研究，在金属材料的断裂模式与机理、弹塑性断裂判据与安全评定、失效损伤的早期检测与治愈机制、宏微观断口物理数学模型与定量分析、失效学的技术体系、哲学理念与安全管理系统等方面作出了一系列的贡献。1999 年当选为中国工程院院士。发表论文 100 多篇，培养硕士、博士 50 余名。

今年是我党二十大隆重召开之年，是我国举办冬奥会和冬残奥会之年，也是北京航空航天大学成立 70 周年的喜庆之年。这个关键之年对北航 70 年来立德树人根本任务的回顾、总结和提升是十分重要的。习近平在清华大学成立 110 周年纪念大会上发表的重要讲话提出，"要坚持把立德树人作为根本任务""把学科建设作为发展根基"，足见立德树人和学科建设是极其重要的根本任务和发展基石。为此，在北航 70 周年华诞之际，我对这两方面的任务做了一点认识和思考，对我自己在参加工作以来所做的一点工作和北航立德树人模式的系统表述提出一点不成熟的认识和思考。

1. 对学科发展和立德树人两方面取得重大业绩回顾

北航在 1952 年成立时，只有半个一级学科和 4 个本科专业（宇航科学与技术一级学科中只有飞机设计与工艺、发动机设计与工艺的 4 个专业）。截至 2021 年，北航已经有 39 个一级学科，25 个一级博士点，39 个一级硕士点，78 个本科专业，还有 10 个北京市重点学科，10 个国防特色学科。2022 年，北航又新增 1+3 个本科专业。在 2012 年的第三次学科评估中，北航有 8 个一级学科成为重点学科，在 2017 年第四次学科评估中有 4 个学科成为 A+ 学科，3 个 A 类学科，7 个 A- 学科。北航完成了首批国家级"2011 协同创新中心"的建设工作，2020 年成为"双一流"建设高校。在 2021 年"双一流"学科中期评估中，有 8 个学科入选"双一流"建设学科，有 5 个学科成为培优学科。此外，2021 年北航又经教育部批准，成立了未来空天技术学院，成为全国首批 12 个未来技术学院之一。70 年来的学科建设取得了重要的业绩，为我校发展奠定了重要基础。

北航于 1984 年成立全国第一批研究生院，建校以来至 2021 年共培养博士 10 774 人，硕士 82 411 人，本科 111 772 人。目前北航已有高层次人才教师比例达到 13.6%，共有院士 26 位。从 1993 年朱开轩担任教委主任开始，近 20 年来都有我校书记或校长担任教育部领导，学校有被中央有关领导同志提名为"空天报国校"的美誉。北航在立德树人和培养具有"两领"[①] 潜质人才的工作中取得了重要的业绩。

2. 我在立德树人工作中做的一点工作和切身的体会

我 1986 年晋升为教授，1992 年被教育部学位委员会批准成为第五批博士生导师。30 多年来，我共指导培养了博士后 4 人，博士 27 人，硕士 21 人，共计 52 人。在 27 名博士中，有 2 人在国外工作，其余都在国内教学科研和产业领域中成为骨干力量，其中有 2 人被评为校优秀博士论文。另有 3 人因课程、开题或其他个人原因中途退学。在博士培养中，我注重家国情怀、空天报国精神、人品和学风的培养，基础知识和专业基础、专业知识和相关知识的培养，以及强化实践和实验能力的培养，

---

① 在国民经济和国防领域具有领军和领导潜质的高级人才，简称"两领"人才。

并且关注博士生的人文修养和社会活动能力的提高，使得他们在毕业后都能够在各个行业成为骨干力量。此外，我还从博士生的培养工作中总结了人生的 12 个感悟（2004 年，详见附件 1），并多次与研会进行交流和座谈，总结了成才的 10 个要素（2016 年，详见附件 2）。我的人生感悟被收录到世界知识出版社出版的《中国两院院士治学格言手迹》一书中，当时我作为中国工程院院士代表参加了时任科学院院长白春礼、工程院秘书长白玉良等参加的向历史博物馆赠书仪式，并做了人生感悟发言。上述 12 个感悟和 10 个成才理念曾被学校研究生会做成书签作为纪念。我在立德树人的工作中做了自己应有的一点点努力。

3. 对北航立德树人理念、模式的一点不成熟的思考

北航 70 年来在学科建设和立德树人工作中做了大量的基础性、战略性和系统性工作，重实践、重效果、重业绩，取得了举世瞩目的业绩，但是在立德树人的模式和理念方面还缺乏系统的表述，为此，我做了一点点不成熟的思考，仅供参考。

我觉得立德树人的理念模式应该包括指导思想、根本任务、指标体系、重要理念、重要根基、关键模式和培养目标。我认为，北航立德树人的理念和模式应该是以习近平新时代中国特色社会主义思想为指导，以加强党的领导作为坚强核心，以立德树人为根本任务，以德智体美劳为全面发展的指标体系，以强创新、强质量、强情怀、强实践、强基础、强融通为重要理念，以交叉的本科点学科、融合的硕士点学科、协同的博士点学科和建设一支复合型的教师队伍为未来育人的重要根基，以思政教育、辅导员思政指导、课堂教育、实践教育、卓越工程师产教联合培养、书院活动、人文氛围、教师的言传身教为关键模式，以培养具有家国情怀和空天报国精神、基础和专业基础扎实、专业知识深入、多学科知识交叉融合、人文素养优良、有社会活动能力基础、身心健康、具有"两领"潜质的人才为目标，使之成为我国民族复兴的生力军和主力军、社会主义可靠的建设者和接班人。

上述对立德树人理念和模式的表述仅供参考，有不对、不妥、错误之处，请批评修正、推倒重来。

附件 1：

我的人生感悟

> 智慧来自勤奋，创新基于实践；
>
> 成功在于坚持，毅力源于理念；
>
> 做人先于做事，素质优于博才；
>
> 力量系于集体，功绩归于团队；
>
> 事业始于足下，伟大寓于平凡；
>
> 英雄出自少年，未来属于青年。

附件 2：

加强创新能力，立志创新人才

——给我校青年学子的 10 个字

钟群鹏

2016 年 6 月 16 日

遵循习近平同志 2016 年 5 月 30 日在"全国创新大会、中国科学院第 17 次院士大会、中国工程院第 12 次院士大会暨中国科协第九届代表大会"上关于创新驱动发展战略的主旨报告精神，围绕"加强创新能力，立志创新人才"主题内涵，按照"爱严一坚基，实吃自力成"10 个字的主线思路，谈谈我的体会和认识，望大家批评指正！

第一个字：爱——爱祖国，爱航空航天，爱北航。爱祖国是根基，爱航空航天是事业，爱北航是情怀。"三爱"是创新的主要动力。

第二个字：严——严肃，严格，严密。严肃是科学精神，严格是科学态度，严密是科学方法。"三严"是创新的主要要求。

第三个字：一——知行合一，表里一致，主客（观）如一。知行合一是理论与实际相结合，表里一致是表面现象与内涵本性相统一，主客（观）如一是人们的主观认识与物质的客观本质相逼近。"三一"是创新的主要品质。

第四个字：坚——坚守，坚定，坚持。坚守责任，坚定志向，坚持理想。"三坚"是创新的主要挑战。

第五个字：基——科学基础，人文基础，实践基础。奠定科学理念，夯实人文素养，筑牢实践观点。"三基"是创新的主要基础。

第六个字：实——诚实，朴实，踏实。诚实做人，朴实生活，踏实做事。"三实"是创新人的主要原则。

第七个字：吃——吃苦，吃亏，吃堑。吃苦励志，吃亏得道，吃堑长智。"三吃"是创新人的主要机遇。

第八个字：自——自觉，自立，自强。自觉自律，自立自勉，自强自主。"三自"是创新人的主要品格。

第九个字：力——思维力，批判力，创新力。思维力是功力（利器），批判力是能力（破旧），创新力是动力（立新）。"三力"是创新人的主要特征。

第十个字：成——成人，成才，成事。成人是基石，成才是基础，成事是基点。"三成"是创新人的主要目标。

愿与青年学子们共勉！

说明：原始"提纲"是我在2015年8月27日与我校研究生会座谈的发言提纲。最近通过"两学一做"的学习活动，作为心得体会和思想汇报，对原"提纲"进行了进一步的思考和修改，将原"提纲"中的10个字分为两组，前一组"爱严一坚基"是突出创新能力，分别探讨创新的主要动力、主要要求、主要品质、主要挑战和主要基础。后一组"实吃自力成"强调创新人才，分别探讨创新人的主要原则、主要机遇、主要品格、主要特征和主要目标。这个修改提纲不仅是我对"两学一做"的体会，而且在一定程度上是我前半生的感悟和今后的努力方向，也是我对青年学子的殷切期望。其内容可能有不少不妥、不对和错误之处，诚恳希望大家给予批评指正！

以人才培养为本　以创新精神铸魂

蒋成保

材料科学与工程学院教授，2009 年度国家杰出青年科学基金获得者，2011 年度教育部长江学者特聘教授。指导的博士生贺杨堃学位论文《纳米异质结构磁致伸缩 Fe-Ga 合金的研究》，被评为 2019 年校级优秀博士学位论文。

我 1996 年博士毕业来北航工作，从事磁性功能材料研究工作，重点研究磁致伸缩材料、磁相变材料和永磁材料及其应用，承担了国家自然基金创新研究群体项目、国家自然基金重点项目、装发重大创新项目等，发表 SCI 论文 300 余篇，授权国家发明专利 42 项，先后获 2008 年度国家技术发明一等奖（排名第 2）、2017 年度国家自然科学奖二等奖（排名第 1）和 2019 年度国防技术发明一等奖（排名第 1）等科研奖励。

多年来，我指导研究生的心得是，以人才培养为根本，以创新精神为灵魂，具体做法可以概括为"三引导、三注重"。

1. 在科研的方式方法上，从三个方面引导学生

（1）引导学生思维聚焦、科研上路

学生容易发散思维，抓不住重点，可能偏离方向。这个时候，最需要老师的及时引导。我曾在学生刚下实验室时提出一个问题：为什么在纯铁中加入非磁性镓元素反而使磁致伸缩提高十倍？学生很勤奋，几乎天天泡在实验室，从样品制备，到结构表征，再到性能测试，做了大量实验，但是数据之间没有关联性，很多实验并

不是围绕我给的题目开展的。我及时注意到这一点，引导学生从问题出发，通过深入分析问题，提出假设，再去做实验找证据验证假设。在之后比较长的一段时间内，我每周都注意指导学生聚焦问题，目标集中，先分析，后验证，反复迭代，必然会有突破。这样，经过一个学期的引导，学生在科研方面就逐步上路了。

（2）引导学生做到三个"一"，训练有素

我在课题组经常给学生讲，每个同学在做课题的过程中，认真读透一本书，扎实掌握一项技能，切实解决一个问题，将来从事任何工作，都是类似的，都不难。我们组的同学，做磁性研究要系统阅读磁性物理的书，做相变研究要系统阅读相变理论的书，做晶体制备要系统阅读凝固原理的书。在研究技能方面，博士生刘敬华自硕士到博士先后从事磁相变材料和磁致伸缩材料的单晶生长，切实掌握了晶体生长技术；博士生王智彬在研究磁致伸缩材料磁致伸缩效应唯象理论的过程中，掌握了数学建模方法；博士生贺杨堃在研究铁基磁致伸缩合金微观结构的过程中学会了透射电镜操作和分析技术。这样的例子很多。通过系统学习基础理论知识和坚实掌握实验技能，打下扎实的底子，每名学生的课题都有亮点和深度。

（3）引导学生学会团队合作，合力解决问题

我们课题组在十余年持续研究铁基磁致伸缩合金的基础上，提出了"纳米异质结构磁致伸缩效应"新机理，研制出微量稀土元素固溶的高性能铁基磁致伸缩材料。这些成果与博士生之间的密切合作是分不开的。早期我们研究二元 Fe-Ga 合金时，刘敬华、朱小溪、王智彬等博士生在单晶生长、结构表征、唯象模型等方面密切合作，切实加深了我们对这一新材料的认识和理解。之后，针对铁基合金的磁致伸缩效应微观机理和高性能化，我们引导贺杨堃、吴伟、韩勇军、金亭燕、陈艺骏等学生学会团队合作，在甩带值制备、单晶生长、透射电镜分析、同步辐射结构表征等方面互相协作、互相交流、集体攻关，发展出新型高性能铁基磁致伸缩材料。

2. 在学生的意识能力培养方面，注重三点

（1）注重培养学生树立解决核心问题的创新意识

铁基磁致伸缩合金出现十多年了，但磁致伸缩应变值一直没有突破。我们组早期也在这方面做了很多探索，效果也不明显。这个时候，让新下实验室的学生继续

做，学生会有抵触情绪，可能会转向一些简单的、容易做的课题。因此，我注重培养学生勇于解决领域核心问题、敢于创新的决心和信心。这样，几个博士生齐心协力，多年一直瞄准铁基合金磁致伸缩高性能化，集体攻关，最终发现铁基合金的磁致伸缩效应是一种不同于传统材料的新机理。基于新机理，我们提出了强制固溶微量稀土元素的纳米异质结构调控新途径，使铁基合金的磁致伸缩应变值成倍提高。

（2）注重培养学生设计研究方案的能力

我们课题组一直看重研究方案，因此，在指导学生的时候，哪怕是一个小的实验，也要让学生先写方案，再深入讨论。方案通过后，才能去做实验。"方案呢？"已经成为我们课题组的口头禅，也是每个学生经常要做的一道"必答题"。例如，我们组第一次去上海光源做同步辐射实验，只给了我们 48 机时，非常难得。吴伟、贺杨堃等博士生能在有限的时间内，精确测量出铁基磁致伸缩合金的晶格四方畸变度，从而给出大磁致伸缩效应的确凿证据，完全得益于他们平时训练有素，提前制定了详细、可行的测试方案。

（3）注重培养学生锲而不舍的精神

做创新性研究，本来就是一项很辛苦的工作。特别是到了紧要关头，更需要持之以恒。硕士生赵岩每天十多个小时坚守在定向凝固设备前，不断调整工艺参数，获得了大量关于稀土巨磁致伸缩材料凝固行为的关键数据，最终明确了高性能稀土巨磁致伸缩材料的定向凝固择优取向规律，获得了高度均匀性和一致性的晶体材料。在他硕士答辩结束后，由于对实验结果的完整性还不满意，他毅然继续回到了实验室，坚持将所有实验完成后才挥别母校。这样的精神，持续鼓舞着我们团队的每一个人。

贺杨堃同学于 2013 年本科毕业，跟随我读博，并在 2018 年顺利拿到博士学位。读博期间，贺杨堃在铁基磁致伸缩合金的"纳米异质结构磁致伸缩效应"新机理及磁致伸缩高性能化方面开展了系统、深入的研究，取得了创新性研究成果，论文发表在 *Nature*、*Advanced Functional Materials*、*Acta Materialia* 等国际知名期刊上。他的博士学位论文《纳米异质结构磁致伸缩 Fe-Ga 合金的研究》，被评为 2019 年校级优秀博士学位论文。

总之，通过多年的研究生指导，我切实体会到立德树人是人才培养的核心，对每位学生都要用心培育，精雕细琢，为党育才，为国育才。

博采众志　因人施教

　　材料科学与工程学院教授，指导的学生高丽敏学位论文《碳纳米管监测复合材料微观损伤的表征方法与其机理研究》，被评为 2012 年校级优秀博士学位论文、2013 年全国优秀博士学位论文；指导的学生刘千立学位论文《碳纳米管膜及其复合材料性能强化方法与机理研究》，被评为 2016 年校级优秀博士学位论文。

　　2022 年喜迎学校七十华诞，我有幸与学校同龄，都在 1952 年诞生。70 年的人生已近迟暮，70 年的学校正是风华正茂、砥砺前行、快速发展的好时期。与学校同龄的我将会一直伴随着学校发展的节拍，步履坚定，不忘初心，为学校迈向国际一流奉献余热。

　　回顾自己从教 40 余年，在北航复合材料团队总共指导 49 名博士生，除了 3 名同学因个人原因提前要求退学外，其他 46 名同学全部顺利毕业，获得博士学位，并且高丽敏同学的学位论文被评为 2012 年校级优秀博士学位论文和 2013 年全国优秀博士学位论文，刘千立同学的学位论文被评为 2016 年校级优秀博士学位论文。

　　这 46 名博士生来自不同的学校，有 985、211 高校，也有一般的高校，虽然大多是材料专业的学生，也有一部分是其他专业的学生，如矿山、医药等专业，当中还有 9 名是在职博士生。我对这 46 名学生总体是满意的，如果从博士论文的研究工作来看，有三分之一左右的学生很优秀，大多数学生为良好，约六分之一的学生比较吃力，但他们也都好学上进。这些学生在不同的年份来到北航，进入北航这个充满阳光的大学堂，继承着"艰苦朴素、勤奋好学、全面发展、勇于创新"的优良校风，勤于思考，勇于探索，无论是全日制博士生还是在职博士生，他们都很勤奋，除了以优良的成绩完成课程学习外，在论文课题研究工作中，都很积极努力，刻苦钻研创新，牢记着"德才兼备、知行合一"的校训，以汗水浇灌的满意成绩报告学校，走向社会报效国家。这些学生毕业后，没有作详细统计，大约有 90% 都从事复合材料相关工作，65% 左右在航空航天等国防工业领域，他们在各自工作岗位上表现优秀，发挥出重要的骨干作用，也为母校争得荣誉。例如，邢丽英博士，现任中国航空集团复合材料中心研究员、技术首席，2021 年当选为中国工程院院士；薛忠民博士，现任中国建材集团公司副总裁、中材科技公司研究员、董事长；李敏博士留校任教，现任材料学院教授、博导，兼任北京市复合材料高技术实验室主任，曾获北京市科技新星、教育部新世纪人才称号。又如，全国优博获得者高丽敏博士担任中国商飞北研中心结构完整性研究部部长、获得中国商飞公司三八红旗手称号；校级优博获得者刘千立博士担任中国航天八院复合材料技术发展部副主任，获得上海市青年科技启明星、上海产业精英等称号。近几年毕业的博士生成长也很快，成为单位的技术骨干。如，新能源汽车国家技术创新中心的张振翀博士，现担任汽车轻量化复合材料研究部部长，并获得北京市科技新星称号。

总结二十余年培养指导博士生的经历，培养的学生走向社会，从他们的工作单位反映学生的实战能力与素质来看，都是正能量的评价。这当然与学校、学院科学有效的管理分不开，我觉得也与我们复合材料团队对学生指导的具体方法有直接关系。在此，借七十周年校庆之际，我想将我们团队这些年培养指导博士生的一点体会和老师们共同分享，也是向校、院领导做个简单汇报，有不妥之处，敬请批评指正。

第一，成立博士生指导小组，用集体智慧指导学生，让学生得以全程受益，更能发挥出学生的创新能力。这 46 名毕业的博士生学位论上虽然写的导师都是我，但实际指导这些博士生并非我一个人，是我们复合材料团队的博士生指导小组（简称"指导小组"）。这个指导小组是动态的，有固定成员，也有非固定成员。我们复合材料团队的李敏教授（博导）、顾轶卓副教授（博导）等是固定核心成员。非固定成员主要是根据学生的博士论文课题特殊需要，聘请团队外的教授或研究员。例如，高丽敏博士的博士学位论文，我们聘请了美国特拉华大学的邹祖伟教授联合指导；又如，刘千立博士的博士学位论文，聘请了中科院苏州纳米所的李清文研究员合作指导。对于偏复合材料力学的博士学位论文，还聘请了校内航空科学与工程学院的何景武教授等合作指导。我们认为博士学位论文的指导，更多的是讨论式，博采众智于一人。初步实践表明，这种模式指导学生的效果凸显。

第二，实行团队博士生统一管理，高标准要求学生，鼓励学生刻苦钻研，使学生在校期间得到更多的实战锻炼。我们复合材料团队的研究生是比较多的，包括硕士生在内，多的时候有 50 余人同时在校学习，为方便指导和管理，我们实行团队统一管理，研究生按照方向分成两组两周汇报一次工作。如此，每周通过组会研讨，不同年级的博士生和研究生们可以有充分的交流学习机会。因团队承担的科研项目门类齐全，学生们参与课题的研究进展，通过组会汇报交流讨论，可以极大地拓宽知识面和研究视野，促进在科研实践中交叉创新。特别是我们团队对博士生的培养是比较严格的，标准要求是比较高的。凡是进入我们复合材料团队的博士生，要求做到"三严"，即纪律要严明，管理要严格，论文要严谨。并对每个博士生提出"三高要求"：① 要求每个博士生在校期间，除了认真做好自己的学位论文研究工作外，还要求参与至少一项其他研究工作；② 要求每个博士生毕业发表论文数，都要高于学校和学院的标准；③ 要求每个博士生的所有实验数据务必真实，若发现一个假数据，则必须离开团队。

第三，采取因人施教个性化指导方法，综合考虑学生的基础与志向，合理选择论文课题，切实发挥学生的主观能动作用。我们复合材料团队的研究项目来源比较广，大体可以分为三类：一类是基础性研究项目。这类项目有，国家自然科学基金、国防973 及国家 973 项目等。另一类是工程技术类研究项目。这类项目有，国防预研项目与军品配套项目等。还有一类是应用性项目，这类项目主要是来源于企业的横向课题。我们认为无论哪类课题，都能发挥学生的聪明才智，都有学生的用武之地，都可形成博士学位论文。我们是采取课题公布，学生根据意向参与一段时间后，指导小组依据相关结果进行评判，并与学生讨论后确定。总体来看，本专业成绩较优的学生多半选择基础性研究课题，跨专业来的学生选择应用性课题较多。他们虽然选择的论文课题类别不同，但都能切实地发挥出自己的能动作用与智慧，以优良成绩获得博士学位。

最后，我还想谈一点优博生培养指导的感悟。从我们团队培育出来的两篇优秀博士学位论文来看，可以总结出这么十五个字："**立题是基础，努力是关键，指导是保障**"。作为国家级或校级优秀的博士学位论文，肯定要求博士生发表原创性强的高质量学术论文，基础性研究才能有更多的新机制新机理出现，所以说立好题是前提。题目选定之后，学生自身的勤奋努力很关键。我记得全国优博获得者高丽敏博士，在博士研究期间，三年春节没回家，坚持在实验室做研究。校级优博获得者刘千立博士，做论文积极主动刻苦，研究进展顺利，阶段成果突出，想提前毕业找工作，经过指导小组的分析与劝说，继续努力做实验，以优异成绩获得博士学位，不仅被评为校级优博，而且找到一份好的工作，入职上海航天八院。"指导是保障"意思是说，指导是全过程的，从选题（项目来源）、实验研究（条件配备）、数据分析（多次讨论）到论文撰写（创新点凝练提升）指导小组都要把关。特别是对于实验结果很好，原创性较明显的、有望冲优博的，论文的撰写尤为重要，需要指导小组与学生认真分析思考，要高度重视论文的整体结构、创新结果的展示形式以及语言的确切表达。这是培育一篇优秀博士论文的基本要求与过程。

构建良好科研氛围，促进学生全面发展

赵立东

材料科学与工程学院教授，指导的学生张潇学位论文《碲化锡热电性能的协同调控研究》，被评为 2019 年校级优秀博士学位论文；指导的学生肖钰学位论文《高性能 N 型 PbTe 基热电材料的制备与性能的研究》，被评为 2020 年校级优秀博士学位论文。截至目前，指导的博士研究生已有 5 人在 *Science* 期刊发表科研论文。

自 2014 年到北航任教以来，我陪伴了 57 名北航优秀学子度过他们宝贵的研究生生涯。他们仰望星空，脚踏实地，书写了无悔的青春答卷。在这 7 年中，连年有学生获得国家级、校级奖学金；已毕业的学生有 6 人获得"北京市优秀毕业生"荣誉称号，并就职于西安交通大学、华为等单位，继续奋战科研生产一线。"师者，所以传道受业解惑也"，作为一名教育工作者，我铭记培养全面发展的社会主义建设者和接班人根本任务，摸索总结了两条培养优秀博士研究生的经验：构建良好科研氛围和促进学生全面发展。

1. 构建良好科研氛围——加强团队建设

当前我校博士研究生的学制一般为 4 年，然而一名博士研究生可能在本硕阶段就进入实验室，这意味着学生在科研团队中的学习时间可能长达 7~8 年。学习与成长环境对学生的发展至关重要，因此构建良好科研氛围是培养优秀博士生的前提。而加强团队建设有助于构建良好科研氛围，接下来我将从科研课题规划、有效师生交流与日常事务管理方面，分享我的科研团队建设经验。

（1）科研课题规划方面

保持组内学生的课题相互独立，是提升学生科研积极性与主动性的有效方法。在科研课题的划分上，结合热电研究领域特点、依据材料种类划分不同课题。既避免了相互"打工"的情况，又能由于底层物理原理的一致性而保证成员之间的相互交流。得益于科学的课题划分方法，即便团队中的本科生也具有充分的科研探索积极性，从而以第一作者在 *J. Am. Chem. Soc.* 和 *Adv. Mater.* 等高水平期刊上发表论文。

（2）师生交流方面

科研团队的发展壮大为师生之间的沟通带来了挑战，而导师是学生科研水平、心理素质健康发展的直接负责人，因此建立有效的师生沟通交流机制是学生培养的关键。有效的师生交流，首先需要建立合理的师生沟通方式：每周一次的组会确保了师生每周至少能有一次当面学术讨论的机会；鼓励学生在遇到科研或者生活上的困惑时随时到办公室交流，建立亦师亦友的良好师生关系；定期举办合适的团建活动，拉近师生距离，增进相互了解。其次，鼓励学生参与交流：鼓励课题组成员之间的沟通合作、共同进步；鼓励学生在组会上有逻辑地汇报实验进展，从而培养其学术表达能力；鼓励学生广泛参加各领域学术会议，拓宽科研思路；鼓励学生参与我主讲的课程，在与本科生、留学生的交流中巩固基础知识与提升表达水平等。

（3）日常事务管理方面

建立合理的实验室日常事务管理制度，让学生成长为团队建设的主人公。建立实验室日常事务管理"专人责任制"，确保每一名学生均能参与实验室的设备维修、药品采购、安全培训等日常事务，在保障科研的顺利进行的同时，培养学生的团队参与感和责任感，同时增强学生之间的互动交流。

上述三个方面共同促进了良好团队氛围与学术氛围的建设，形成课题组内部良性循环，学生们科研热情高涨、科研成果丰硕：其中5名博士研究生以第一作者在 *Science* 发表5篇重要研究成果。

2. 促进学生全面发展——注重内外兼修

培养学生的全面发展需要注重内外兼修，不仅锻炼其科研水平，还应培养学生乐观坚强的生活态度、健康积极的思想动态和目标清晰的个人规划。因此，作为老师，我们需要关注学生的生活、思想动态，帮助他们解决生活困难和解答思想困惑，提供他们科研指导、个人规划引导和榜样指引，促进他们全面发展成为社会主义建设者和接班人。

（1）解决生活困难——扫除学生的后顾之忧

稳定的生活保障是学生安心学习成长的前提。主动了解学生在生活上的困难并给予帮助，解决学生的后顾之忧，使学生专心于科研水平与自我素质的提升。关注学生在成长道路上可能遇到的挫折与变故，亦师亦友地分享人生经验，卸掉学生思想包袱，帮助其专注于自我发展。

（2）关注思想动态——培养"又红又专"的人才

健康的心理状态、导学关系、思想动态是学生茁壮成长的必要条件。**重视学生的心理状态**：早发现、早关注、早恢复。对于已有心理问题的学生，确保每日知晓其动态，多一些关心关爱，多给予温暖；**深刻认识导学关系的复杂性**：因材施教、把握与学生的交流方式，鼓励引导学生积极向上；关注学生思想动态：注重思政教育，宣扬红色工程师事迹与精神，支持研究生党支部工作，鼓励学生党员发挥党员先锋作用。

（3）科研指导——循序渐进构筑科研能力

科研能力的培养是研究生培养的主要任务。"骐骥千里，非一日之功"，科研能力的培养需要循序渐进。首先，夯实科研"基本功"，培养学术道德规范：图表是科学研究的"第一语言"，规范学生的作图与论文格式，培养严谨的科研态度，夯实科研"地基"，传授科学道德准则和行为规范。由易到难，激发学生的科研热情：在组会汇报中逐步培养学生逻辑思维，提升他们分析问题的能力；课题由浅到深，通过第一个工作提升学生自信，激发科研兴趣；逐步提升课题难度，锻炼解决问题的能力，提升科研"嗅觉"，把学生培养成为在其课题方向比导师更专业的"导师之师"。

（4）个人规划——积极引导，尊重学生的想法

博士阶段的学生已对自我有了比较成熟的认识，引导但尊重学生的个人规划是应有之义。积极培养学生空天报国的精神，让学生的个人理想抱负融入民族复兴的大理想之中。同时，培养学生自我认识和规划的能力，引导学生亲手绘出自己未来的蓝图。当前，课题组博士生有兼职辅导员一名，党支部书记1名，大部分学生曾有学生社团或班级干部经历。

（5）榜样指引——汲取榜样力量

个人的成长发展离不开对榜样力量的汲取，尤其是在思想政治与学术造诣两方面，榜样力量发挥着重要作用。**思想上：**教师立德树人、以德为先，做学生健康成长的引路人；发挥党员先锋模范作用，传承红色工程师的精神。**学术上：**传播优秀研究生励志故事，传承刻苦钻研精神；宣扬学生独立探索精神，激发学生科研兴趣。

以上便是我这 7 年来摸索总结出的一些培养优秀博士研究生的经验，在未来的日子里，我将继续和我的学生们一起探索更多更科学的人才培养方法。我衷心希望能不负教师这份光荣的职业，为党育人，为国育才，将我们北航学生培养成德智体美劳全面发展的社会主义建设者和接班人，努力贡献建设中国特色世界一流大学的"北航智慧"。

做学生成长成才的引路人

 张　涛

材料科学与工程学院教授，指导的博士研究生李然学位论文《相似原子对块体非晶合金玻璃形成能力的影响》，被评为2009年校级优秀博士学位论文；指导的直博生刘增乾学位论文《块体非晶合金及其复合材料的力学行为研究》，被评为2014年校级优秀博士学位论文。

教育部长江学者特聘教授、国家杰出青年科学基金获得者、教育部"高性能非平衡材料科学与技术"创新团队学术带头人，入选新世纪百千万人才工程，兼任中国材料研究学会金属间化合物与非晶合金分会副理事长、中国材料研究会青年研究会理事、中国材料研究会环境材料研究会委员。作为首席科学家承担国家"973计划"项目等多项国家级科研项目。自20世纪80年代起从事非晶合金等非平衡金属材料的设计、制备、物性等方面的研究工作，取得了一系列开创性的成果。共发表SCI论文300余篇，被引用20 000多次，被ISIHighlyCited.com收录为高引用频次研究者；作为专利发明人的国内外专利150余项。多次在国际学术会议上被邀请作特邀和专题讲演；曾获得"日本金属学会论文奖""原田研究奖励奖""本间纪念奖金""世界华人杰出成就奖""产学研合作创新奖"及"国际绿色设计奖"等科技研究奖。

我自2003年开始担任博士生导师，已经近20年。继2009年我指导的博士生李然的博士学位论文《相似原子对块体非晶合金玻璃形成能力的影响》被评为北航优秀博士学位论文后，2014年，我指导的直博生刘增乾的博士学位论文《块体非晶合金及其复合材料的力学行为研究》再次获批了学校的优秀博士学位论文。感谢我的学生，他们在学术上所取得的一个又一个成就，给予我作为指导老师的欣喜与快乐。我也从其他导师那里学到了许多培养学生的成功经验，我的成绩是众多优秀博士生导师成功经验的复制。在实践学生培养过程中，我有以下体会与大家分享。

1. 要切实做到"导师是博士生思想政治教育的首要责任人"

思想政治教育是学生成长的需要，是培养德才兼备人才的抓手。充分认识导师是影响学生思想政治状况的最主要因素，坚持把思想政治工作和立德树人贯穿培养的全过程；把思政教育融入专业教育中，及时掌握学生的思想状况，引导学生志存高远，爱国敬业，树立献身于科学事业精神；营造良好的科研团队氛围，培养研究生的良好学风，在学业上严格要求的同时，注重提高自身的品德修养，以高尚的情操影响学生，不仅做好学业上的导师，也要当好做人的榜样；关心学生心身健康，了解他们思想、学习和生活等方面的情况，及时发现问题，帮助他们解决实际困难。

2. 营造宽松的学术氛围

鼓励学生自由思考大胆提出创新性想法，培养学生创新意识创新能力。学生的创新能力的培养和宽松自由的学术环境有很大关系。与学生之间进行一对一定期的学术讨论交流，鼓励学生发表自己的学术见解和学术观点，给予学生充分的信任与尊重，不用自己承担的各种课题来束缚学生选题的自主性。在培养过程中起到建议者、引导者和评论者的作用，让研究生尽快意识到他们既是学生也是研究者，通过他们从学生到研究者的角色转换，提高他们的学术能力。

3. 开展定期学术研讨

不断落实每次讨论的主题问题及其解决方案，以平等认真态度对待学生的提问，从学术角度考察其每次讨论的主题思想、取得的进展以及拟进一步开展的研究方案等，帮助学生不断推进其学术进展和学术计划，锻炼学生提出自己的疑问，甚至是挑战权威勇气和创新精神，让初涉学术的研究生有机会锻炼发表自己的思想和研究成果，锻炼其在公众前演讲的能力。

4.让学生都有联合培养、短期交流等出国学习的经历

鼓励同学们积极主动争取和创造国际学术交流的机会,努力追逐学术前沿,开拓自身国际视野。国际交流是博士培养十分重要的一环。国际不同的文化背景、学术氛围、研究方向和方法,通过国际学术交流可以让学生学习借鉴各种学术经验,培养学术交流能力。国外学术环境对学生的创新精神、科学方法、逻辑思维以及对学术的严谨态度提示产生了影响。

以上是我在培养研究生过程中的一点心得体会,抛砖引玉分享呈现给大家。

教学相长花自开

张 世 超

材料科学与工程学院教授，指导的学生杜志甲学位论文《新型集流体及其复合电极的应用基础研究》，被评为 2014 年校级优秀博士学位论文；指导的学生王胜彬学位论文《多维度负极材料的有序构筑及储锂性能研究》，被评为 2018 年校级优秀博士学位论文。

主要从事高性能锂离子电池、锂硫电池、锂空电池和超级电容器等新型化学电源关键材料与器件研究工作，先后主持五项国家 863 计划课题、九项国家自然科学基金项目、两项国家 973 重大科学研究计划项目、一项国家重点研发计划和一项国家国际科技合作计划项目的研究工作。创新性地提出了三维集流体与三维电极概念，开创了三维集流体及其复合电极研究，构建了多体系高比能柔性储能器件。在国内外高水平刊物上发表论文二百余篇，荣获省部级科技奖二等奖两项。

我于 1993 年到北航工作，至今已从事科研教学工作 29 年。在这近 30 年中，培养的硕士研究生和博士研究生加起来有一百余人。这些学生就像我的孩子一样，看着他们在几年时间里的成长蜕变，走出校园，进入高校、科研院所、政府或者企业，在不同领域继续奋斗，为建设祖国和实现个人理想而努力。每念及此，心中都是满满的自豪。

杜志甲和王胜彬或许是这些研究生中比较优秀的两位，借着这次学校活动的机会，也回想起许多和他们的故事。

　　杜志甲是实验室第一个直博生，那时实验室的研究方向还在从传统的腐蚀防护向电化学能源材料过渡，他成为实验室在这个领域的开拓者之一。他从大三就到实验室开展工作，跟着博士师兄学习电沉积工艺和电池电极的基础知识，各种实验上手很快，展现出很好的动手能力。那个阶段，课题组承担了第一个973项目"纳米复合能源材料制备、表征及其在锂二次电池中应用的关键基础研究"，为学生提供了良好的平台，也是用人之时。当杜志甲取得保研资格后，他抓住机会坚定地选择了直博。进入博士阶段后，我结合项目和科研进展，决定让他基于电沉积技术，开展电池三维集流体材料的研究工作，将传统的二维电极转变为三维多孔电极，提高电极的比容量，进而提高电池的能量密度。由于那个时期做电池研究的很少，实验室也是刚进入这个领域，很多基础的实验条件需要慢慢搭建，实验方法需要跟着文献摸索。于是杜志甲负责了实验室第一批相关仪器设备的购置、安装、调试等。每每碰到问题，他总是积极想办法解决，解决不了再找师兄或者老师讨论。有时带他外出开会或者参观，他都能抓住机会学习新知识。经过不断摸索，他熟练地掌握了电极打浆、涂布、裁片、组装模拟电池的工艺，并把这些工艺教给了实验室其他同学，为实验室今后多年锂离子电池的研究奠定了基础。杜志甲一直全心投入在实验室，经常很晚才离开，保持了良好的做实验和看文献的习惯，很快在三维集流体和三维电方面就取得了一定进展，在博士的第二年发表了第一篇论文。除了早期对课题方向的确定和讨论，后续工作中已经完全能够自主开展科研，并且非常擅长规划实验和总结研究，科研工作和论文撰写十分顺利，一连发表多篇论文，其中包括材料科学的顶级刊物 *Advanced Materials*。到毕业的时候，他已经有 12 篇第一作者的论文，获得了研究生学术新人奖、研究生十佳等多项荣誉，成为实验室乃至学院的榜样。

　　在博士阶段还赶上了两次实验室搬迁，每一次杜志甲同学都作为实验室的大师兄，指挥和带领着同学们妥善安置仪器设备，确保了两次搬迁过程中手套箱的完好无损，减少了实验室搬迁对课题研究工作的影响。一直到现在，那个阶段买的第一台手套箱，还在实验室服务着，一届又一届的研究生从这里学习组装电池、完成测试，完成科研课题。博士毕业后，杜志甲同学先后到加拿大和美国开展科研工作，并保持了一如既往的优秀。

　　王胜彬同学是在杜志甲毕业之后才来到实验室的，这时实验室的队伍已经逐渐庞大起来，起先我只是按部就班地给他定了大致的研究方向，让他开展探索。但由于硕士阶段培养的良好科研习惯和科研能力，他很快就不满足于指定的方向，开始围绕感兴趣的过渡金属氧化物类负极材料开展更多的探索，并深入研究了 MnO 材料作为负极的反应机制，探索通过构筑低维纳米结构和碳包覆提高电极的各项性能。王胜彬同学具有很强的动手能力，不仅很好地完成了自己的工作，还为实验室调研和购置了许多新设备，丰富了实验室的研究手段。在课题研究中，计划性强，能够很好地统筹时间，高效地完成研究计划，及时处理和总结数据，形成一篇篇高质量的工作总结和科研论文。在王胜彬读博阶段，我们实验室承担了第二项国家 973 计划"基于新型三维纳米结构的储能锂二次电池重要基础问题研究"。他为项目的各项总结工作也做了很多贡献。在就读期间，他以第一作者发表学术论文 7 篇，荣获了国家奖学金，卓越学术基金，工信创新奖学金等多项奖励，顺利完成了博士课题。

抛开这些学术上的成绩，让我印象最深刻的却是一件小事。有一次，实验室买的设备到了，他和几个同学一起拆箱安装。安装完毕离开时，我看到他还在实验室对着包装木箱拿锤子敲敲打打，就过去询问。原来设备的木箱包装拆除之后，木板边缘还有很多裸露的钉子尖，他担心直接放垃圾站会误伤到工人师傅，于是在努力把钉子拆下来或者敲平。这一瞬间我看到了他的善良和细心，我想成绩可能会随环境而变化，这样一颗温暖的心更为珍贵，也是人生旅途上更坚定的航灯。毕业之后，王胜彬进入锂离子电池相关企业工作，将科学研究与生产实践相结合，开发新型电极材料和电池体系，为我国电池行业的发展继续添砖加瓦。

杜志甲和王胜彬是实验室两位优秀的博士，在学术研究上取得了不错的成绩，但是我深知，人才培养不仅仅是发表论文、做科研项目，更多的是在研究生阶段培养起自主学习、独立探索的能力，树立正向的价值和追求，耐得住寂寞，扛得住压力。在我们实验室的学生中，不仅仅有这两位同学，还有很多其他的学生，我看到了他们在枯燥的文献中坚守，在复杂的实验中磨炼，在未知的挑战中探索，最终寻找到了适合自己的方向，从校园走入社会，走入家庭。我只是恰好陪伴他们走过了一段路，感谢我们在路上的相互陪伴、互相支持，希望他们在未来人生路上不断收获成功与喜悦。

在实际科研中锤炼

材料科学与工程学院教授，指导的学生陈海宁学位论文《量子点敏化太阳能电池光阳极结构研究》，被评为 2015 年校级优秀博士学位论文。

　　从 2003 年开始招收博士生，一直在围绕着如何培养高水平的人才思考。因为博士生的培养，尤其是优秀博士生的培养是我们每个指导老师的重任，在博士生的理论学习、科研等一系列工作生活中，不但影响博士生在博士培养阶段的成长效果，更重要的是让博士生学会如何进行深入地学习、分析问题及解决问题的能力，并且在实际科学研究中得到创新能力的锤炼。在博士毕业后成为专业领域中的骨干或者是领导、领军优秀人才，为国家的发展做出突出贡献。

　　在指导博士研究生的实践中，感悟之一是针对每个具体学生进行指导。因为实际上培养优秀的博士学位论文和学生，需要关注的方面有很多。尤其是对于新进的博士研究生，作为导师要注意到博士研究生的来源、硕士阶段的学习情况等差异，要在博士开始阶段尽快熟悉他（她）的性格特点，了解其专业理论基础知识的掌握程度，动手能力与分析问题的能力，创新意识、团队精神、再学习的能力等等。根据每个博士研究生的特点及各方面的情况进行针对性地学习指导、培养计划与科研锻炼等。

　　感悟之二是对于博士研究生的学位论文选题，要从导师角度把握该学生的博士学位论文的选题属于本专业某个重要方向的前沿，同时有着重要的学术价值或实用意义。在整个博士研究生的培养过程中，抓住了博士学位论文这个最重要的环节，也就抓住了整个博士生培养的总体，也为产生优秀博士论文建立了好的基础。选好博士学位论文题目，当然选好题，要围绕着学校、学院人才培养的目标，要考虑培养高层次人才目标和论文课题研究的需求，充分考虑本学科发展和多学科交叉的需要，包括精选博士研究生学习的理论基础课程及交叉学科的理论基础课程。同时还要强化博士研究生的文献检索、分析归纳，问题梳理、创新特色等内容，使博士研究论文在全面了解所要研究领域的发展历史和当前的发展前沿，写出详细的论文调研报告，共同遴选博士学位论文的选题。按照学校的人才培养手册中对于博士生论文选题的要求，瞄准国际前沿与国家需求，从科学实践、科研现象中凝练出学生感兴趣，又是多学科综合的论文选题。

感悟之三是，良好的学习科研环境是产生优秀博士学位论文的外部条件。

一种好的科研环境是保障优秀博士研究生的培养质量的前提，包括博士研究生与指导教师的定期（如 1～2 周）与不定期（学习研究中遇到问题时）的交流沟通，讨论分析问题的所在，创新点的所在等等。真正发挥导师在博士生学位论文中的指导作用。其实这种定期或者不定期的交流讨论，既拉近了导师与学生的距离，学生的一些想法、思路反过来又促进导师的深入思考，这样的结果还增加了师生的友谊。在导师与博士生的交流过程中还可以了解学生的思想、学习、生活等多方面的情况，从不同的角度帮助学生在博士阶段健康成长。

从社会学的角度看，博士生导师的"指导"可看作是指导的主体和指导的客体互动的过程。博士学位论文研究阶段的师生互动体现为导师对博士生的学术指导或双方进行的学术探讨。这种导师与博士生的互动过程实际上是一个老师学生共同受益的过程，也为争取高层次的人才培养，高水平的优秀博士学位论文提供了好的条件。

以上是自己的几点感悟，欢迎批评指正。

在博士论文指导中的一些做法

聂景旭

　　1930 年 9 月出生。1955 年于北京航空学院发动机设计专业毕业，后留校任教。1986 年任博士生导师，同年晋升教授。1991 年获政府特殊津贴，授予部级"突出贡献专家"称号。1993 年被航空工业部评为"优秀研究生导师"。曾任校学术委员会委员，是 2003 年"全国百篇优秀博士论文"获得者闫晓军的指导教师。

　　主要研究方向为：高温结构力学和智能材料结构，著作有《断裂力学理论及其在发动机上应用》《高等断裂力学（译）》，发表论文 50 余篇，研究成果获国家科技进步二等奖及多项省部级科技进步一等奖、二等奖。

　　得知闫晓军的博士学位论文，被评为 2003 年全国优秀博士论文，我当然十分高兴。他很年轻，望在科学研究道路上，继续努力攀登高峰。

　　博士学位论文是指导博士生的最重要的工作，都希望能写出在学术上具有创新性的高水平论文。要实现这个目标，博士生本身的条件很重要，基础要好，应积极主动地开展工作；选择合适的前沿性课题；所在的课题组有较好的研究条件和较高的学术水平，这些都是我们共识的重要条件。至于导师的指导方法，必然是各不相同的。现根据我们专业的特点和条件，谈一下我在指导中比较注意的一些做法，仅做探讨。

1. 引导博士生对论文研究的兴趣

　　一篇好的博士学位论文，是博士生付出大量艰苦劳动、全心钻研的结果。因此，我十分注意引导博士生对所研究的课题产生浓厚兴趣，积极投身于研究工作中。一般我不直接简单交给论文题目，而是让他参加或独立进行一些相关的研究工作。例如对闫晓军的指导，是先让他参加我们课题组当时正在进行的空间展开机构中的智能关节销、自锁螺帽等课题的研究，还让他参加某平台振动控制的隔振与吸振任务的论证，这样他对智能材料结构领域的发展情况以及他将要研究的课题背景等均较清楚。他感到研究的课题意义重大，技术新颖又有难度，可以发挥他的才华，因而颇感兴趣，并且较自然地形成他自己的研究思路和计划，工作开展很主动，进展也迅速。

2. 强调要做一定的试验

在论文研究中，理论分析是很重要的，但我还是要求必须做一定的试验研究。从试验方案、试件制备、试验准备等都要求博士生自己动手做。从我们专业的现实情况来看，做试验存在很大的困难，但是试验研究在培养人的科研能力、使理论分析深入和建立在可靠试验的基础上，都具有重要作用。试验应在当前先进的科学技术水平上进行，不应仅限于本单位的条件，可以到外单位学习和进行试验。我感到高兴的是闫晓军对试验研究很有热情，也很用心。他的试件和试验模型件主要是在有色金属研究总院的大量协作下完成的，还有一部分是在科学院物理所的帮助下做的。试验工作是在我们实验室新到的几套设备上进行的。这样他的活动范围较大，接触面较广，看到了较多的先进设备和技术处理方法，并向很多经验丰富和高水平的老师学习，开阔了思路，找到了解决一些技术难点的办法，从而树立了战胜困难的信心。当然，试验工作是相当烦琐和艰苦的，但是苦与乐是相伴的。当我看到他在解决技术难题后呈献出的笑容，精心包装和小心存放试验模型的情景时，感到他已悉心投入到研究中，也在研究中得到了乐趣。

3. 要善于发现问题和敢于创新

在研究工作中不仅要重视结果，而且要注意过程和现象。对出现的问题不要忽视，特别是对一些与原来预计不同甚至相反的东西，要抓住不放。闫晓军在做智能减振器的实验过程中，发现减振器的特性与其元件的特性不仅数值不同，而且规律也不相同，完全出乎原来的意料，颇感疑惑。这时我要求和鼓励他认真做细微深入的研究，对实验的结果和现象必须能从理论上进行解释才行。在弄清原因，解释其结果和规律后，鼓励他大胆提出新的设计准则，运用预压技术可以获得比单个元件特性更优异的复合特性，大大提高了减振器效能。这一新方法虽简便，但在现有文献上未见到过，也是我们事前无法想到的。因而获得了答辩委员们的高度评价和赞赏。

我在指导博士论文研究中的这些做法，很平常也有局限性，仅作参考。

研究生学位论文与原始创新 ①

1937 年 8 月 20 日—2018 年 7 月 26 日，中共党员，河北涿州人。1956 年进入北京航空学院学习。国家级中青年专家，曾任航空发动机气动热力国防科技重点实验室主任，获国家科技进步二等奖、首届"全国科学大会"重大成果奖及全国先进工作者称号。培养了大批教育部"长江学者"特聘教授、企业型号总师为代表的高层次人才，全国优秀博士学位论文指导教师，获原航空航天部"优秀研究生导师"称号、北京市教学成果一等奖、北航博士生导师"桃李奖"。

"研究生学位论文与原始创新"这个话题缘起于以下三个疑问：在我国科技自主创新的三个类别中，为什么目前以原始创新最为薄弱？为什么国内培养的博士，其水平总体低于发达国家？上述两疑问有无关联？

以我本人的博士生培养实践为基础，对于上述疑问的认识为：（1）对应于我国当前发展阶段，在科技自主创新的三类别中，原始创新最为薄弱符合发展规律。但为了跨越式发展，这一薄弱环节亟待加强。（2）与发达国家知名大学相比，国内培养的博士水平最根本差距在于原始创新能力。（3）提高我国原始创新能力的核心问题是原始创新人才队伍的建设。这虽涉及一系列工作，但关键是保证我国科技队伍的科技原始创新能力。

---

① 本文根据周盛教授在 2008 年北航研究生开学典礼上的讲话整理而成。

在探讨科技原始创新时，首先需要明确，它的"主战场"何在？在分析"主战场"时，不能不提到 DARPA（美国国防部预研局）。因为这是拥有世界科技原始创新最大份额的组织实施机构。DARPA 涉及广泛领域和众多项目。军用方面例如世界仅有的第四代战斗机及其发动机，军民两用项目例如互联网和大飞机。分析这些项目时不难发现，很多著名原始创新成果都属于科学发现与技术发明二者水乳交融的结果，很难把发现与发明二者截然分开。

目前我国高科技领域仍属于跟踪模仿型。具体表现为测绘仿制多、拥有独立知识产权少，属于原始创新类型更少，而且其中多是影响较小的项目，为了尽快完成从"中国制造"向"中国创造"的转型，关键举措应当从提高我国科技队伍的原始创新能力抓起。如若不打通原始创新能力瓶颈，恐怕难以实现从制造到创造的跨越。

现举出航空发动机行业两例如下，美国联合技术集团是此领域的领头羊，其研发中心主任曾指出，他们的研发队伍 51% 为博士。法国赛峰集团在此领域居全球第四位，其科学顾问是理学博士。在我国航空发动机行业中，工学博士屈指可数，还没听说过是否有理学博士。如若主要从事测绘仿制，工学博士的作用常常比不过能工巧匠。若不搞原始创新，理学博士来到航空发动机行业也无所适从。

以航空发动机行业为例可见，我国现有科技队伍尚不能适应未来对于科技原始创新知识结构的需求。自主创新三个类别对于人才需求各自有其特殊性。以科技领军人物而论，在集成创新和引进消化吸收再创新另外两个类别中，多年来涌现出一批科技领军人物并发挥了重大作用。但对于原始创新类别来说，未来一代领军人物的知识结构可能颇有不同。所以在展望未来时，应当着重分析未来原始创新队伍知识结构上的特殊性。这可能对于我国自主创新的全局进展具有深远影响。

国内外很多学者都曾指出，与科研投资力度相比，在一定条件下可能科学思路和科技队伍更为重要。现以预研项目立项申请为例说明之。当前很多立项申请的基调如下：（1）美国近日搞了某项目，其军事应用前景明显。（2）我们单位也从事同一领域研究。（3）但因与美国有差距，只能跟踪其中一部分，特提出如下申请……。若用足球比赛来譬喻，这相当于在比赛尚未开始就不打算射门。其后果只能是与美国差距越拉越大。反之，若将上述立项申请书的（3）修改为：经过对其机理的剖析，上述美国项目并非无懈可击。针对其机理缺陷，提出一项原始创新方案，以其超越美方。修改之后可比喻为临门一脚，志在必得。诚然，做出此种修改绝非易事，这就意味着原始创新的能力与水平。

　　从全球角度审视，科技原始创新人才队伍的核心应该是博士群体，而且居首位的并非博士所占的百分比，而是原始创新的能力。这时可再提出一个疑题：为什么钱学森先生的博士论文至今仍未被忘记，而国内许多博士论文根本没产生什么影响，可以说在答辩之后事实上已进入"废纸篓"之中？其原因固然复杂，但主要原因还是由于当前博士学位论文的类型所致。我们认为，全球的博士学位论文可划分为两个基本类型，即"原始创新型"与"跟踪模仿型"。不只中国如此，美国一流大学也不例外。我国的问题在于，与发达国家知名大学相比，博士论文中属于"原始创新型"的比例过低。这一差距将严重影响我国科技原始创新的进展。

　　当然，必须提到问题的另一面，就是既要"天马行空"，思想活跃，还要"水银泻地"，练好基本功，打牢基础。千万不要重复过去诸如"水变油"、"永动机"之类的大笑话。

挑战难题　宁拙勿巧

能源与动力工程学院教授，指导的学生高军辉学位论文《超音喷流啸音产生机制的数值模拟研究》，被评为 2008 年校级优秀博士学位论文。

超音喷流啸音是气动声学的经典难题之一。论文发展了一套高精度的计算气动声学方法，准确预测了超音喷流啸音幅值和频率，捕捉到了啸音模态跳跃现象，深入分析了喷流啸音的复杂物理机制，研究处于当时的国际顶尖水平。

　　一篇优秀的博士论文可理解为论文研究成果在某学科方向达到了相当的高度、形成了重要影响力。由于博士论文的完成涉及论文选题、核心问题的解决与突破、逻辑性、严密性、系统性及师生配合等诸多环节，因此，培养一名优秀博士生完成一篇优秀的博士论文，显然具有相当大的挑战性。这里简要谈谈培养博士生的几点粗浅看法。

　　培养博士生识别问题的能力，特别是培养博士生学会并理解什么是真正的问题，这不仅关乎至关重要的博士论文选题，而且也基本决定了论文最终能达到的高度。任何一个学科或研究方向都存在一些公认的大问题、重要问题或小问题，衡量一个问题的大小需要放在学科的历史框架内，大问题通常指一个全新的学科方向或改变了某个学科的历史进程，重要问题则是某个学科在历史长河中积淀下来的经典学术难题，或在不同时期出现的亟待解决的学术难题。因此大问题和重要学术难题的解决均非常具有挑战性，往往呈现为几十年计的长周期，而小问题则是表现为短平快的短周期。导师应当激励博士生勇于选择具有挑战性的经典或当代难题。

　　博士生如果选择了一个挑战性的难题，同时也意味着风险很大，成功与否取决于洞察力、学习和运用知识解决问题的能力。每门学科每个研究方向均呈动态发展态势，需要博士生对本学科或其他学科的前沿发展动态具有敏锐的洞察力，及时抓住有望解决难题的时机，在相对较短时间内学习掌握基础和相关专业知识，进而针对自己拟解决的问题发展出能解决问题的新方法与新途径。不过即便抓住了机遇，而且博士生能力也很强，一个难题的进展与突破往往也不是短时间就能实现的，在此过程中常常碰到诸多的困难和挫折，很可能走不下去、半途而废，也可能出现浅尝即止、寻找捷径的局面。导师需要引导博士生通过解决小问题不断增强自信，特别需要培养博士生能坐冷板凳的耐心、恒心和毅力，形成"宁拙勿巧"的学术品位和素质。

博士论文在完成过程中忌讳"闭门造车"。一种简单直接的方式是鼓励博士生把已完成的创新成果发表到本领域公认的一流学术期刊上，但一篇优秀的期刊论文一般均要求工作相对完整，加上审稿周期等因素，发表时间往往滞后较长时间。另一种方式是鼓励博士生参加领域内最重要的国际会议，宣读交流展示最新研究进展，并与领域内的小同行专家进行面对面的交流，快速直接获得反馈，往往有助于少走弯路，加快研究进程。如果博士选题有足够的吸引力且条件许可，甚至可以鼓励博士生与本领域最顶尖同行开展学术交往甚至合作，与国际上最优秀的学者交流合作往往有助于自己更快成长为一名优秀的高素质博士。

除了上面提到的勇气和毅力等要素外，博士生在开展论文研究过程中，还应当养成独立思考和批判式的科学思维方式。特别是要严格要求博士生在论文撰写和学术交流时，在展示自己创新研究成果的同时，必须充分尊重前人和他人已有学术成果和知识产权，养成自强自信、不卑不亢的严谨学风。

校园耕耘六十春："努力使学生超越自己"

航空科学与工程学院教授。1988年，以指导的博士生傅惠民的学位论文《疲劳强度概率分布》为核心的成果"疲劳强度概率密度函数"获得国家自然科学三等奖；1989年，"研究生拔尖人才的培养"获国家级优秀教学成果奖；2000年，获北京航空航天大学博士生培养桃李特别奖；2002年，指导的博士生闫楚良学位论文《中值疲劳载荷谱编制原理与专家系统》，被评为全国优秀博士学位论文。

中国科学院院士，我国著名的结构疲劳专家、教育家，原籍江西，1928年生于北京。1950年北洋大学航空工程系毕业后，曾在清华大学任助教。从1952年至今在北京航空航天大学任教，历任助教、讲师、副教授、教授和固体力学研究所所长等职。

我是高镇同，北京航空航天大学航空科学与工程学院教授，博士生导师。我于1950年毕业于北洋大学航空工程系，自此开始了在结构疲劳方向的教学与科研。在北航任教的60余年里，我努力为祖国的结构疲劳方向创造成果、培养人才，至今已小有成效——创立了疲劳统计学分支学科，提出了中国专有的飞机结构寿命预测理论，建立了结构疲劳寿命可靠性评定的专家系统；从教以来学生逾千人，其中五人当选院士，为祖国航空事业输送了一批又一批青年才俊。我培养学生特别是研究生的最根本思想就是"努力使学生超越自己"，并始终本着以下几个原则。

1. 情怀引导，勇于担当

遥忆当年，战火纷飞、山河破碎，我与数以万万计的同胞流离失所、归路茫茫，深受丧权辱国之苦，正是因为国力衰微、技术落后。反观现在，百废俱兴、推陈出新，我们的国家正在中华民族的伟大复兴之路上稳步前进。然而，我们依然面临着百年未有之大变局，国际竞争复杂而激烈，科学技术高速迭代、蓬勃发展，这都为新一代科研人带来了新的挑战。面对此情此景，为人师者应当晓之以理、动之以情，引导年轻一代慎终追远、肩负使命。在与学生共处的时候，我们不仅一起讨论学术问题、一起推导公式定理，还常常一起探讨人生价值、讨论国家发展。我相信只有这样，才能帮助学生树立正确的世界观、人生观、价值观；才能在科研中或者生活中遇到坎坷的时候，让学生们拥有坚持下去的勇气与毅力。

2. 治学严谨，尽职尽责

师者，传道授业解惑也。为人师者应当将学生超越自己视为一种目标、一种乐趣、一种追求。常言道，"授之以鱼不如授之以渔"。为了培养出更好的学生，我不仅强调理论的传授，还重视对学生"治学"能力的培养。"治学"与"学习"截然不同，治学强调在学习前人的基础上开拓创新，这是科研人员不可或缺的软实力。想要培养学生的"治学"能力，不能简单地通过上课、布置作业、考试来解决，而是需要通过多元教学的方法：在课堂上深挖学科热点，组织同学讨论，激发同学们发现问题、解决问题的能力；鼓励同学们将学术探讨与实际应用相结合，增加同学们对知识的应用能力，同时增强同学们的"主人翁"意识；发挥为人师表的带头作用，将同学们引领到勤奋、创新、专一的正道上。

3. 鼓励探索，敢于创新

我们所运用的工程理论是基于一系列假设的，其中难免还存在着疏漏与不足，需要后生们加以补充与改进。因此，我一向鼓励学生针对领域的基础问题敢于进行质疑与自发研究。还记得，当年我给傅惠民同学讲课的时候，世界上都认为疲劳强度是正态分布的。然而，傅惠民同学勇于对此质疑。尽管他还是一位硕士生，我也鼓励他挑战这一国际难题，并找来数学能力好的同学与他合作破解，最终发现疲劳强度是满足某种偏态分布的，疲劳强度的理论由此得到了全新的改变。可以看到，后生可畏，学生的潜力是无穷的，我们作为老师理应给予学生指导与帮助，鼓励他们科研探索中敢于创新，挑战自我突破难关。

4. 爱生如子，以善为乐

"为人师者，唯以父母慈爱儿女之心爱人，方可行师道于天下"。师生关系是双向的，学生以自己对学习的热忱、对知识的渴望、对前辈的敬仰打动老师，而老师也理应用高质量的教学、全方位的关爱来对待学生。身为师长，我一直要求自己在力所能及的范围内为同学们排忧解难，扫清治学路上的困难，在他们的成才路上贡献一份力量。早在20世纪80年代，我就开始大量资助学生——我以奖学金、补助金等各种方式资助他们，此举不仅改善了同学们的营养健康状况，使同学们拥有了专注于学习的能量，还使我感到高兴与欣慰。渐渐地，我将资助范围逐渐扩大，设立"高镇同基金"等，捐款范围也逐渐延展到全国。看到更多的学生获得优质的学习机会与学习环境，我也深深以此为乐，"愿得此生长报国，何须名利绕吾身"！

中华学子盛世行，报国图强创时空。航空报国是情怀，是使命，也是一份责任。今天，国家的航空事业高速发展，但依旧有颇多难题亟待解决，我时常告诫学生学术科研要谈情怀，讲创新，更重要的是科学追求要融入国家建设，时刻谨记科学家精神。今天，我的学生们有的已经晋升为研究员、教授、博士生导师，还有的成为了两院院士等，作为新一代的航空人他们接过航空报国的接力棒继续为国家航空事业的发展与青年人才的培养而奋斗。其中，陶宝祺、钟群鹏、张福泽、谭建荣、闫楚良五人被评为院士；朱开轩担任国家教委主任；王敏芹担任贵航飞机设计研究所研究员、副总设计师，获得全国五一劳动奖章；王中曾任中国民用航空局适航司司长；傅惠民任全国政协委员，并创办了北航小样本技术研究中心；鲍蕊担任北航航空科学与工程学院党委书记，获首都劳动奖章；徐家进成为赴美"访问学者"，在半导体、光学领域进行研究，如今已经七十多岁高龄，仍在编著《智能疲劳统计学》教材；杨嘉陵任中国科协工程力学类专业认证委员会委员，国家评奖委员会评审专家，总参陆航局武装直升机高层专家，北京力学会荣誉副理事长等。

科学路漫漫，胸怀筑基业。作为航空界的科技工作者要胸怀祖国、服务人民、勇攀高峰、敢为人先，追求真理、严谨治学，更要淡泊名利、潜心研究，甘为人梯、奖掖后学。

行远自迩、有的放矢，助力学生成长、成才

王晋军

　　航空科学与工程学院教授，指导的学生先后10 人次获国家（提名）、学会、学校各级优博论文。张攀峰、潘翀分别获 2010、2011 年全国优秀博士学位论文提名，何国胜获 2016 年中国力学学会首届优秀博士学位论文，王将升获 2021 年中国航空学会首届优秀博士学位论文，冯立好、徐杨、朱航宇等 6 人次获北京航空航天大学优秀博士学位论文。

　　国家杰出青年科学基金获得者，教育部"长江学者"特聘教授，国务院学位委员会第八届学科评议组成员，获国家技术发明二等奖 1 项，省部级奖励 6 项。

　　自 1992 年博士后出站留校任教，我在北航工作已 30 年。30 年来，不忘初心，教学相长，我的学生有的也成了老师，看着一批又一批的学生毕业后服务于国防事业，成长为我国航空航天领域的中坚力量，我打心底里感到高兴和自豪。回顾研究生的培养历程，我想分享以下四点心得体会。

1. 亦师亦友，构建和谐融洽的师生关系

　　《礼记·学记》云："安其学而亲其师，乐其友而信其道"，良好的师生关系是培养优秀学生的前提。作为指导教师，当严于律己，以身作则，所谓"德高为师，身正为范"，只有恪守职业道德，提升专业素养，才能赢得学生尊重，成为学生心目中的表率。与学生相处，要宽严相济，亦师亦友。在科研上为师，教导学生严谨求实、

精益求精；在生活中为友，关心学生成长，帮助他们排忧解难。通过举办师生茶话会、体育运动等方式拉近师生距离，这种和谐融洽的师生关系会促进师生间的交流沟通，宽松自由的实验室氛围能够激励学生大胆质疑，勇于创新，提出独到的见解。对待学生，不能一味地批评否定，否则学生容易怀疑自己能力，产生消极情绪，适时鼓励、不吝啬赞扬可以增强学生的自信心，提升科研热情。

2. 行远自迩，倡导循序渐进的培养模式

博士生的培养是帮助和协助学生从科研"门外汉"成长为"学者"的过程，不可能一蹴而就。身为导师，要引导学生博观而约取，厚积而薄发，不可揠苗助长，急于求成。我通常倡导学生按照四段式模式循序渐进。第一阶段：夯实学科基础，寻找研究兴趣。入学第一年学生以学习专业知识为主，尤其要扎实数理基础。磨刀不误砍柴工，坚实的专业基础对日后开展科研工作特别是理论分析大有裨益。同时，鼓励学生参与组会，了解课题组的研究方向，引导学生发现并确定自己的研究兴趣。第二阶段：广泛阅读文献，发掘创新突破口。科学研究一方面要站在前人的肩膀上，另一方面要大胆质疑，勇于创新。在该阶段鼓励学生广泛阅读文献、多思考、勤总结，熟悉相关领域的研究现状，找准突破口和创新点。第三阶段：躬行实践，验证选题可行性。"纸上得来终觉浅"，科学研究特别是实验研究更加注重实践。在帮助学生把握好选题方向后，督促其制定研究方案，开展实验尝试，一方面掌握必要的研究技能，另一方面验证选题的可行性。第四阶段：由浅入深，在分析和解决问题中收获成果。中、高年级博士生在前三个阶段的历练后，已具备基本的专业素养，此时着重培养他们独自分析和解决问题的能力，通过发现问题—解决问题—发表成果—收获热情的正反馈，激励学生深入挖掘，勇攀高峰。

3. 有的放矢，推行团结协作的小组制度

大课题组往往涉及多个研究方向，过去常组织所有研究生一起开组会，但由于学生人数多，平均到每位学生的交流时间很短，效率不够高。为此，我将课题组学生按研究方向分为3小组，全组、小组讨论会有序进行。全组讨论会交流共性问题，拓宽学生视野。小组讨论会进行针对性指导，提升交流的深度和效率。此外，相同研究方向小组的低年级学生作为助手参与高年级学生的研究工作，在科研过程中完

成对低年级学生实验技术、分析方法等的培训，同时提高了高年级学生实验研究的效率。这种小组协作的方式增进了学生之间的友谊，增强了团队的凝聚力，有助于学生快出成果、快速成长。

4. 聚焦前沿，助力敏锐开阔的国际视野

要培养一名优秀的博士生，必须要让他们牢牢把握研究的前沿和热点，加强国际交流和合作是有效的途径之一。为此，资助每位博士生在读期间至少参加两次国际会议；我的研究团队还积极承办国内外学术会议，为学生创造与学术大家面对面的机会；邀请国内外专家学者来做报告，扩宽学生的视野和思路；与国外多所高水平大学的学者建立了学术交流、合作机制，共同承担科研项目，切实为学生提供国际合作研究、联合培养的渠道。这些方式和方法不仅锻炼了学生的表达和交往能力，培养了学生的国际视野，还通过合作研究助力获得创新性成果，提高了国际影响力。

30 年来，北航见证了我作为教师的成长。感谢北航，为我提供了自由的学术环境、坚实的科研平台和优秀的学生资源。值此建校七十周年之际，祝愿我的学生们前程似锦，祝愿我的同事们桃李满园，祝愿北航再创辉煌！

治学唯实　攀峰求新

　　航空科学与工程学院教授，指导的学生甘春标学位论文《非线性振动系统的模态及时变动力学研究》，被评为 2000 年校级优秀博士学位；指导的学生化存才学位论文《非线性时变动力系统的分岔及其应用研究》，被评为 2002 年校级优秀博士学位论文、2003 年全国优秀博士学位论文提名论文；指导的学生作东学位论文《非牛顿渗流方程解的存在性和解的结构研究》，被评为 2004 年校级优秀博士学位论文；指导的学生卓琴学位论文《神经元模型放电节律模式的非线性动力学研究》，被评为 2005 年校级优秀博士学位论文；指导的学生吕淑娟学位论文《三维 Ginzburg-Landau 方程的动力学行为研究》，被评为 2007 年校级优秀博士学位论文；指导的学生王青云学位论文《耦合神经元的同步和时滞影响的动力学研究》，被评为 2008 年校级优秀博士学位论文、2009 年全国优秀博士学位论文提名论文；指导的学生孙晓娟学位论文《噪声激励下耦合神经元网络的随机时空动力学研究》，被评为 2010 年校级优秀博士学位论文、2011 年全国优秀博士学位论文提名论文。

　　1940 年出生。1960 年毕业于北京航空学院飞机系空气动力学专业。曾任中国力学学会一般力学专业委员会主任和中国振动工程学会非线性振动专业委员会副主任、*Acta Mech. Sinica* 和《力学学报》副主编，《力学进展》常务编委，以及《中国大百科全书》（第三版）《力学卷》的动力学与控制分支主编等。获国家自然科学二等奖"复杂非线性系统的动力学理论与方法"（2003 年）等，被评为航空航天工业部优秀研究生导师（1993 年）、北京市优秀教师（1997 年）等。

研究生教育是高等教育的重要组成部分。研究生是国家高素质科学技术骨干和领军人物的源泉，代表着国家的未来。研究生导师是培养研究生的第一责任人，要尽心培育高素质接班人，做到薪火相传，青出于蓝而胜于蓝，任重而道远。

研究生培养工作应当自始至终贯穿"人才为根本，创新是核心"的指导思想。优秀的研究生素质体现在：雄厚宽广的知识基础、创造性的探索思维、独立分析和解决问题的能力、良好的合作交流能力，还要有崇高的人生理想和社会责任感、无私的敬业奉献精神、顽强奋进的意志和严谨踏实的学风等。

我从事研究生培养工作多年，深深体会到精心指导的重要作用，也从心里为研究生在校期间和毕业后取得的业绩感到欣慰和自豪。这里谈几点在指导研究生（主要是博士生）过程中的粗浅体会。

1. 加强基础知识学习、倡导学科交叉融合

研究生的优秀成果必定建立在坚实全面的基础理论和专业技能之上。博士生在入学时虽然已经有一定的学术基础，但是与培养要求还有很大的差距，需要大力提高。但是出于多种原因，许多博士生往往存在重课题、轻基础的倾向，在学习中局限于近期文献的泛读，而欠缺对经典性论著的精读和理解，这将使培养任务成为无根之木、无源之流。为此有必要采取一定措施去组织和加强博士生的基础知识学习，并且贯穿培养的全过程。例如，根据博士生的科研方向与未来发展的需要，确定基础理论（特别是数理科学）和专业知识的重点学习领域，有计划地深入研读相关的经典名著、优秀综述文章和里程碑式的学术论文。又如，开展经常性的讨论班活动。采取研究生轮流报告方式，介绍和交流学习心得和阶段性研究成果，导师临场分析和总结。由于每个博士生的知识基础和科研课题往往有很大差别，为此需要认真考虑和安排每个人的基础知识学习，不要"一刀切"。

当今学科间的相互渗透和融合日益增强，交叉学科正在飞速发展和延伸，多学科的知识和方法是创新成果的重要源泉，交叉学科研究是造就具备综合性实力的拔尖创新人才的重要摇篮。注重学科交叉，取长补短，不断开拓新的研究方向，对于进一步提高研究生质量尤为重要。研究生的交叉学科培养可以从三方面入手：课程、项目和培养方案。我指导过的博士生主要从事非线性动力学及其在机电振动系统、转子系统和神经系统中的应用的研究，交叉学科的理论和方法在他们的课题研究和

学位论文中起了很大作用，使他们受益良多。

2. 强调选题的创新性，提高科学素质和科研能力

学位论文选题是博士生培养的关键性起步工作。为此导师作为学术带头人，必须全面了解本学科的发展状况，把握好学科发展的大方向，根据学科发展趋势、国际科技前沿领域，以及国家重大战略需求去确定主攻目标，结合自身特点去选取先进可行的新颖研究课题。在选题过程中，需要深入调研思索，结合本单位和本学科情况，还要充分考虑研究生的特点，最后才能得出比较完善的选题方案。

学位论文选题以学术水平为准则，以国际前沿为定位，其核心是创新性。创新性就是敢于突破传统领域，勇于探索未知事物。创新能力的培养过程是学会自主探索、独立分析和解决问题的过程。事实表明，先进的选题和新颖的思路更能激发博士生的学习兴趣和热情，有利于调动他们的研究积极性，是高质量的优秀学位论文的基本前提。因此，选题的创新性将会大大提高博士生的科学素质和科研能力，实现人才培养的宗旨。

3. 抓好关键环节，实现个性化培养

博士生培养的主要环节有：开题报告、中期考核/资格考试、学位论文撰写和预答辩、学位论文答辩。导师需要根据各个环节的特点，落实每个培养阶段的目标和任务。整个培养过程可以大致按中期考核划分为两个阶段：前期应围绕文献综述和开题报告，安排和引导博士生进行课程学习和文献调研，顺利地进入选题所设定的境界；后期则以学位论文为中心，充分发挥学生的积极性和主动性，做出一些高水平的创新性成果，培养出独立从事科研工作的能力。

在培养博士生过程中，导师要抓好两头，即入口（选题）和出口（成果），严把质量关。博士生的开题报告是阶段性成果的主要展现手段，其撰写过程也是很好的锻炼机会，导师要给予认真细致的指导，切实保证其水平和质量。学位论文是博士生的学术成果和水平的最后凝聚，导师从一开始就要密切关注论文题目、文章结构和内容安排等；到了论文的最后阶段，更要在学术水平、文字质量、格式、学风等全面严格把关，使之真正成为高水平的学位论文。

在培养博士生的过程中，导师要实现个性化培养，全面考虑学生的学习基础、

研究兴趣和就业意向等因素去确定其研究课题，充分调动学生的积极性和主动性。要依据每个博士生的具体特点因材施教，知人善任，制定周详的培养计划，及时检查调整进度。在培养过程中提倡自由探索，力求创新，与学生保持经常性的切磋和讨论，认真听取和考虑他们的需求和意见。要照顾学生特点因材施教，保护好奇心和兴趣，充分发挥聪明才智。要积极鼓励学生主动撰写学术论文和总结科研成果，在著名学术期刊上发表高水平论文和在重要学术会议上进行交流。

4. 营造良好学术环境

良好的学术环境具有丰富内涵。首先是课题组有丰富多彩、组织完善的学术活动，其中精心安排的学术讨论班是最主要的经常性活动方式。其次，在研究集体中坚持学术民主、各抒己见，鼓励创新思维、勇于探索，提倡互帮互学、师生共进。最后，尽量扩大学术空间，为学生创造广阔的国内外学术交流机会。研究生参加各种研讨班、专题讲座、承担重大科研课题任务，进行学术访问和合作研究，赴境外联合培养等，有利于他们开阔视野，拓宽思路，经受更多锻炼和考验，迅速地进入国际前沿研究行列，置身于学术大舞台展示才能。

导师要为研究生尽力营造积极向上、和谐奋进、团结协作、心情舒畅的校内外良好学术环境，这样的环境能使每个学生都从中获取优质学术营养，充分发挥自身能力去为集体作出贡献，真正促使人才的苗壮成长。

5. 严格要求、言传身教

"十年树木，百年树人"。导师的重要职责在于选苗定题，积极引导，严格要求，言传身教。严格要求，既包括立足前沿、追求创新的学术质量，勤奋、严谨、求实、谦虚的优良学风和科研道德，还有崇高的思想修养、敬业精神和团队作风等。在对学生严格要求的过程中，也对导师提出更高的标准和要求，做到教学相长，共同提高。

导师要循循善诱，鼓舞信心，激发潜能，充分调动研究生的积极性，使他们实现跨越式的进步。要敢于放手，让研究生有更多的自主权。导师的适时引导是必要的，但是要避免一言堂，要鼓励学生充分大胆地表达想法和意见，认真听取不同的观点。导师的言传身教将会对刚迈入科研大门的年轻人起着榜样的作用，并且随着时间的推移，彼此建立起终生的持久合作关系。

点燃一把火——我的博士研究生培养体会

　　航空科学与工程学院教授，指导的学生俞立平学位论文《单相机三维数字图像相关方法及其在动态变形测量中的应用研究》，被评为 2019 年校级优秀博士学位论文；指导的学生陈斌学位论文《平面镜辅助的多视角数字图像相关方法及其应用》，被评为 2022 年校级优秀博士学位论文。

　　孟子言"得天下英才而教育之"为"君子三乐"之一。在我国航空航天领域的最高学府与出类拔萃、充满朝气的年轻学子朝夕相处，钻研学问，砥砺互进，这是高校教师这份工作带给我的最大快乐！2014 年迄今我共指导博士研究生 13 名，其中已毕业 5 人，2 人获得校优秀博士论文，3 人在毕业 2 年后成为高校（北航、大工、地大）副教授。这些学生来自全国各地，有着不同的学习和生活背景，博士毕业后，他们改变了人生轨迹，在更高的层次和岗位上服务社会、实现自我。作为和他们相处多年的师长和朋友，我为曾参与过他们的成长感到高兴和自豪。

　　第一位获得校优秀博士论文（2019 年）的是俞立平同学。2011 年他从天津大学工程力学专业保送到我校，成为我的第一个硕士生。起初他的人生规划是硕士毕业后直接就业，并没有进一步深造的打算。刚开始学生少，我有充分的时间和精力进行"手把手"地指导。在选定容易切入的研究课题后，我从文献检索和阅读、理论分析、实验研究以及学术论文撰写等环节对他进行"学徒式"的科研训练。最初，他只是参与文献调研和数据分析等容易上手的环节，研究过程和论文写作由我完成。如此完成一两项研究工作后，再让他按照预先设计的想法完成实验部分，并撰写论文的相关内容。在这个阶段，通过示范、引导和鼓励，我能感受到他体验到了科研过程中的乐趣，而随后学术论文在国际期刊的发表更是给他带来了成功的喜悦。在学术论文写作上，我不仅仅是"一字一句"地修改，而是对他进行科研写作思维和基本功的训练，让他在反复修改过程中掌握科研论文的写作规范。现在看来这种培养实际是一个循序渐进的过程，这个过程在不经意间唤醒了他科研上的主观能动性。俞立平同学在硕士阶段共发表 6 篇 SCI 论文，至今已被引用 400 余次，1 篇发表在《光学学报》的论文入选该创刊 40 周年 10 篇高被引论文之一。

经过硕士阶段的科研训练，他萌生了攻读博士学位的想法，在硕士最后一年申请转博。在博士阶段，我对他的培养方式由"学徒式"手把手指导向"自驱式"科研转变。除了培养他发现问题、分析问题和解决问题的科研能力，更侧重让他针对研究课题进行深挖、吃透，做出"组合拳式"的而不是"蜻蜓点水、点到即止"的系统性研究工作。由于个人的刻苦努力辅以正确的引导，他在博士阶段取得了优异的成绩，发表 SCI 论文 13 篇，论文至今已被引用 600 余次。尤其值得一提的是，他博士论文的核心工作"单彩色相机三维数字图像相关方法"发表在国际实验力学领域旗舰期刊 Experimental Mechanics 上，被评为该期刊年度最佳研究论文，获得了美国实验力学学会 Hetényi Award（该奖项自 1967 年设立以来首次授予中国学者）。此外，俞立平在博士阶段的论文还获得英国皇家物理学会"2018 高被引中国作者奖"，关于单相机三维数字图像相关方法的综述论文入选了 Science China Technological Sciences 封面文章，成为该期刊近几年引用最多的论文。博士就读期间，他获得两次国家奖学金，以及工信部创新创业奖学金和北航卓越博士生基金，博士论文获得了 2019 年度北京航空航天大学优秀博士毕业论文。博士毕业后，他去沙特阿卜杜拉国王科技大学完成两年博士后研究工作，现已回到北京航空航天大学固体力学所任副教授，入职后不久顺利获得国家自然科学基金青年项目资助，并入选中国科协青年托举人才计划。

另一位获得校优秀博士论文（2022 年）的是陈斌同学。2015 年陈斌从北航本科毕业，成为我的硕士生。研究生阶段伊始，他也不确定将来是否会继续从事学术研究工作。受实验室科研氛围的感染和师兄师姐的肯定和鼓励，半年后他就决定在研一结束后转博。考虑他的功底扎实，我给他安排的第一个研究是具有一定挑战性的探索性课题，经过一年的艰苦努力，他取得了突破，我鼓励他撰写论文。他第一次撰写的论文无论是逻辑、结构还是语言，都存在较大的不足。我带着他将这篇论文逐字逐句逐段地来回修改了十几次，最终发表在国外期刊上。我相信这次完整和严格的科研训练对他的影响是深刻的，因为在经过如此这样的几篇论文的锤炼后，我发现即便是初稿，他给我提交的论文已经很接近我对学术论文的要求，经过修改后都顺利发表在力学和光学领域权威国际期刊上。此后，他展现出了对科研工作强烈的渴望与热情，能够触类旁通地发现并解决本领域的科研问题，并能主动和快速地将研究成果整理成学术论文。

2018 年我让他以某种光测力学新方法作为博士论文的主要研究课题，我对他博士论文的要求是"挖一口井"做深入、系统和完整的研究，让他从高精度相机标定、测量方法优化、精准度评估等多方面进行全面深入研究，并应用该方法完成多项具有挑战性的力学测量任务。陈斌对该课题表现出了极大的热情和极高的悟性，2020 年发表的论文被选为国际实验力学旗舰期刊 *Experimental Mechanics* 封面论文。在博士就读期间，陈斌同学一共发表 17 篇英文论文，并获得博士生新生奖学金、卓越博士生基金、国家奖学金、北京市优秀博士毕业生等一系列的奖励或荣誉。博士毕业后，著名瑞典皇家理工大学给他提供了三年的博士后合同。在博士阶段的科研经历已使他完成了"要我做"到"我要做"的质变，我相信在新的平台他将能独立自主探索未知的科学世界，取得更多更好的学术成果。

爱尔兰诗人叶芝曾说："教育不是注满一桶水，而是点燃一把火。"经历了这几年多位博士生的培养过程，我的真切共鸣此语道破教育之真谛。作为学历教育最高层次的博士研究生，导师的培养过程应重在引导而非传授，当他进入一个全新的科研领域时，你可以尽你所知给他细说这个领域的过往和现状，并展望美好的前景，也可以言传身教或潜移默化地告诉他们你所熟悉的研究方法，但这一切如果不能点燃学生心中的那团火焰——对拓展人类在某个领域认知的边界、并以最简洁优美的方式传播这种新的认知的激情和渴望，这样博士生的培养也许是合格的，但一定不能算是成功的。

细节着手　交流合作

　　航空科学与工程学院长江学者特聘教授，指导的学生孙志远学位论文《若干流体力学模型中非线性波和涡的研究》，被评为 2014 年校级优秀博士学位论文。

　　本人数十年间坚持"科研要以学生的兴趣为导向，强调创新从细节着手，注重研究内容的精工细作，同时鼓励学生之间的交流合作"。

　　我们的团队常年从事力学、物理和数学等交叉学科中非线性波动的理论研究，研究领域从宏观尺度下的太空等离子体、海洋水波到微观尺度下的冷原子物质波。研究生们对跨学科领域知识点的兴趣即是创新的原动力。我们鼓励研究生们对陌生方向的探索，引导研究生们将已有的非线性知识构架与新方向有机地结合起来，并灵活应用相关的物理概念和数学技巧。例如，通过探讨"如何将处理水波方程的方法应用到非线性光学模型中"，我们可有效地引导研究生们在这两个领域之间找寻共同点和不同点，从而有可能产生一定的原创性发现。

　　对于有价值的科学问题，我们建议研究生们从问题的细节着手，特别是对物理现象中反传统之处要有高度的敏感性。我们鼓励研究生们花一定的时间把这些细节研究透彻，把相应的理论分析和计算模拟做充分。这样有利于将研究从"点"发展到"面"，有利于获得系统性的成果。我们要求研究生们及时总结工作，特别是在论文的撰写当中，要具有一丝不苟的精神，因为如何把工作的研究背景、创新性和潜在价值进行清楚、科学和严谨的表述是一个需要积累和反复打磨的过程。在这个过程中，研究生们可能会逐渐弥补自身知识结构的不足，这本身就是一个学习进步的历程。更重要的在于，通过对问题的细化思考，我们有可能"意外"地发现某些重要的创新点，这也为研究工作的进一步深化提供了机会。

我们的科研团队鼓励成员之间进行积极主动的交流合作，这对于交叉学科领域的研究也是颇为重要的。在科研合作中，不同研究生根据自身的兴趣点和擅长的方面，可有效地为解决复杂问题提供合适的思路和方案。同时，合作有利于发现个人研究路线中的瑕疵部分，并及时对其进行修正。更有意义的一点在于，团队成员间相互讨论，往往能激发出一些新颖的科学思想和创意点，为我们进一步做出"从零到一"的原创性成果提供了切入点。

2014年校优博获得者孙志远同学是我们团队中具有代表性的一位成员。其在非线性水波、光电流体和量子流体等多个领域展现出浓厚的科研兴趣。他在学习探索的过程中，瞄准相关领域的一系列前沿问题，通过在解析理论和计算模拟方面的精耕细作，获得了系统性的研究成果。这些成果的凝练也与团队合作者的努力息息相关。例如，他与合作者针对研究问题的广泛讨论、在论文撰写中的多轮修改等都是工作质量得以提升的有力保障。另一方面，这种讨论合作的形式也促使研究成果及时惠及团队成员，进一步激发了组内研究方向的交叉共融及创新点的增长。

孙志远博士于2016年成为北京航空航天大学的"卓越百人"副教授。

在孙志远博士毕业之后，我们的团队又建立一个新机制：仿照学术委员会机制，在研究生们之中成立一个"论文查重委员会"（主任、副主任、成员均为研究生）。这样，研究生们互帮互学，有效发挥自身的科学性、积极性和严谨性，以便早日成为科学工作者。

跨越学科　自主创新

沈志刚

航空科学与工程学院教授，材料科学与工程学院教授，指导的学生蔡楚江博士学位论文《气流湍流颗粒分散与表面改性处理方法的研究》、俞晓正博士学位论文《微颗粒表面磁控溅射镀膜研究》、郑艳红博士学位论文《废印刷电路板非金属材料资源化再利用的基础研究》、易敏博士学位论文《力学方法制备石墨烯及其抗原子氧腐蚀应用》，分别被评为 2008、2009、2010、2015 年北京航空航天大学优秀博士学位论文。

1989 年在北航空气动力学专业获得博士学位(指导教师为李椿萱院士)。2005 年被中国科协授予"全国优秀科技工作者荣誉称号"，2004 年被人事部等授予"新世纪国家百千万人才"，获得省部级科技二等奖 3 项。目前主要从事石墨烯制备及应用的研究。工程力学责任教授、全国优秀科技工作者、享受国务院特殊津贴、北京市粉体技术重点实验室主任、中国颗粒学会颗粒制备与处理委员会主任委员、中国硅酸盐学会矿物材料分会副理事长等。

博士教育是培养高层次拔尖创新人才的主要渠道，也是国家核心竞争力的重要体现，导师不仅仅是博士生学术发展、科研创新的领路人，而且是价值观念的指导者、人格魅力的塑造者与智能结构的完善者，只有导师切实担负起对博士生全面系统指导的责任，才能真正培养出适应时代要求的高素质创新人才。

对于博士生的培养来讲，创新能力是世界顶尖学府共同追求的培养目标之一。搭建系统全面的科研环境、营造轻松自在的科研氛围、小心呵护博士生迸发的创新火花是本人一直遵循的指导思想。在国家和北航"985""双一流"建设目标的教育战略支持下，本人致力于为博士生打造更为便捷实用的科研仪器系统平台，最大程度支撑博士生科研方案的实现。我相信，在我的博士生团队里，科研气氛是严谨但轻松的，学生做学问的心态是积极向上且动力十足的。

随着当今世界的飞速发展，世界一流大学纷纷采用跨学科教育战略以保持其在领军人才培养上的优势，例如，哈佛大学和普林斯顿大学将"跨学科"作为其博士培养目标；牛津大学和霍普金斯大学也在跨学科培养方面进行了一系列工作，并宣布今后将继续加强跨学科合作；斯坦福大学更是为博士生开设了134门跨学科课程及39个跨学科项目等。本人借鉴了多所世界一流学府的跨学科博士生培养经验，认为跨学科能为创新能力的培养提供肥沃的土壤和源源不断的种子。所以本人将跨学科培养作为博士培养的重要指导精神，将力学专业和材料专业博士生的研究课题设定为"同类但不同源"的科学问题，并开启博士生自由探索研究课题的通道，采用课题组内定期学术交流以及参加海内外学术交流会议的方式促进"跨学科"的有机深入发展。

博士教育发展战略的实施，离不开国家政府的宏观指导，政府通过采用立法及规划手段、增加竞争性科研项目拨款的方式引导着博士培养的大方向和高等教育的发展。这在博士生的科研选题方面体现得尤为明显，本团队博士生选题遵循了以国家战略需求导向为主，聚焦科技最前沿，利用本团队跨学科的优势独辟蹊径的综合指导思路。获得优秀的蔡楚江博士学位论文《气流湍流颗粒分散与表面改性处理方法的研究》、俞晓正博士学位论文《微颗粒表面磁控溅射镀膜研究》均是以科技前沿的科学问题为导向，而郑艳红博士学位论文《废印刷电路板非金属材料资源化再利用的基础研究》顺应了国家对绿色环保事业的战略需求，易敏博士学位论文《力学方法制备石墨烯及其抗原子氧腐蚀应用》则是跨越了力学与材料学的领域，该篇论文包含18篇SCI收录论文，可谓硕果累累，创新力十足。

除了学术能力，博士生的心理健康也是不可忽视的部分，在跟学生的交流中，及时把握学生的思想动向，怀抱一颗真诚的心，从学生的角度考虑其私人问题并给予建议，让交流变得简单易行，这种交流完全可以在日常的聊天及偶然的机会中完成，轻松的沟通模式更容易取得事半功倍的沟通效果。

综上所述，本团队博士生的培养遵循了创新能力与跨学科相结合的培养模式，致力于为博士生打造轻松自在的科研氛围，提供坚实雄厚的科研条件，让博士生发挥自主创新的想象，最终收获一批具有远见、创新能力及跨学科的顶尖人才。

努力进取　服务国家需求

　　航空科学与工程学院教授，指导的学生王岳武学位论文《高速飞行器翼型结构热／振动特性研究》，被评为 2018 年校级优秀博士学位论文。

　　1992 年于日本获得工学博士学位。主要研究方向有"高速飞行器结构热强度与环境""智能材料与结构振动控制"与"实验力学"等。曾任北京航空航天大学固体力学研究所副所长，《实验力学》学报副主编，中国力学学会理事，"APCSMS-96"国际会议组织委会委员，中国力学学会实验应力分析专业委员会委员，中国宇航学会结构强度与环境工程专业委员会委员，《强度与环境》编委等职务或社会职务。在国内、外学术刊物和国际学术会议上发表学术论文 80 余篇，授权国家发明专利 30 项。主持国家自然科学基金、国家重大科研仪器研制、航空基金、高等学校博士学科点专项科研基金，参加 985、863、国防 973 等项目。承担高超声速飞行器、反舰导弹、战略导弹、运载火箭等相关军事工程项目。获中华人民共和国国家技术发明二等奖，教育部科技进步一等奖，教育部科技进步二等奖，航空部优秀留学归国人员奖。

　　高速飞行器对远程战略目标实施快速高精度打击，具有极其重要的军事应用价值。由于飞行速度快，航程远，飞行器所面临的持续气动加热环境非常严酷，外表面温度可达到 1 000℃、甚至更高。在飞行过程中，机翼等姿态控制结构还将面临长时间的剧烈振动。持续的严酷高温环境使得结构的弹性性能、振动特性发生变化，严重影响飞行器的颤振特性及控制特性，甚至会引发重大安全事故。因此开展高速飞行器结构在高温、振动复合环境下的振动特性研究，对于提高远程高速飞行器的安全可靠性非常重要，该项研究也具有重要的应用背景。

王岳武同学对该研究题目有很高的热情和积极性。读博期间刻苦学习，阅读了大量的文献资料进行背景调研，充分了解国际上的研究现状和动态进展，参加国际会议开拓视野。了解到美国 NASA 曾对高超声速飞行器 X-37 的方向舵进行热 / 振联合试验，获知 NASA 受制于高温加速度传感器的使用温度，热模态试验的温度环境的有效数据小于 500℃。王岳武同学和指导老师制定了与美国 NASA 完全不同的试验方案，克服了许多困难，通过采取高温信号刚性导引技术，建立高温热模态试验系统，最终实现了高速飞行器翼舵结构在高达 1 100℃高温环境下的模态频率、模态振型等关键振动参数的试验获取。并通过计算与试验结果对比，验证了试验方法的正确性和可用性。该方法申请了国家发明专利，取得授权。为能够实现更高温度环境下的热 / 振联合试验，博士期间还参加了 1 500℃高温环境下 C/SiC 复合材料结构的热 / 载联合试验研究，为今后进一步实现更高温环境下的热 / 振联合试验打下基础。在读博期间王岳武同学发表了多篇相关 SCI 论文，研究成果具有重要的应用价值。王岳武同学成为了航空科学与工程学院 2016 年度国家技术发明二等奖获奖团队中的唯一学生成员。其博士学位论文《高速飞行器翼型结构热 / 振动特性研究》被评为校级优秀博士学位论文。

该博士论文还获得了 2017 年度中国力学学会优秀博士学位论文提名奖（该奖项全国每年提名 10 人），如下图所示。

中国力学学会优秀博士学位论文提名证书

北航良好的教学平台和研究环境，好的时代背景、国家需求的牵引，为我校高素质人才培养提供了重要保证。

以身作则　授人以渔

邱 志 平

航空科学与工程学院教授，博士生导师，洪堡学者，国家杰出青年科学基金获得者，教育部创新团队负责人，所指导学生王冲（航空学院教授，博士生导师，洪堡学者，国家海外高层次青年人才）的学位论文《不确定性结构温度场的数值计算及优化设计方法研究》，被评为 2017 年校级优秀博士学位论文，并荣获 2016 年度中国力学优秀博士学位论文提名奖。

自获评研究生导师以来，至今已培养毕业硕、博士研究生多人。王冲同学作为其中的代表，能够从全校众多优秀博士研究生中脱颖而出，获评校级优秀博士论文和中国力学优秀博士学位论文提名奖，并入选洪堡学者、第十五批国家海外高层次青年人才，离不开自己的刻苦努力，但也离不开校内外众多老师的热心指导。和本科生教育不同，研究生教育的重点在于培养学生的科研系统性、创新性以及独立性，难点在于每个学生的性格与背景都不尽相同，无法用统一的模式来培养。导师对研究生顺利成长至关重要，在各个发展阶段都要掌握好一个平衡。培养学生，没有捷径，个人主要心得如下。

1. 正确定位研究生与导师之间的关系

正确的导学关系定位是提高研究生培养质量的前提。研究生和导师不是简单的师徒关系，而是一种合作关系，同事关系。导师为研究生提供成长资源的同时，研究生成长的需求也激励着导师必须不断前进。在传统的"师徒关系"中，导师在学术上的权威性使其在研究生培养过程中始终处于主导地位，而研究生则处于被支配地位，这在一定程度上会限制研究生在科研工作中自主作用的发挥和创新能力的培养，也不利于形成和谐的师生关系。因此，由传统的"师徒关系"转向"科研伙伴关系"，不仅更符合科研中导师与研究生在本来意义上应有的关系，而且符合研究生对这种关系的期望，有利于研究生与导师之间平等关系的构建。

2. 以身作则，激发学生学习和科研潜力

学术上要出成果，首先要对学术有热情，至少要高度认可学术的价值。而要让学生热爱学术，"潜移默化，以身作则"这八个字十分重要。另外，博士生阶段是非常艰苦的，只有助其找到对探究问题真相和内在法则的热爱和兴趣，才能培养其持之以恒的决心，最终做出优秀的成果，实现自己的价值。对学术有没有足够的抱负，直接决定了学术能不能做得好，最起码决定能挖掘多大的潜力。选人固然重要，培养更为关键，需要导师在与学生的互动交流中不断地鼓励、鼓舞他们。

3. 重视理论创新和工程应用的有机结合

在经济全球化进程日益加速的大背景下，创新能力的培养是一个民族、一个国家向前发展的不竭动力。而在研究生创新思维和创新能力的培养中，理论研究具有基础性、指导性、前沿性的特点，需要静下心来持续不断地钻研，是一个由量变到质变慢慢积累的过程。而工程应用研究可以在实践中完成对理论知识的检验，最终实现理论研究到工程应用，再到理论研究的反复迭代不断提升的过程。因此，重视理论创新和工程应用的有机结合，坚持理论—实践并重的系统化研究，把科研活动打造成研究生成长成才的丰沃土壤，是提高研究生创新能力的重要举措，也是社会发展对研究生个人成长的迫切需要。

4. 授人以鱼，不如授人以渔

中国有句古话叫"授人以鱼，不如授人以渔"，说的是传授给人既有知识，不如传授给人获取知识的方法。道理其实很简单，鱼是目的，钓鱼是手段，一条鱼能解一时之饥，却不能解长久之饥，如果想永远有鱼吃，那就要学会钓鱼的方法。如果我们在给研究生传授知识的同时把获取知识的方式和学习的方法，传授给学生，并使之成为一种自主学习的工具，那么他们就能在思维和思想上收获到真正受益终身

的果实。知识来源于实践，又服务于实践。在研究生培养过程中，导师们要创设运用知识的条件，给学生以联系实际的机会，使学生在实践活动中加深对所学知识的巩固，从而更好地解决实际问题。

总结起来，我以为一个合格导师要承担多元角色，既要是学生精神上的激励者和思想的倾听者，也要是财务上的赞助者和机会的提供者，同时还是科研规范的示范者。以上就是我培养研究生的心得，不当之处请大家批评指正。

以身作则　形成合力

航空科学与工程学院教授，指导的学生樊登贵学位论文《皮质－丘脑及基底节网络建模分析与控制》被评为 2017 年校级优秀博士学位论文；指导的学生张丽媛学位论文《局灶性癫痫致病网络动力学建模分析》，被评为 2021 年校级优秀博士学位论文。

我培养学生十几年，培养硕士博士生 20 余人，每个学生都有自己的特点，有的学生聪慧，悟性高，有的学生起步较晚，有的学生积极好学，有的学生需要督促引导。不能采用统一的培养方式和方式培养学生，但依然有一些共性的方法和特点，以下是一些个人心得。

1. 循序渐进地培养学生

刚进门时学生的知识基础、知识储备、科研能力各不相同，需要从最基础的能力开始培养，比如听报告的能力、查找文献阅读文献的能力、基本编程的能力、补习基本专业知识的能力、学习软件的能力等。这个阶段需要多和学生沟通，及时解决他们出现的小问题，发现学生的特质，可以因材施教地培养，做到有的放矢。有的学生上手很快，有的学生会卡在软件安装这一步一星期，有的学生会一星期看不完一篇论文等。导师与学生的及时沟通会发现这些问题，让学生较快地从课程学习步入自主科研学习。开题前半年也是一个很关键的时期，这个时期学生会比较迷茫，开什么题，做什么科研，我能不能做得出来都是比较茫然的。这个时候除了需要学生进行大量的阅读文献，进行开题方向若干关键技术的思考和学习，还需要导师及时和学生沟通开题方向，进一步聚焦为什么做，做什么，两年内可以做出来什么，以及研究内容间的相关性及创新性等。这个阶段的学生很容易陷入两个极端，一是：我什么都可以做，二是：别人都做完了，我什么也做不了。这个阶段和学生沟通得好，题开得不大不小能够收到事半功倍的效果。到了博士后期，学生基本具备了绝大部分能力，导师更多的就是创新点和宏观问题的沟通了。虽然说师傅领进门，修行在个人，但实际这个修行在师徒二人不同阶段的共同努力。

2. 老师是学生的朋友和合作者

学生刚入学时都很紧张，对导师崇敬有加，但思想上也有较大的包袱，不敢交流，不敢沟通，这会阻碍学术进步和学生发展。有的学生会很快从这个阶段走出来，有的学生会较快。导师的作用就很关键。导师摆正自己的立场，尊重学生，把学生作为自己的合作者，而不是低人一等或仅仅是个打工人。导师把学生作为自己的朋友，不过加苛责，学生就能够更快地融入"亦生亦友"的角色。在出现科研遇到困难会主动寻求导师的帮助，也会主动提出自己的学术见解，对学生和导师都是有利无害的。

3. 提供学生发挥的舞台和机会

学生就像一个学术的演员，需要有展示的舞台，这会更加学生的信心。比如国内国际的学同行学术会议，鼓励学生听学术大咖的报告，鼓励学生提问和交流，支持学生在国内国际同行交流中汇报。在交流和汇报中语言表达能力、沟通能力、成果总结和展示的能力都能够得到飞速提升。这也是学术之外的另外一种能力，对学生成长也是十分有利的。

导师和学生相识是一种缘分，短短几年的学习过程，对双方都是一笔宝贵的财富。互帮互助，共同进步，是我培养学生最大的体会。

以老带新　多元思考

航空科学与工程学院教授，指导的学生李珺学位论文《临近空间飞艇热控制关键技术研究》，被评为 2018 年校级优秀博士学位论文；指导的学生张澜川学位论文《基于原位风场探测技术的平流层飞艇轨迹优化策略研究》，被评为 2021 年校级优秀博士学位论文。

李珺和张澜川同学能够从全校那么多优秀研究生中脱颖而出，分别获得了 2018 年度和 2021 年度校级优秀博士论文，离不开自己的刻苦努力，也离不开校内外众多老师的热心指导和团队师兄弟们的共同帮助。当然，从我作为导师的角度，李珺和张澜川同学能够获奖，对我也是一种鼓励，借这个机会谈谈我指导研究生这十几年来积累的一些心得体会和个人感想。

1. 坚持需求导向

博士研究生培养要心怀"国之大者"，把握国家所需，胸怀祖国，为国解难。团队多年来始终将服务国家重大需求摆在首要位置，紧密围绕国家高分辨率对地观测重大前沿方向，锚定临近空间飞艇技术，开展关键技术攻关研究。其中，李珺同学针对搭载太阳能电池的临近空间飞艇热控制问题，建立了飞艇热模型，提出了多种轻质高效热控制措施，采用试验与理论分析相结合的方式实现了临近空间飞艇及其太阳能电池阵的热控制。张澜川同学瞄准平流层飞艇目前无法高效控制这一痛点问题，设计一种全新的原位风场测量装置，将实测风速与在线轨迹规划和强化学习方法有效融合，提出了基于实时风场数据的平流层飞艇轨迹控制方法，为平流层飞艇实时驻空控制提供技术支撑。

2. 坚持立德树人

关于研究生如何培养，正如父母教育自己孩子，不同的人有不同的看法和做法。导师这个词不仅是一种称谓，它更应该代表的是责任、职责与使命。研究生教育不仅仅是知识的传递，科研的指导，更重要的是品行的教育，这是教育的本质，也是教育的底色。指导学生应把治学的道理与做人的道理结合起来，以身作则，因势利导。一名优秀的研究生，不仅要具有过硬的业务素质，更要具备良好的思想品德。本团队通过定期开展党史、党识、党性等主题教育活动，针对国家思政热点开展学习和讨论，时刻把握国家最新时政动态，深入领会国家重大会议和重要讲话精神，将思政引领融入学生教育中去，以政治远见和价值塑造勾勒学术本领和业务素质。

3. 坚持以老带新

以老带新传帮带，以新促老共进步。一个好的团队不是单打独斗的结果，更重要的是精神传递、本领传承、互帮互助和团队协作。我所在的隐身与新概念飞行器团队坚持"传帮带"理念，高年级研究生在日常科研和学习中树立榜样形象，以师兄师姐的经验带领师弟师妹们少走弯路，言传身教将团队互帮互助的精神传递给团队新的研究生，达到"以老带新传帮带"的作用，帮助师弟师妹们快速融入团队生活，适应科研工作，感受科研的魅力，不断完成从本科生到研究生的过渡。针对高年级研究生可能出现的学习知识疲软、学术科研缺乏激情等方面的问题，通过划定小组，新老融合的方式，让新入学研究生积极学习的蓬勃精神感染高年级研究生，以新人们创新的思路提出科研上的一些建议，辅助高年级研究生提升科研效率，达到"以新促老共进步"，相互帮扶、协作共赢的目的。通过以老带新，以新促老的方式，不仅有利于提升学生综合素质，也筑牢了团队协作能力，同时使科研项目得到有效传承。

4. 坚持多元思考

治学能力不仅仅体现在对知识的快速吸收和融会贯通，更重要的是发现问题，主动创新，活学活用。我时常引导学生们打开思维、拓宽视野，进行多元化思考，主动开展学科交叉研究，及时引导他们关注前沿领域、国内外军事领域和高科技领域的应用，同时给他们指明值得深入研究的方向和研究思路，培养他们专家意识，锻炼他们成为全面型人才。所谓"师傅领进门，修行靠个人""授之以鱼，不如授之以渔"，导师传授学生学习方法和研究方法比传授知识更重要，博士生要更好地发挥独立思考的主动性，面对有困难的课题，要自觉思维训练，提升自我获取知识、更新知识、丰富知识以及适应科技、社会发展和变化所必需的基本能力，做到面对新课题、新问题，能够快速响应，短时间通过调研等方式形成汇报材料。多元化思考离不开创新思维培养。在科研项目、论文选题方面，我时常告诫学生，首先要讲创新，不"炒冷饭"，只有坚持才能获得突破，取得更高成就；同时也要把握难度，创新的同时要结合学科特点，不能脱离实际去研究，盲目"跟风"。

5. 坚持人文关怀

人文关怀有利于实现学生的自我价值，提升学生的自我认同感。在学术科研中，要充分地融入人文关怀，在开展每一项研究中都要以人为本，尊重学生们的想法，尽可能满足学生们精神层面的需求，这样才能激发学生们的工作积极性，让团队的学术科研实现可持续发展。课题组既是工作团队，也是一个大家庭，我鼓励团队科研之余开展丰富多彩的课外活动，定期组织羽毛球和游泳等体育活动提升学生们的心理素质，加强团队研究生们之间的沟通与交流，深入了解近期生活中遇到的困难，以团队之力共同解决生活中的难题，增强团队的凝聚力，建立和培养团队的归属感和认同感。为更好地深入了解学生近期学术科研和心理动态，团队通过划定小组的方式在课题讨论中了解学术科研困难，正向反馈瓶颈问题，及时共商解决方案。此外，我通过定期开展谈心谈话了解学生心理动态，以日常聊天的方式快速开展心理疏导，团队定期组织团建活动，通过轻松愉快的团建活动营造良好氛围，促使科学研究迈上新台阶。

勇于创新　敢于应用　甘于寂寞

杨　超

　　航空科学与工程学院教授，指导的学生肖志鹏学位论文《飞机气动弹性鲁棒优化设计方法》，被评为2012年校优秀博士学位论文。

　　国家级课程思政教学名师、教育部新世纪人才、北京市教学名师、"航空航天概论"国家级系列精品课负责人。北航飞行器设计与工程国家级一流本科专业建设点、国家级虚拟教研室负责人。

　　我和万志强教授指导的博士生肖志鹏，2007年入学，博士论文主要开展飞机气动弹性领域的优化设计方法的研究，在多种气动弹性约束鲁棒优化、多控制面飞机综合优化以及机动载荷不确定性优化等方面取得创新成果，发表重要论文9篇，其中SCI、EI论文6篇，参加科研项目7项，把博士论文的科研成果用于飞机、导弹等型号科研攻关，受到航空航天科研院所的好评。2011年毕业后到中国商飞北研中心工作。目前任中国商飞北研中心复材技术中心副总师，承担复材机翼研制攻关等重大预研项目，担任型号IPT团队2级项目经理，获中国航空学会科技进步奖一等奖1项、中国商飞科技进步奖3项。

　　我团队的研究生采用团队指导模式。我们坚持始终在服务国家重大战略需求中培养和锻炼研究生，带领研究生参与近40个飞机和导弹国家重点/大工程攻关，解决了某些型号研制中的棘手问题和故障。例如，从C919大型客机立项开始到CR929研制，师生团队就参与颤振、气动伺服弹性、大展弦比结构等科研攻关，长期深入上海飞机设计研究院等单位，拼搏进取，为保证2017年C919首飞做出了贡献；研究团队中先后有21名硕、博研究生毕业后留在中国商飞工作。

回顾指导肖志鹏同学以及团队其他博士生开展博士论文创新研究的经历，我的心得体会有以下三点。

1. 引导学生树立信心，勇于创新

很多博士生害怕创新，没有信心，总觉得别人做得很好了，自己还有很大差距；或者觉得自己开展的工作没有把握，怀疑自己。作为导师，在与学生商讨创新方向、提出创新要求的同时，通过我本人的科研成长、师长的成长等切身经历，逐渐树立学生科研站位高、视野新的信心，从而使学生具有学术"野心"，取得心理上的优势，这样在学生阅读文献、调研考研进展时，能够以挑刺、质疑的心态，分析别人已有的科研成果，从而找到自己的创新突破方向，取得战略优势心态。

2. 引导学生立足工程，敢于应用

学生的论文坚持"源于工程、高于工程、用于工程"的原则。在确定论文方向的过程中，带领肖志鹏参与某飞行总体单位的型号科研工作，深入工程单位一线，与工程人员长期在一起工作，增强工程意识，理解工程需求，了解工程方法，感触工程短板，从工程问题中提炼创新方向，改进设计方法，创新设计思路。经过几个型号的应用，使学生具备了工程应用的专业"真"能力，具备了团队工作的作风和品质，对自己成果的应用具有底气。

3. 引导学生注重基础，甘于寂寞

研究生在战略上树立了勇于创新的心态，就需要引导、告诫学生要基础扎实、严谨求实，这是创新的基础和源泉，基础不牢、地动山摇，千万不要耍小聪明。学课程、读文献、做实验、下院所，处处都要体现认真和严谨，既是为人，也是为事，并且受益终身。虚心向别人学习，善于向别人请教，耐受非常人的寂寞，付出非常人的努力，才能取得突出的创新成果。

产学结合　精益求精

航空科学与工程学院教授，指导的学生柏立战的学位论文《液氮温区深冷环路热管运行特性的理论与实验研究》，被评为 2013 年校级优秀博士学位论文，于 2016 年获评首届航空宇航科学与技术学科全国优秀博士学位论文；指导的学生靳海川的学位论文《纳米流体直接吸收太阳能产生蒸汽的理论和实验研究》，被评为 2019 年校级优秀博士学位论文；指导的学生郭元东的学位论文《15K–40K 温区深冷环路热管技术的理论与实验研究》，被评为 2020 年校级优秀博士学位论文。

本人指导 3 名博士研究生分别于 2013 年、2019 年与 2020 年获评校优秀博士学位论文。下面将本人指导博士学位论文过程的一些心得和体会进行分享，希望能对研究生学位论文的指导工作有些帮助。

1. 重视学位论文的选题

学位论文选题是论文创作的第一步，是整个学位论文工作的开端。俗话说"好的开始等于成功的一半"。做好学位论文选题，明确科学研究方向，是做好学位论文工作的基础。本人认为一个好的学位论文选题，基本要求是坚持四个面向，即坚持面向世界科技前沿、坚持面向经济主战场、坚持面向国家重大需求、坚持面向人民生命健康。而要做到坚持四个面向，前期需要搜集分析大量相关资料，开展深入的调查研究，才能做好选题工作。本人指导的优秀博士学位论文选题既包含高效深低温热传输技术领域等国家重大需求，也包含纳米流体传热领域的世界前沿科技，无论在基础科学研究还是工程应用领域都具有重要的研究和应用价值。同时不同学生之间的工作要有连续性和差异性，在选定研究方向的基础上，鼓励学生做有深度的研究，形成完整的研究体系。如果选题坚持四个面向，并且在该研究方向刻苦攻关做出显著成绩，必将对我国的科技进步、经济社会发展和人民生命健康做出重大贡献。

论文选题还要充分考虑学生自身的特点和兴趣爱好。例如，有的学生的理论基础比较扎实；有的学生的动手实践能力比较强；有的学生对总体设计感兴趣；有的学生则对关键器件的研制感兴趣等，需要区别对待。在科研工作中，人的因素永远是第一位的。只有充分调动学生的研究主动性和创造性，才能实现高水平科研成果的产出，才能高质量地完成学位论文工作。

2. 加强培养过程的指导和管理

论文选题完成后，接下来将正式开展相关的科研工作。在学生培养过程中，应特别注意以下几个方面。

（1）加强节点控制，提高工作效率

一个可取的做法是要求学生列出每个月的工作计划以及工作目标，并按时向指导教师汇报。这样，便于指导教师及时了解学生的科研进展情况。如果学生在研究过程中偏离了正确方向，可以及时进行纠正。如果学生在研究过程中遇到了一些困难，导致研究工作进展迟缓，则可以帮助学生一起分析问题并及时解决问题，提高工作效率。此外，在与学生交流的过程中，也可以及时了解学生的近期心理状况，同时增进师生感情。

（2）加强国内外学术交流及联合培养

在科研工作开展过程中，应鼓励和支持学生积极开展国内外学术交流。通过开展学术交流，在与国内外同行的广泛交流中，可以让学生了解最新的科学信息，开阔视野，了解相关领域的学科发展国际前沿，达到在科学信息、思想、观点的沟通和融洽过程中，启迪智慧，创新思维的作用。关于这一点，我认为学校要求的博士研究生必须参加一次专业领域国际学术会议的规定，是十分必要且可取的，同时也鼓励学生出国联合培养学习，产出更多优秀的成果。本人鼓励课题组硕士至少参加一次国内会议，积极参加中国工程热物理学会传热传质学学术年会、国内热管会议

以及国际热管会议等学术会议。

（3）加强产学研结合，紧密结合工程需求

在条件允许的情况下，在研究生培养过程加强与广大科研院所的产学研结合十分重要。高校与科研院所开展产学研结合，能够实现强强联合、优势互补。一般而言，高校在理论研究、概念研究等方面具有较强的科研优势；而科研院所在样机研制、工艺技术、实验测试技术、应用开发、需求预测等方面具有更多的经验和基础。通过加强产学研结合，高校理论研究与院所工程应用相结合，有利于最大限度地发挥双方各自优势，确保科研工作的高效高质量开展。

本人带领的课题组与北京空间飞行器总体设计部热控室长期保持良好的合作关系，已有 4 名联合培养博士生毕业，最终均高质量完成了博士学位论文工作。作为世界上最早设计和制造空间用热管的单位之一，北京空间飞行器总体设计部热控室在热管产品方面具有很强的经验基础和技术优势，通过多种渠道的支持，完成了多种先进热控产品从原理样机、工程样机到飞行产品的研制。经过几十年的发展，在理论、工艺技术、应用研究方面开展了大量研究工作，已达到国际先进水平。因此，本人课题组与北京空间飞行器总体设计部热控室进行合作研究正是高校理论研究与院所工程应用相结合的典型范例，有利于研究生学位论文质量的提高。

3. 重视学位论文写作过程

学位论文写作是研究生培养过程的一个重要环节，直接影响研究生学位论文工作质量，务必高度重视。关于学位论文写作，目前有很多公开的文献发表，因此，这里不做过多阐述，只讲几个本人认为比较重要的方面。

①学位论文写作的基本要求是内容要系统、完整，综述要全面；

②论文撰写格式要规范，对论文中的图、表、参考文献等每一项要符合规范，确保准确无误；

③学位论文的写作，要特别注重行文前后的逻辑关系，做到逻辑脉络清晰、科学严谨，整篇论文浑然一体；

④论文撰写要摆脱工程项目思维，学位论文的重要目的是要阐明自己的新发现、新理论和新见解，应尽量做到论点明确，具有独创性；论据充分扎实，可以是实验验证，也可以是理论验证。

青出于蓝而胜于蓝

　　航空科学与工程学院教授，指导的学生仪明旭学位论文《直升机涵道尾桨气动噪声辐射特性研究》，被评为 2017 年校级优秀博士学位论文。

　　1986 年本科毕业后分配到零——基地飞机设计所工作，任战斗机起落架、机械系统、飞机总体专业设计员。2000 年获授北航博士学位，2002 年博士后出站后留北航任教，2008 年起被聘为博士生导师。研究方向：飞机总体设计、隐身技术、作战效能评估。

　　博士研究生是高等学历教育中最高的教育等级，是国民教育的顶端，承担着培养高层次创新人才的使命，是国家核心竞争力的重要体现。党和国家高度重视博士研究生人才培养。习近平对研究生教育工作作出重要指示强调，研究生教育在培养创新人才、提高创新能力、服务经济社会发展、推进国家治理体系和治理能力现代化方面具有重要作用。习近平还特别指出：中国特色社会主义进入新时代，即将在决胜全面建成小康社会、决战脱贫攻坚的基础上迈向建设社会主义现代化国家新征程，党和国家事业发展迫切需要培养造就大批德才兼备的高层次人才。作为一名博士生指导教师，努力培养造就出高质量的优秀博士毕业生就是自己的奋斗目标与神圣职责。本人深感自己的学术水平有限，在各方面都存在较大的提升空间，幸运地培养了一名校级优博，应学校和学院要求，梳理出以下体会。

1. 新是博士选题的第一考虑

　　开题是博士生培养的关键环节，记得自己做博士论文文献综述时，导师提醒我要看看别人在该研究方向已经做了什么，没有做而又有意义的工作还有哪些，然后你可以选择别人没有做过的，或者别人做了但你发现做得不充分、不完善、仍有必要继续做的作为研究课题。做了博导后，在博士生选题时，我也提醒选题必须要新，我理解"新"就是导师本人没有做过，本研究领域国内没人做过以及国外也没人做过，这样的课题研究才有可能产生原创性成果。仪明旭的博士论文选题为直升机涵道尾桨噪声辐射特性研究，是直升机声隐身研究的关键机理与技术问题，也是课题组新开的课题方向，在与博士生讨论开题报告的过程中，多次强调一定要在别人研究成果的基础上，从理论上、方法上或者成果的应用方向上做出自己与众不同的东西来，同时还要注意研究工作的闭环性，也就是必须要通过实验、起码也要通过数值仿真验证这些新理论、新方法的合理性与有效性。

2. 博士生的研究兴趣是课题成功的关键

大多数博士生都在做导师申请到的课题，这是一种正常的现象，学校也鼓励这样做，否则就不会有没有课题经费就不给博士生招生指标的政策。不过我也认识到，如果博士生对导师的课题方向没兴趣，研究过程可能会出现事倍功半的情况。我的做法是，第一次跟博士生见面时，跟学生说清楚我们有哪些研究课题，允许博士生既可以加入某个具体的项目组，参与课题研究并在博士开题时选与课题研究相关的题目，也可以根据自己的兴趣，按照招收博士时的研究方向，自行选择研究课题，作为导师我这里保证公平对待，同时给博士生 2~3 月的时间考虑，这期间博士生一边上课，一边通过了解、思考、咨询等方式确定自己的选择。事实上，兴趣也是可以培养和影响的，如果确实需要博士生做科研课题研究，可以找机会让博士生知晓项目研究的重大意义、应用前景、对就业的影响等，潜移默化地让博士生对即将参与的课题产生兴趣，从而从根本上激励出博士生的内在动能以及渴望取得成果的紧迫感。

3. 青胜于蓝是我培养博士生的真实愿望

我知道许多博士导师工作很辛苦，平时见面一问在干吗，答曰：在给博士生改论文。我也清楚许多老师都手把手地把自己的所学传授给博士生，我很敬重这样的先生。不过，我常自己琢磨，在知识的海洋里，我掌握的那点东西连沧海一粟都谈不上，我现在混成这个样子，如果我的博士生只学了我掌握的知识，今后靠什么成长进步。另外，我研究的东西已经反映进了我的硕士学位论文、博士学位论文和博士后出站报告，博士生只要花几个星期就可以把我的成果学会了。在我当研究生导师以来的20多年间，已经培养80多个硕士、博士研究生毕业，其中只有两个硕士研究生选择了跟我博士研究相同的方向，我都要求他们一定要在我所做工作成果的基础上往前走几步，至少要前进一步，其他研究生做的研究，都是我没有做过的新课题。在这种情况下，我对博士生的指导大多是方向上、宏观上、哲学层次上的，在博士生研究过程中遇到的具体细节问题方面，我跟博士生一起讨论解决方法，也只能从思维方式上提出指导意见。另外在知识的获取方面，我注重传授博士生如何获取有用知识的方法和经验，不提倡让博士生学习或掌握过多的知识。这样博士生通过学位论文答辩后，所掌握的知识和具备的能力就基本上超越我了。

4. 信任有助于博士生科研效率的提升

记得我当年读硕士、博士研究生的时候，教研室有一半的师兄弟都是晚上干活，白天在教研室很少看见他们，跟他们交流时知道了他们晚上出活，但我跟他们不同，说不清楚是我比他们大十来岁的原因或是其他因素，我是一过晚上九点，脑子就开始迷糊，做的工作不是忘记存盘，就是总犯错误，不得不回宿舍睡觉。我感觉自己在凌晨时分的脑子最灵，许多有创意的好想法都是在这段时间冒出来的。这种情况应该是因人而异，每个人的生物钟在什么时段大脑最灵光除了可能跟别人不一样，还只得由自己去感觉和体会。因此我对博士生和硕士生都没有规定固定的作息时间，无须每天按时打卡签到，特殊情况如团队学术研讨、课题申报、外出调研开会等，会提前一天通知集合时间。一般情况下，我只给博士生一个期限，到哪个时间节点要拿出什么样的阶段性成果，然后共同讨论研究，再给出下一阶段的工作周期。这样的做法能让博士生感觉到导师对他的信任，有助于博士生对科研工作树立起自信心，提高博士生的科研效率，有时还会取得事半功倍的效果。

5. 良好的数理基础可促进工科博士生取得成果

航空科学与工程学院飞机系的研究领域，无论是飞机总体设计，还是飞机结构设计都偏重工程。过去大家都有一个基本的共识，工程学科出成果比较难，发表高水平学术论文不易。我做博士研究时也有一些体会，根据数学建模理论与方法，自然界中的许多事情都可以用一个比较完美的微分方程或积分方程来描述。我当时也建立起了能够准确描述研究对象本质的微分方程组，不幸的是，花了好几个星期的时间，没有找到有效的求解方法，后来不得不对微分方程组进行简化处理，当时感叹要是自己的数学基础强一点，取得的成果就一定会更好。仪明旭的博士研究课题是气动声学及其辐射，需要通过 N-S 方程先求出空气流场，然后用 FW-H 方程求得噪声级及其传播。由于仪明旭的硕士毕业专业是数学，因而对博士期间的研究工作理解快捷、解决问题迅速，三年内就完成了博士论文答辩，加上他在攻读博士学位期间完成的其他课题研究工作，如雷达波的有源对消，我得出了良好的数理基础可促进工科博士生取得高水平的学术成果。

重大工程项目培育优秀研究生人才

　　航空科学与工程学院研究员，指导的学生黄琰婷学位论文《基于视觉的无人直升机自主着船控制研究》，被评为 2022 年校级优秀博士学位论文。

　　北航无人系统研究院临近空间科学与技术研究所所长，国家重大工程副总师，教育部集成攻关大平台首席科学家。主要从事临近空间低速飞行器相关研究，主持临近空间飞行器领域国家重点项目多项，发表学术论文 80 余篇、授权发明专利 20 余项、获得省部级科技奖 2 项，带领研究团队获评北航国防科技 2017 年度科技引领奖，北航 2019 年度科技创新突出贡献奖。

　　北京航空航天大学临近空间研究团队长期从事国防领域的重大科研和重大工程项目研究，其中博士研究生是理论与技术创新的核心力量。临近空间研究团队对研究生的培养，经过十余年的积累、改进和总结，形成了具有一定特色的培养方式，主要经验和心得包含以下几个方面：

1. 积极培育献身国防科研的理想和信念

　　我校作为航空航天特色国防高校，传承发扬"空天报国、敢为人先"的北航精神和"开放包容、务实担当"的北航文化是研究生思想教育的重要内容。树立正确的科研观和事业观，才能在探索未知领域的荆棘中坚持不懈，勇于迎接挑战。临近空间团队尤为重视研究生的思想教育，尤其在外场试验重大任务中，通过成立临时党支部、参观军事基地纪念馆、瞻仰烈士陵园等方式，提高研究生参试队伍空天报国的使命感和责任感，学习和感悟"热爱祖国、无私奉献，自力更生、艰苦奋斗，大力协同、勇于登攀"的"两弹一星"精神、"干惊天动地事，做隐姓埋名人"的马兰精神。经过积极的引导和培育，研究生队伍形成了"集体攻关，协同科研，勇于登攀"的科研氛围，推动形成了"自主可控、勇于创新、持之以恒、乐于奉献、变革包容"的团队文化。

2. 建立一流的科研试验条件和实验室平台

航空航天重大项目研究需要解决众多的技术创新问题，并开展海量试验验证。重大工程项目则对飞行器系统的可靠性、安全性、环境适应性等提出了苛刻要求。围绕无人飞行器技术的研究和攻关，经过十余年积累和建设，研究团队在飞行器设计、结构力学试验、柔性材料制备与测试、太阳能循环能源系统集成与测试、飞行控制与系统仿真、无人飞行器测控、无人飞行器软件、综合航电集成测试、电推进系统测试、温压试验环境、紫外辐照试验环境等方面，建成了功能较为完备的飞行器综合试验和测试系统，可为研究生提供创新技术方案和方法的快速试验验证条件。2019年，在学校领导和相关院系大力支持下，我校申请并获批了教育部集成攻关大平台。大平台有效融合了我校空天信领域的六支攻关团队，进一步推动了学科交叉和融合，为研究生培养进一步拓宽了研究领域和技术方向。

3. 从重大项目任务中不断总结提炼基础研究问题

飞行器领域的重大进步往往来源于基础研究和基础支撑技术的突破。临近空间团队在重大项目试飞试验中经历的几次失败，主要原因是对相关基础理论和基础研究的研究深度不足。为此，基于重大项目任务总结提炼基础研究问题和科学问题，成为历次试飞试验后的重要工作内容。这些基础研究问题，为博士研究生开展理论创新提供了重要方向，同时基础研究的成果为工程技术攻关和飞行试验的成功提供了重要支撑。黄琰婷同学曾作为其中飞行控制基础问题的攻关负责人，提出了某飞行器在复杂环境中提升飞控鲁棒性的有效方法，并完成了试验验证。这些工作有效提升了其控制理论与方法创新及解决工程技术问题的能力。

4. 鼓励博士研究生在重大项目中担任重要角色

临近空间团队经过十余年的建设，初步构建了由理论研究、技术攻关到样机试制、试验验证和装备试用的创新飞行器研发全链条、体系化能力培养系统。在重大工程任务中，参考航天重大任务建立两总系统，研究团队支持和鼓励博士研究生在两总系统中担任主任设计师、副主任设计师和主管设计师岗位。黄琰婷同学在"十三五"某重大任务中担任了飞控主管设计师的角色，同时在多次飞行试验中作为飞控操作岗成员，为试验成功发挥了重要作用，也磨炼了艰苦条件下开展科研试验工作的品质。

5. 鼓励研究生对外交流与自由探索

研究团队在重大科研任务繁重的情况下，仍鼓励博士研究生开展国际交流合作活动，努力学习和借鉴国外先进研究机构的科研管理和实践经验，深入了解和把握研究领域发展前沿。黄琰婷同学于2020年1月至2021年1月在新加坡南洋理工大学空中交通管理研究中心开展了为期1年的出国访问学习，通过与外校导师和学生学习交流，拓展了创新思想和论文思路，吸收了新的理论知识和科研方法。临近空间研究团队鼓励博士研究生在重点研究领域开展自由探索，提出重大科学或工程技术问题，分析设计解决方案和方法，培育其自主创新能力。自由探索取得的重要成果，与重大项目后续发展相结合，将有效支撑我校在临近空间领域技术创新和发展中保持领先地位。

总之，博士研究生的培养是一个较为漫长的过程，为促其快速进步和成长，将理论创新与重大工程任务结合的创新培养模式，有效提升了其理论研究应用于技术攻关、基于技术难题提炼基础科学问题、技术突破推动飞行器快速发展的能力，积累了参与重大项目攻关、重大试验实施与重大项目管理的经验，这些科研经历与实践成为其成长过程中的宝贵财富。

教学相长　携手前行

黄　勇

航空科学与工程学院教授，指导的学生施国栋学位论文《多维梯度折射率介质辐射传递研究》，被评为2020年校级优秀博士学位论文。

2005年入职航空科学与工程学院人机与环境工程系，2009年被遴选为博士生导师，2010年被评为教授。主要研究方向：传热学。

施国栋同学在读博期间工作踏实，勤于思考，不懈钻研，以优异的成绩完成了学业。作为导师也作为其科研合作者，我由衷地为他高兴。回顾这些年来师生在科研道路上教学相长、携手前行的经历，有诸多的思考与感悟，既为自己今后的执教工作，又为同仁的研究生培养工作提供一点借鉴。

1. 根据每个学生的特点安排科研

在施国栋同学博士论文的致谢中发现他对本人的评价是"善于观察学生的特点来分配科研和学习的任务"。这不仅符合本人的特点，似乎大多数老师都是如此。每位导师给博士生制定论文研究方向的时候总是要对学生的基本素质、基础知识有所考虑，甚至还要根据学生进入课题组的时间对其做或长或短的规划。

施国栋同学是2013年入学的在职博士生。他是空军某高校的教师，年龄偏大。他大学本科学的是飞行与指挥专业，硕士研究生阶段学的是材料加工工程专业，他的知识基础与本人的研究方向完全不相关。本人主要从事热辐射传输、近场辐射换热、微纳结构的热辐射调控的研究，后两项研究对物理基础要求比较高，本人的积累也不多，为了稳妥起见，给他制定了多维梯度折射率介质热辐射传输的研究方向。这个课题延续了本人博士学位论文期间的工作，对于如何让他尽快上手、后续又需要继续解决哪些问题相对来说本人比较清楚。

如果说根据学生的特点安排科研也算是指导博士生的经验，这意味着导师在他的问题域中有多种问题适合不同特点的学生，要让学生在他的能力范围内对其课题产生兴趣，并能够确保学生在博士阶段的有限时间内做出创新性的成果。

2. 能够发现学生工作中的闪光点

施国栋同学在多维梯度折射率介质热辐射传输的研究中做出了两个有明显创新的工作。一个是将龙格库塔光学跟踪技术引入到了多维梯度折射率介质热辐射传输的计算，解决了计算精度的问题。这个方法的适应性很强，他在本领域的专业刊物上发表了数篇论文。由于热辐射传输是比较小的领域，这个研究方向最专业的主流刊物影响因子不高、经常在 Q2 区，因此这项工作的显示度一般。另一个是提出了一种反正向蒙特卡洛方法求解了一维梯度折射率介质矢量辐射传输的辐射特性。这个方法虽然针对的是某个特定的问题，但非常巧妙。

蒙特卡洛法是一种基于概率统计的方法。它的计算量很大，因此在针对热辐射测量问题时，人们发展了从探测器出发，反向跟踪光子束到发射点的反向蒙特卡洛方法。这可以极大地减少需要跟踪的光子束，并且比正向跟踪的精度更高。但对于矢量辐射传输方程的求解，这种反向跟踪是不成立的。从 20 世纪 70 年代以来，陆续有学者开展这种反向跟踪的研究，都做了一些假设，但结果都是近似的。这个学生通过对发射点位置的采用反向跟踪求解、对辐射传输的计算采用正向跟踪的处理，解决了这个问题。它的计算效率与通常的反向蒙特卡洛法一样，在逻辑上也没有问题。当时本人感觉到这种处理方法的创新性很强，决定让他将论文投稿至老牌的权威刊物 *Astrophysical Journal*。这个刊物对于论文通常要求有具体的天体物理学背景，我们的工作虽然没有涉及到相关的背景与算例，但因为创新性强也很快被录用了。这篇论文为学生的博士论文的显示度增色不少。

3. 对于博士生的培养以基础研究为主

我国高校在国家经济建设与科研中不同时期的定位不同，这使得现在高校不同老师的研究差别较大，有些偏理论、有些偏应用、有些偏工程。对各种问题的解决都很重要，但博士生处于学术刚起步的阶段，从事一些基础性的研究十分必要。

本人理解的基础性研究是在各种大问题中凸显出来的值得研究的小问题，这些小问题有助于培养学生的问题意识。所谓"一花一世界"，对于博士生来说，他们没有能力从一开始就具备广阔的视野。从小问题入手，让他们钻研进去，通过这些培养学生严密的逻辑思考能力、良好的科研习惯，才能帮助他们进入更大的科研领域。在深入钻研的过程中，学生也能够帮助老师发现一些新的问题。如果学生研究的是一些泛泛的大问题，那么在有限的时间内很难做出创新性的工作，同时也无法提出真正新的问题。导师也很难通过学生有所提高。

学生如果能够从小问题钻研进去发现新的问题相对而言也更容易发表论文。学生工作的创新有些体现在解决问题的手段上，如果考虑到每个学生的天赋其实差不多，大部分还是体现在问题的新颖性方面。学生如果能在博士阶段发表一些好的论文，这对学生的科研能力是很好的训练。因为发表论文本身也体现了一种奖励机制，所以这对于学生也是很好的鼓励。

4. 融洽的学习科研环境

施国栋同学在博士论文的致谢中还谈到了课题组的气氛较为融洽。可能我对待学生是以鼓励为主，极少批评学生，所以课题组内部没有什么矛盾。除了科研之外，我平时与学生的日常交流以组会为主，偶尔有个别学生的状况不太对劲就个别交流。相比之下学生之间的交流很多，他们定期打羽毛球、定期组织去奥体公园健步走，有时本人也会为学生的集体活动提供经费。这些融洽的气氛或许有助于培养学生在工作中互相帮助的精神。

当然，学生获得校优秀博士论文主要归功于学生自身的努力。施国栋同学到了北京之后患上了干眼病。他的妻儿在江苏，工作单位在长春，经常往返三地。本人对其科研与生活上能够提供的帮助有限。我能够对他做的仅仅是在科研上领领路，提供一些建议。

立足机构学前沿　提升博士生创新能力

　　1943 年 9 月 15 日—2022 年 8 月 1 日，机械工程及自动化学院教授，指导的学生裴旭学位论文《基于虚拟运动中心概念的机构设计理论与方法》，被评为 2011 年全国优秀博士学位论文；指导的学生于靖军学位论文《全柔性机器人机构分析及设计方法研究》，被评为 2004 年校级优秀博士学位论文。

　　研究创新型人才是高校向社会输出的"产品"，是高校博士生教育的核心任务，是落实我国从教育大国向教育强国转型，从人力资源大国向人力资源强国迈进的关键。

　　北航机械学学科历史悠久，尤其是张启先院士开创的机器人机构学方向，在国内外享有较高的声誉，培养了一大批具有较高学术声誉的博士生，后成为知名学者及机器人技术专家。

　　进入新世纪以来，我对博士生培养提出了实现"研究型、高质量、国际化"的新目标。

　　在博士生培养过程中，紧紧围绕"重基础、强交叉、拓视野、促创新"展开。立足机构学与机器人学科前沿，就是抓住了上述四方面的"纲"：凸显基础需求，促进学科融合，提升国际交流的话语权，激发原始创新的灵感，起到纲举目张的效力。

　　培养模式的核心目标是提升博士生的创新能力。该模式的管理方式是"三入"，即掌握好以下三个环节。

1. 从学术前沿"入行"

通过"开题"引导博士生的科研工作"入行"。杨振宁先生说"我的幸运不在于比别人更聪明，更能干，而在于面对千军万马通过现代物理的独木桥，我的方向选对了"。近二十年来，机构学与机器人几度面临发展的机遇。20 世纪 90 年代微纳米技术的崛起为精微机械的兴盛提供了契机，而仿生机器人的研究也渐入佳境。正是当时我们能够审时度势，求新图变，正确地选择了赋予学科发展活力的新研究方向，并得到国家自然科学基金多年的持续资助，才得以跟上时代学术新潮流的脉搏。我的博士生能够在精微机构、仿生机器人等机械学前沿领域取得一些国际认可的学术成果，原因是在博士生开题阶段就瞄准学术前沿谋篇布局，从学科发展的热点切入。创新型研究生在研究的起点，即入行阶段就不能输给同行。

注重发挥青年教师的前线指挥能力，组建老中青相结合的博士生导师团队。由团队把握学科前沿研究方向，在确定开题的理论意义和实用价值方面发挥决定性作用。事关学科前沿定位与发展趋势，导师团队都经过反复讨论，集中集体的智慧。具体到每位博士生，则实行双导师制。这样保证了导师也能在学术上互相切磋，取长补短，相得益彰。以裴旭为例，他的一线指导就是由当时的青年教师于靖军副教授为主完成的。

2. 高门槛入门

所谓高门槛，是对博士生的治学高标准、严要求。高门槛最重要标志是"首次提出"见解、"首次发现"规律，研究观点应有新意，成果应有科学价值。为了达到这些目标，从全局看，博士生须了解涉足领域内各学派的沿革、风格、方法、短长；从局部看，须对关键技术和解决的技术路线、研究方法有透彻的领悟，有预案，有见解；制定明确的研究计划，在实施中能够按部就班地达成目标。但是也应该知道，前人未涉及的不应一概视为创新；新的立意不等于一概是好创意，创新不是猎奇。个人的创新见解一定要放在科学、逻辑、实验的尺度下检验。这是导师把关的重点。

初涉课题，学生往往沉溺于浩瀚如海的资料堆中，虽汲取了丰富的营养，但也不易自拔，迷失自我。导师的引领作用不仅让学生"信"，而且启发他们"疑"。即所谓"巧者善度，智者善豫""教育的成功在于让人不信"。跨越高门槛要完成从"惑"

到"不惑"的转换。我们为学生解惑的做法是：

①组织定期"专题讨论会"。开阔视野，在广域内了解行情，吸收知识营养。

②换位思考。从论文"评审人"的角度去考察对论文"撰写人"的要求。

③为科研申请书撰写初稿。为此，学生务必事先阅读大量文献，加深对专业的领会，分析前人成果的优劣，找出突破点，拟定技术路线，然后提交导师修改，经过几个轮回再最后定稿。这样做，虽耗时费力，但迁延日久，就能明显提升博士生的科学洞察力和文字表达功夫。我的第一个校优博获得者于靖军就在他博二期间经历了这一过程。团队坚持这样的训练方式，许多科研课题申报都有博士生的贡献，他们也成为科研攻关的新生力量。

④建设可持续项目研发梯队。除了教师梯队外，也要注重学生研发梯队的建设，在年级高低和知识结构方面搭配合理的博士、硕士队伍，为低年级博士生及早介入在研课题创造条件，使课题保持可延续性。

3. 高水平研究论文入流

采取三条措施，做到研究水平"入流"。

①"改变观念"。"入流"即进入了某领域的研究主流。国际核心期刊和发明专利是国际公认的评价原始创新成果的主要标志。一流研究型大学博士生教育的质量必须纳入国际视野去度量和考核。

②"敢于向权威期刊挑战"。我的一名早期博士生毕业后，在德国汉堡大学工作几年间，将在北航博士生期间的研究成果总结成多篇SCI论文发表。这个案例的发人深省之处是：人是同样的人，素材是同样的素材，为什么"墙内开花墙外红"？差在哪儿？答案是差在信心上。我们的博士生素养较高，实验室硬件条件较好，成果也不错，为什么发不出高水平论文？是信心有问题。导师要善于排解学生的心理纠结，破除SCI高不可攀的迷信，给他们加压，在他们心中燃起一把火，敢于向权威期刊投稿。事实告诉我们，学生们的潜力很大，破除了迷信，潜能就释放出来了。

③"找准切入点"。导师应十分注意收集和整理国际核心期刊的办刊宗旨、风格定位、栏目设置，关注专辑征稿，做到"谋定而后动"。我们要求博士生的第一篇论文必须选准核心期刊，一出手就从高起点切入。研发中，学生要围绕创新点做足研究功课，锲而不舍，咬定青山不放松。克服"料事太易，求功太切"的急躁心态。

前沿交叉、需求牵引的创新培养环境

张 德 远

机械工程及自动化学院教授，指导的学生蔡军学位论文《基于微生物形体的生物约束成形基础研究》，被评为 2007 年全国优秀博士学位论文；指导的张鹏飞、张力文、许勇刚、兰明明、王瑜、韩鑫、蔡军获校级优秀博士学位论文。

从事生物仿生制造研究，在传统物理、化学方式制造之外开辟了生物仿生方式制造新领域。

博士生培养按研究方向的创新贡献分为前沿探索、技术开发、工程应用三个层次。本人在 1984—1993 年硕士生、博士生阶段一直从事振动切削技术研究，博士毕业留北航后于 1996 年开辟了生物仿生制造前沿交叉新领域，同时兼顾振动切削技术工程应用研究。两大方向博士生，一个方向顶天，一个方向立地。虽然生物仿生制造方向培养出一批原始创新性强的优秀博士学位论文，但是，振动切削方向也培养出一批工程价值显著的"幕后优秀"的博士学位论文。在破"五唯"的当下，我想一并介绍一下不同创新贡献层次优秀博士学位论文的培养经验和评价标准看法供大家参考。

方向高度决定了博士学位论文的起点水平。生物加工成形是制造领域的顶层新分支，我指导的蔡军是该领域第一篇博士学位论文，该论文研究方向的新颖性得到了钟掘院士的高度评价。在无生物试验条件下，主动交叉，找到中科院微生物所李雅芹老师寻求合作。首次生物制备出磁性金属化功能微粒，保留了微生物形体的各种外形，为高性能雷达波隐身吸收剂制备提供了形状优化的模板，成为一种全新的生物约束成形新方法。蔡军博士期间（2000—2004 年）发表 SCI 论文五篇，2004 年获国家留学基金委"爱迪生杯技术创新竞赛"一等奖，还获批了两项国家发明专利，2007 年以机械学科第一名获评为全国百篇优秀博士学位论文，2014 年评为国家优青。

原创方向的系统创新打造了一批优秀博士学位论文。一个新分支方向需要一批新体系技术支撑，会引发一系列连锁创新。韩鑫、王瑜、兰明明、许勇刚四位博士学位论文依次提出了生物复制成形、生物连接成形、生物电镀成形、生物沉积成形等生物成形技术体系。他们挑战成功了鲨鱼皮复制成形中的脱模难题、硅藻键合中的保形难题、细菌电镀中的接触难题、细菌气相沉积的悬浮难题等之后，不断丰富了生物成形技术体系，发表了一大批生物成形技术原始创新论文，在北航机械工程博士生群体中脱颖而出，2009—2016 年间获评了四篇校级优秀博士学位论文。他们现任大学教授和企业高管。

深耕前沿交叉的多重新属性还会有更加广阔的创新空间。生物手段制造是方式上的创新，进一步延伸到生物原理制造即仿生制造更具本质上的实质创新突破。张鹏飞、张力文两位博士学位论文分别提出了仿猪笼草口缘减粘、仿树蛙脚掌增摩制造防粘手术刀表面和防滑手术夹钳表面，在表征学习这两种生物表面期间，发现了全新的自然奇特的水横向连续输运现象和水法向分块输运现象，为界面增润和增摩提供了全新的介质供给方法。张鹏飞 2016 年发表了机械行业首篇 Nature 论文，获得了一批学术荣誉。2018—2019 年间评为两篇北航校级优秀博士学位论文，2021 年张鹏飞评为国家海外优青。

研究生创新培养需要一个"顶天立地"的全面创新环境。团队中生物仿生制造前沿探索方向与超声加工工程应用方向相得益彰。尽管超声加工方向博士生没有取得生物仿生制造方向那样的原始创新成果，但他们在航空型号工程项目中表现出了研发新技术解决工程新问题的工程创新能力，为国防工业难加工材料构件研制解决了多项制造难题。培养出了张明亮、李翔、潘骏峰等多名"北航研究生十佳"称号的优秀人才。他们毕业后成为企业高管，发挥了领军领导作用。

人才培养需要老中青、传帮带的紧密合作团队和具有科学精神的团队带头人。具有把机会让给年轻一代的长远发展眼光和广阔包容的胸怀，更需要坚强的党组织领导，营造凝心聚力的工作氛围，提升研究生思想政治素质和社会责任感。本团队在 2018 年发展成为教育部首批双带头人党支部，建立了仿生智造师生联合党支部工作室。带头人多次被评为校优秀共产党员，并兼任北航守锷书院院长，承担起更广泛的人才培养任务。优秀博士生培养带动了团队全方位发展，特别是培养出一名国家杰青、三名国家优青等优秀青年教师人才，壮大了团队导师队伍。

人才培养需要良好的国际环境，以各种渠道打开研究生的国际视野。最为方便快捷的方式是积极参加学术会议特别是国际学术会议。团队在生物、仿生、微纳、超声等多个交叉领域学术组织中任职。再就是鼓励本硕博联合创新科技竞赛，激发创新活力，造成创新创业社会影响。还有直接到国外的短期学术交流，成为扩大视野的生动力量，激发创新动力、增强创新自信、融入创新舞台。团队已有一批研究生获国际会议优秀论文奖、国家创新大赛奖，不同阶段出国交流研究生不断增加，这些学生毕业后明显具有很强的组织交流和表达能力。

北航优秀博士学位论文培养得益于研究生院出台的一系列人才培养措施和科学有效的激励机制，博士生创新基金就是一项很好的举措。张鹏飞能发表 Nature 杂志论文也得益于博士生创新基金的推动。院党总支、研究生教导主任及团队支部等基层研究生管理工作也是保证博士生健康成长的重要保证。当前国际竞争日趋激烈，创新需求十分迫切，学生的社会压力与日俱增，评价体系需要与时俱进，不断改革，能够激励新一代博士生，勇担大任，分类卓越，全面发展，为国家培养急需的优秀人才。

航天需求牵引的博士人才培养探讨

王春洁

机械工程及自动化学院教授，指导的学生赵军鹏学位论文《不确定与动力学条件下的结构拓扑优化方法研究》，被评为 2017 年校级优秀博士学位论文。

从事数字化设计、仿真与验证研究，成果在"嫦娥三号""高分三号""天问一号"等国家重大航天型号研制过程中得到应用。

本人自 1999 年在北航任教以来一直紧密结合国家重大航天需求从事数字化设计、仿真与验证等方面的教学与科研工作，研究成果在"嫦娥三号"月球探测、"高分三号"对地观测、"嫦娥五号"月球探测、"天问一号"火星探测等重大航天型号任务中得到成功应用。在此过程中通过需求牵引的方式培养研究生发现问题和解决问题的能力，通过深度参与型号研制培养研究生严谨务实和勇于攀登的精神，通过营造自由宽松的学术氛围让不同类型的博士生做出各自的创新贡献，产生了多名面向工程前沿和重大需求的较好的博士学位论文。针对博士学位论文的培养过程和质量标准提供一些看法供大家参考。

1. 博士选题背景是激发学生兴趣和特长的动力

我国正在从航天大国迈向航天强国，并且将在航天领域的"无人区"独立探索前行。未来很多航天任务将从"国内首次"变成"国际首次"，在研制过程中没有经验可以借鉴，没有方案可以参照，因此更加注重自主创新。本人指导的博士生一般面向航天重大需求自由选题，一部分是面向工程前沿进行探索，为未来应用奠定基础，另一部分是直面型号研制中的瓶颈难题进行突破。同时博士生的选题也结合学生的兴趣和特长进行，这样也能最大程度激发学生的自主性。因此本人认为博士选题研究背景是激发学生兴趣和特长的最好动力。

2. 从背景项目中发现问题是最好创新点的源泉

在面向航天领域工程前沿探索方面，未来任务对航天器结构轻量化设计提出了更高的挑战和要求。同时航天器结构在服役过程中面临十分复杂恶劣的力热环境。博士生赵军鹏在航天工程的项目研究中针对这一问题，对不确定与动力学条件下的结构拓扑优化方法进行了深入研究，在 *AIAA Journal* 等航天和力学顶级期刊发表了四篇高水平 SCI 论文，所提出的方法被著名学者应用。赵军鹏博士期间获得国家奖学金，博士论文获得 2017 年校级优秀博士学位论文，2019 年以准聘副教授身份入职北航机械工程及自动化学院。近几年又有多名博士生以未来大型空间天线机构的高精度需求为牵引，如丁建中博士针对不确定条件下多环闭链机构精度分析与优化设计方法进行了深入研究，博士期间发表了多篇高水平 SCI 论文，获得国家留学基金委博士奖学金在约翰霍普金斯大学联合培养一年，现为北航卓越百人博士后等等。

3. 博士成果应用于行业，是对博士的最高奖励

在行业瓶颈难题探索与突破方面，嫦娥三号任务是我国实施的首次地外天体软着陆任务。如何有效保证着陆器在月面稳定着陆是个极大的挑战。在嫦娥三号月球着陆器软着陆机构研制过程中，博士生宋顺广、丁建中和董洋等攻克了软着陆机构刚柔耦合冲击动力学建模与分析技术，提出了不确定条件下的软着陆机构动力学性能分析与优化方法，开发了软着陆机构着陆动力学集成仿真平台，为嫦娥三号、五号和天问一号的成功着陆做出了实质性贡献，相关研究成果获得国防科技进步二等奖和三等奖。高分三号卫星 SAR 天线的研制同样攻克了构型布局难、可靠压紧难、精度要求高等瓶颈难题，相关研究成果获得北京市科学技术进步奖二等奖。工程博士生曾福明，结合未来航天任务对轻量化结构和材料的重大需求，针对面向增材制造的轻量化点阵结构设计关键技术开展了深入研究，研制了国际上首个 3D 打印全点阵整星结构，并且相关技术在火星探测器等型号实现了工程化应用。曾福明博士现为我国天问二号副总设计师，在航天领域发挥着重要作用。

人才培养需要传帮带的传统和良好的团队，同时需要关注年轻人的长远发展，

从长远的角度帮助学生规划。在日常生活中,善于与学生沟通,营造凝心聚力强的学习和工作氛围,保证自由宽松的学术环境,从而一方面避免学生研究走入死胡同,另一方面也培养了学生独立自主的创新科研能力,进而保证学生毕业后可以很快适应新的环境。

北航优秀博士学位论文培养得益于国家和研究生院出台的一系列人才培养政策、措施和科学有效的激励机制。赵军鹏在博士期间获得了国家奖学金和研究生院的博士生创新基金,发表高水平论文时还获得相应的激励,并为培养博士生独立自主的科研能力提供了自由宽松的环境,如现在跨学院选课和各类讲座进一步为学科交叉提供了条件。另外,学院的研究生管理工作也是博士生健康成长的重要保证。由于国际环境变化,国家对创新的需求更加迫切,望年轻人要总结经验,开拓创新,进一步为国家培养优秀人才做贡献。

在服务国家需求和联合培养过程中成就优秀博士生

郑联语

　　机械工程及自动化学院教授，指导的学生樊伟学位论文《大部件装配界面分体式自适应精加工若干关键技术研究》，被评为 2022 年校级优秀博士学位论文。

　　现任国际智能制造学报（*Journal of Intelligent Manufacturing, JIM*）编委、数字化设计与制造北京市重点实验室学术委员会委员，中机机械工业自动化分会、成组与智能集成技术分会、中国人工智能学会智能制造专业委员会、中自制造技术专业委员会委员，《计算机集成制造系统》理事。研究方向包括数字化与智能制造、可重构柔性智能制造、制造建模与仿真。研究成果包括国防科技工业信息分类编码研究（国防二等奖），基于 STEP 的 CAD/CAM/CNC 闭环加工技术、大部件装配界面闭环智能精加工技术和可重构智能装配工装技术及其相关软硬件。

　　指导培养博士生特别是优秀博士生，是一个长期陪伴交流、教学相长、做人做事做学问相结合的艰苦而创造的过程。在指导培养樊伟博士过程中，我有以下几点体会和心得。

1. 在服务国家需求中精准寻找并解决科学问题

　　科学问题的重要源泉之一来源于实践需求，实验室始终以航空航天产品的数字化与智能制造需求为牵引，引导学生积极参与航空航天与国防工业一线科研生产活动，从实践中了解并掌握急需攻克的科学问题和卡脖子技术，并以此作为博士学位论文选题背景或依据，瞄准学术最前沿和制高点，以理论创新和技术落地应用为己任，做好学位论文。樊伟同学的博士学位论文立题来源于我国航空航天大型高端产品制造中大部件装配（对接）之前的对接面、结合面等装配界面精加工的这一类重要共性论题，研究解决其中的多工艺自适应规划与执行控制、自适应定位、精加工振动抑制、加工误差分析与补偿等若干科学问题，研究形成的关键技术成果部分用于指导我国大飞机垂尾精加工，并且丰富和完善了大型高端产品智能加工及智能制造系统的理论方法与技术体系。因此，从服务国家需求出发确定科学问题展开研究确保了论文具有较高的学术和应用价值。

2. 在联合培养过程中开阔学术视野并发表高水平论文

充分利用与国外高水平大学联合培养的机制，提升博士生的国际学术交流能力和论文发表能力。在完成主要科研任务的同时，我鼓励博士生到国外领域著名学者团队进行短期学术访问，或以博士联合培养的形式进行学习、研究和交流，以开阔和提升自己的学术视野和能力。为此，在我的推荐下，樊伟同学分别到智能制造领域顶尖学者瑞典皇家理工学院 Lihui Wang 教授团队和新西兰奥克兰大学 Xun Xu 教授团队进行了博士联合培养，期间取得了较好的研究成果并发表了多篇高水平论文，为其博士学术论文的顺利和水平的保证奠定了基础，也扩大了国际化学术视野，学术交流能力也得到了较大提升。同时，博士生联合培养也为实验室与国外同行高水平团队保持了长期、密切合作和交流。

3. 在发挥博士生个性特长中强化有组织的科研交流

了解博士生的个性特长，对博士生进行精确定位是引导博士生成功学习和研究的前提条件。每个博士生个性不一样，基于对博士生的全方位了解，在指导博士生学习和科研过程中应尽量做到因材施教，发挥其长处，弥补其短处。樊伟同学是一位非常勤奋努力、积极上进的同学，做事很有激情和干劲，为此我尽量给他一些有挑战性的学习和科研任务，以发挥该同学的主观能动性。同时他性格比较外向，有很强的表达与交流能力，遇事能与我积极沟通交流，为此我记录保存了每次沟通过程中相关文档、材料和论文，交流越充分越频繁，研究工作就越容易推进，出成果也就越多越好。另外，樊伟同学在平时生活和学习过程中还具有一定的组织和领导能力，为发挥其特长。高年级阶段我委任他作为我们实验室学生负责人，形成有组织的传帮带的学习和科研机制，也取得了良好的效果。我认为这也是高质量培养博士生一项重要保障。

教学相长，相得益彰，博士生的学习和研究与博士生导师的工作是紧密联系在一起的。我与学生亲密相处，做到亦师亦友，共同成长。在我的研究领域和能力范围之内，我对学生倾囊相授，并为学生创造更多更好的条件，希望我的学生能够做到"青出于蓝而胜于蓝"。博士生的研究问题来源于航空航天与国防工业的国家需求，最终研究成果能服务于国家需求。为国家培养和输送高质量人才，我认为这是作为一位北航博士生导师的最高荣誉和工作的最大动力。

以上是我这些年培养博士生的一些体会和心得，仅供参考。不妥之处，请大家批评指正。

探寻内心驱动　立足国际前沿　追求一流卓越

文　力

机械工程及自动化学院教授，机电工程及自动化系主任，指导的学生谢哲新学位论文《仿生章鱼触手软体机器人：机理、制造与控制》，被评为 2022 年北航校优秀博士学位论文。

主要研究方向为仿生机器人、软体机器人、机器智能。主持国家自然科学基金重点项目，自然基金重大研发计划项目，科技部重大研发计划课题，德国 Festo 企业横向课题等多项，国家自然科学基金创新群体项目核心组成员。相关成果在 *Science Robotics*、*Science Advances*、*Nature Communications*、IJRR、IEEE TRO 等共发表论文 100 余篇。研究成果被 *Nature Science MIT Technology Review* 等多次报道。

获国家自然科学优秀青年科学基金、Steven Vogel Young Investigator Award、熊有伦院士智湖优秀青年奖，强国青年科学家提名奖等。相关科研及教学成果获中国自动化学会自然科学奖一等奖（排名第 2）、北京市高等教育教学成果奖一等奖（排名第 2）。获全国大学生挑战杯优秀指导教师，指导研究生多次获得机器人领域国际会议最佳论文奖。

担任机器人领域期刊 *Soft Robotics* 副主编、*Bioinspiration Biomimetics* 执行编委等。指导多名硕士生、博士生在麻省理工学院、德国马普所、瑞士 EPFL 等世界著名研究机构继续研究深造。

谢哲新博士是我担任教职以来，独立指导的第一个博士研究生。谢哲新从大二开始便进入我的实验室开展课外科技竞赛活动，成果"气动软体抓持器"代表北京航空航天大学获得了 2015 年全国大学生挑战杯一等奖。该成果也是我国最早的软体机器人研究工作之一。随后，谢哲新成为我的直博生，并在研究生期间发表了一系列重要成果，如：仿生章鱼触手相关论文被选为 *Soft Robotics* 的封面文章，研究成果同时获得了哈佛大学三大新闻网 (Harvard Wyss News、Harvard SEAS news、Harvard Crimson) 的报道。章鱼触手研究还与国际顶级机器人与自动化公司 Festo 开展合作研究（为 Festo 仿生学习网络 "bionic learning network" 中首个来自亚洲高校的合作者）。该研究项目于 2017 年 4 月底德国汉诺威展会上展出，德国时任总理默克尔等仔细了解、亲自体验该成果，并充分肯定了软体机器人技术的广阔应用前景，相关事迹被北航新闻网重点报道，国内数家科技媒体转载。在此基础上，谢哲新后期陆续在 *Science Advances*, IJRR, IEEE 汇刊等多个国际机器人著名期刊上发表论文，先后获得"北航研究生十佳"等荣誉。

在培养博士生谢哲新的过程中，我有以下三点心得：

①**鼓励学生探寻内心驱动**：做研究，需要发自内心地热爱。没有发自内心的驱动，不可能做出一流的成果。谢哲新从一开始接触到软体机器人，就对其产生极大的兴趣，并全身心地投入。这也为后来的成功奠定了基础。

②**鼓励学生勇攀国际前沿**：做研究要不上书架，要不上货架。如要研究成果获得广泛认可，就需要做到国际前沿，或世界唯一。在这种"雄心壮志"的驱动下，有内心驱动的学生会进一步释放自己的潜能。

③**鼓励学生追求一流卓越**：基于国际前沿的发现，是否能将成果用于国家的重大需求中？有了这样的目的与针对性，谢哲新将自己的成果与我国的深海探测进一步结合，相关成果有望在未来解决深海柔性作业的重大问题。

总结来看，培养谢哲新的过程是一个科技竞赛→科学探索，低阶训练→高阶训练的进阶式实践体系。从最初的以赛促学（锻炼能力），到后期的以问促学（回答科学问题），整个培养过程也彰显了我校的工程科技创新人才的输出优势。

知行合一　张弛有度

机械工程及自动化学院教授。与吴向东副教授共同指导的学生马博林的学位论文《非等温环境下高强度金属板料高温成形极限研究》，被评为 2018 年校级优秀博士学位论文。

先后曾担任北航科技处处长、无人机所所长、校长助理，航天科技集团公司研究发展部副部长，亚太空间合作组织秘书长等职。兼任中国宇航学会无人飞行器学会理事、国家原 863 计划临近空间飞行器主题组专家、军委科技委某重点项目首席科学家，临近空间飞行器国家重点实验室、物理与化学电源国家重点实验室学术委员，中英航天机电技术联合实验室学术委员。主要从事航空宇航制造工程、智能化测量与控制及无人系统技术的教学和研究工作。

长期从事航空宇航制造工程专业的教学和科研，主要研究方向：先进板材塑性成形理论与工艺、板材成形性试验技术及新型试验测试装备开发、结构与工艺优化技术、非接触测量算法分析及软件开发。

如何指导自己的博士研究生取得一定的科研成果、获得能力的明显提升并顺利毕业是每一位博士生导师都要认真面对的问题。就我自己的认识而言，我以为导师对博士生的帮助大致可以分为三个方面，一是学术上的帮助，二是生活上的帮助，三是精神上的帮助。如何指导学生独立完成博士论文研究，同时给予学生希望得到而且确实必要的帮助，是一个导师的职责，也是一门非常不容易掌控的艺术。把握不好就会失之偏颇，过度帮助会使得学生有了依赖性和惰性，从而降低其独立科研的能力，而帮助不到位又会使学生对科研、生活产生挫败感。

我从事的研究领域是航空宇航制造工程，是典型的工科专业。总结多年的科研经历和研究生指导经历，我感觉对于工科博士生而言，在做博士论文研究的过程中，一定要把理论研究和工程实践结合起来。理论和实践对于博士论文工作的重要性，就好像肌肉和骨骼对于人体的重要性一样，缺乏实践基础的理论虽然看着很丰满，但是不一定能站得住脚。因此，我一般都要鼓励博士生多参与实际科研项目的研究工作，因为在实际科研工作过程中必定会遇到这样那样的问题和难题，而具有创新性的研究很可能就存在于这些问题之中。以马博林的博士论文"非等温环境下高强度金属板料高温成形极限研究"为例，论文工作就是源于他参与的热冲压用钢的高温成形极限的试验研究。

可以说，从实践活动中提炼出关键技术，而为了解决这个关键技术，通过研究提出具有一定原创性的理论和观点，从而形成自己的博士论文，是工科博士研究工作的普遍规律之一。如果把科学研究中的实验研究和工程实践比喻为"行"，理论和方法比喻为"知"，那么工科博士研究就是"知行合一"的结果。也可以借用陶行知先生的一句名言来概括："行为知之始，知为行之成"。

另外一个感受就是在指导博士生的时候，要掌握好给博士生的科研压力和给予自由发挥空间的度，管得太多太严，可能会限制其独立研究和科研潜力的发挥。我们课题组每周都要开组会，组会上要求每个人都发言，或者讲自己过去一周的研究工作进展，或者提出自己遇到的问题，大家一起讨论。可以说定期组会给课题组的研究生提供了学术交流的平台，同时也对他们的研究工作起到了督促作用。然而我发现，当学生的研究工作进展到某个瓶颈期时，一味地要求他介绍工作进展会加剧学生的焦虑，不利于研究工作的顺利开展，更不利于学生身心健康。于是，当某个学生的研究正处在瓶颈或攻坚阶段时，组会上他可以选择是否发言，给他以充分的学术思考空间。事实证明，把学生当朋友，让他们畅所欲言、自由讨论和交流是激发他们创新激情、缓解学业压力行之有效的好方法。

攻读博士学位不是一件容易的事情，每一位博士学位获得者都付出了常人难以想象的辛苦。同样，指导一名博士生顺利毕业，也需要每位博士生导师付出巨大的努力。然而，当我们看到自己指导的博士生获得博士学位、成为一名优秀的科研工作者时，一种成就感和荣誉感会油然而生。这个时候，我们会发现，无论付出多大的努力，这种付出都是值得的。

探奥拓新　亦师亦友

万　敏

　　机械工程及自动化学院教授，指导的学生阎昱学位论文《铝合金高筋整体壁板压弯成形建模与路径优化技术研究》，被评为 2011 年校级优秀博士学位论文；孟宝学位论文《面向难变形材料与复杂结构钣金件拉深工艺装备研制及应用》，被评为 2015 年校级优秀博士学位论文。

　　现任航空宇航制造工程学科责任教授，校学术委员会委员及院学术委员会副主任，中国薄板成形技术研究会副理事长，全国冲压学术委员会副主任，《塑性工程学报》《精密成形工程》等学术期刊编委，曾任飞行器制造工程系主任。一直从事航空宇航精密成形制造技术教学科研工作，已培养出博士 25 名（2 位获校级优秀博士），培养出硕士 50 多名（3 位获校级优秀硕士）。主持了国家自然科学基金、国家 973 计划、国家 863 计划、总装预研、国防基础科研等项目，参与了航空工业、中国航发、中国商飞等型号科研攻关，为新机和发动机的研制做出了贡献。发表学术论文 300 余篇，SCI 收录 80 余篇，授权国家发明专利 40 余项。获全国创新争先奖牌、国防科学技术等省部级二等奖 1 项、三等奖 2 项，航空科学技术二等奖 1 项、三等奖 2 项。

　　党的十九大报告提出，人才是实现民族振兴、赢得国际竞争主动的战略资源。博士研究生教育是高等教育的最高层次，是培养高层次创新人才的重要渠道，其质量和数量是衡量国家高等教育发达程度和科学文化发展水平与潜力的一个基本标志。博士生是高素质人才中最有活力、最具潜力的群体，其处于夯实理论基础、优化知识结构、拓宽学术视野、掌握科研方法的关键期。导师是博士生成长成才的引路人。

在新时代背景下如何担负起培养新一代高层次人才的重任，这是值得深思的话题。如何当好一名博士生导师，是一门大学问，下面结合二十来年指导博士生的经历谈几点体会和想法。

1. 师德师风是导师育人的根本前提

博士生培养很大程度上依赖于导师的言传身教。导师的学识、人品、精神无时无刻不在影响着博士生的学术成长。多年的任教生涯，深深意识到立德树人的重要性。在博士生培养过程中，要从心理和行动上建立起平等的师生关系，如在研讨学术问题时，要尊重博士生的想法，以平等的姿态进行学术交流。同时，还要关注每位博士生的个性和特点，以宽阔的胸怀去包容每一位学生，以身作则，用自己对科学研究的认真态度和严谨的工作作风，培养学生对科学研究孜孜不倦的追求精神。对于博士生学位论文，需要逐字逐句修改，反复讨论，以此来培养学生严谨的态度和作风。

2. 因材施教、人尽其才

根据新时期博士生的特点和人才培养的规律，要注重对学生学术方法和学术个性的塑造。指导学生研读一些相关书籍和最新文献，定期交流，以扩大知识面和接触学科前沿，引导学生尽早进入科研状态。在研究课题方面，要选择创新性强的学科前沿和关键工程技术问题，也要结合学生的兴趣，注意因人而异。同时，要了解学生的研究能力、动手能力，发挥其特长，进行个性培养，做到人尽其才。为培养博士生的国际交流能力和开拓视野，鼓励博士生在读期间积极参加国际会议，并做会议报告。

3. 全面了解学生，注重综合能力培养

当前研究生普遍具有较强的求新、认同、参与、主体和个性意识，但同时也在责任、实践、辨别、集体和承受意识等方面存在一些薄弱环节。博士生在经历了本科或硕士研究生阶段的学习后，无论是在基础知识储备还是在研究方法上，都得到了相对系统化的积淀和训练。因此，要注重对博士生学术品格和创新能力的培养。由于博士生面临学业、就业、经济和家庭等诸多方面的压力，有时会存在理想信念模糊、心理健康、学术道德失范以及知行不统一等问题，因此，在博士生培养过程中要特别注意构建和谐的师生关系，在思想上开导学生，在学业上引导学生，在生

活上关心学生，努力为学生营造潜心研究的环境。

总之，作为一名博士生导师，我深感责任重大，需树立以学生为本的教育观念，坚持立德树人根本任务，不断提高自己的学术水平和指导能力，以认真负责的态度、扎实的学识、开放的思路做学生锤炼品格的引路人和勇攀科学高峰的指导者。

服务国家战略需求　培养新时代高层次人才

　　机械工程及自动化学院副教授，指导的学生韩文鹏学位论文《毛细管式强预冷换热器密集阵列结构连接关键技术研究》，被评为 2021 年校级优秀博士学位论文。

　　入选北航"卓越百人计划"和"青年拔尖人才支持计划"，担任中国机械工程学会塑性工程分会微纳米成形技术论坛学术委员会委员、青年委员会委员，《中南大学学报（英文版）》（SCI）、《稀有金属》（EI）等期刊青年编委。一直从事跨尺度构件高性能成形制造理论与技术的教学科研工作，已培养出博士 1 名（获校级优秀博士），培养出硕士 8 名（2 名获校级优秀硕士）。主持国家自然科学基金（2 项）、军科委重点项目课题和基金（各 1 项）、国防基础类项目等国家级项目以及北京市自然基金（2 项）、中国航发产学研合作项目、航空科学基金等省部级项目多项。近 5 年在 *Int J Plasticity*、*Int J Machine Tool Manuf*、*Int J Mech Sci* 等成形制造领域顶级期刊发表一作或通讯作者论文 30 余篇。出版教材 1 部。授权发明专利 11 项。开发出国内首台箔带材双向拉伸测试设备和跨尺度构件 3D 液压成形装备，获 4M/ICOMM2015 微制造国际会议最佳论文奖，获省部级一等奖 1 项。

　　党的十八大以来，党中央做出人才是实现民族振兴、赢得国际竞争主动的战略资源的重大判断，做出全方位培养、引进、使用人才的重大部署，推动新时代人才工作取得历史性成就、发生历史性变革。"国势之强弱，关乎人才"。古往今来，人才都是富国之本、兴邦大计。博士研究生教育是当代国际上公认的正规高等教育的最高层次，博士生教育的质量和博士生的数量也是衡量一个学校文化科学发展水平的重要标志，博士研究生更是具有核心竞争力的高素质专业人才的代表。导师是博士研究生科研创新的示范榜样，其知识水平、道德品质、教育、培养方式等都会影响一名博士的成长。如何面向国家战略需求高质量培养新时代高层次人才，是一个博导面临的直接问题，也是一个值得深思的问题。接下来我将就这个问题谈谈我的几点思考。

1. 要把立德树人作为培养工作的根本标准

博士研究生阶段是塑造科学素养的重要时期，导师的一言一行对于学生有深远的影响。从学生到教师，一路走来我深刻体会到拥有良好品德的重要性，也始终把立德树人作为开展研究生培养工作的根本标准。导师的身教重于言传，坚定理想信念、加强理论武装、立德修身、潜心治学，努力做到以文化人，以德育人。俗话说打铁必须自身硬，作为一名博导，不仅要在专业素质上"硬"，还要锻炼一颗强硬的内心，在守住学术道德底线的基础上去包容关怀每一名学生。始终坚持平等对待每一位研究生，以强烈的责任感去感化每一名学生，引领学生前行。只有导师具备高层次的道德修养，具有良好的人格魅力，才能对学生有更强的感召力和影响力。这种影响力往往是多方面的，是潜移默化的。因此，具备高水平的职业道德与职业修养是博士生导师的基本要求。

2. 要以服务国家重大需求为导向，因材施教，注重使命感和责任感的培养

新时代需要的是有独立思维能力的高素质专业人才，我不赞成机械地给学生布置任务，也不用同一种模式培养学生，而是鼓励学生自主学习、主动思考、大胆创新。在给博士研究生确定课题时，我会给学生讲清楚课题所涉及的重大需求背景，并让学生根据自己的兴趣来选定。研究过程中，经常给学生发一些最新的研究进展来增大学生的知识面。同时，要求每名学生根据自己的个人情况来制定研究计划，并定期交流，以解决执行过程中遇到的困难。与学生的交流沟通是需要灵活变通的，对学生也是要因人而异。在组会上我经常向学生们传达"做科研要把理论用在实践应用上，要落地做实，要面向国家重大需求，不断向科学技术的广度和深度进军"的

理念。鼓励学生善于利用学校各种优质的资源，大胆尝试、不怕犯错、突破限制、开拓创新。只要学生自己提出新想法，都会得到支持和鼓励，并积极创造开展验证新想法的条件。此外，每年也会资助博士生、硕士生参加国内外学术会议，开拓视野的同时锻炼过硬的专业本领。

3. 要认清导师角色定位，构建平等的师生关系

博士生导师既是学生在学术上的领路人，科研上的合作者，也是思想上的交流者，同时还是生活中的好朋友。在学术方面，我会竭尽所能为学生修订课题的内容细节、论文章节的布局。对于研究生毕业论文和学术论文，做到逐字逐句修改，反复讨论，以身作则培养学生严谨的科研态度和作风。在思想方面，经常和学生交流，了解学生科研学习的心得、面对时事的看法抑或是找工作的心得。这种相互的交流学习，有利于构建平等的师生关系。我也会关心学生的生活情况。无论学生在家庭经济上遇到困难，还是因学业导致压力，或是因失恋等感情问题导致情绪低落，我都会倾力相助，帮助学生排解疏导，使他们能够专心投入到科研工作中。

总的来说，做好一名研究生导师需要从很多方面不断学习完善，也需要从培养过程中汲取经验，做到教学相长。我将继续坚持把立德树人作为根本任务，严格要求自己，持续提高专业技能。同时我会继续以国家重大战略需求为导向对不同的研究生因材施教，努力培养出更多的高素质专业人才。

建立良好学术氛围　加强学生能力培养

刘献栋

交通科学与工程学院教授，指导的学生肖登红学位论文《板状结构损伤声发射定位理论及方法研究》，被评为 2016 年校级优秀博士学位论文。

北航优秀主讲教师，在国内外期刊及学术会议发表论文 180 余篇，出版专著 3 本。获国家科技进步二等奖及省部级科技进步一等奖、二等奖、三等奖各一次。兼任中国汽车工程学会振动噪声分会专家委员会委员、北京汽车工程学会常务理事、北京振动工程学会理事。

自 2002 年开始招收硕士研究生、2010 年招收博士研究生以来，到目前已培养毕业全日制硕士研究生 45 名、博士生 10 名，其中 1 名博士生获得校优秀博士学位论文、4 名硕士生获校优秀硕士学位论文、1 名专业硕士生获工程硕士实习实践优秀成果。在学生培养方面，取得了点滴成绩，但是还有不少需要进一步完善之处。现就个人在研究生培养，尤其在博士生培养方面的一些体会做一总结。

1. 确定一个好的研究方向

创新性是培养博士的核心指标，确定一个具有明确创新性、在未来几年能够推进领域进步的研究方向是关键。

能否抓住一个有前途、好的研究方向，不但考验导师，也考验学生。作为导师，应准确把握研究领域存在的关键问题，这些问题在国内外的研究现状，以及哪几个问题在之后 3 ~ 5 年之内有可能得到解决；并且，还要充分了解学生的知识背景、工作能力和条件。最后，才能基本确定下来。

2. 激发学生持续的研究兴趣是做好研究的关键基础

取得科研成果是一个反复失败、漫长的过程，只有对科研本身有浓厚的兴趣，并且享受科研过程，研究才能高效持续下去。

其实，如何激发学生持续的研究兴趣是导师工作的最难点。每位老师都有自己的方法。研究兴趣的持续需要有一定的科研回报加以刺激。尽管常说"最大的科研回报是好奇心的满足"，但其他方面的科研回报也是需要的。

3. 培养博士生把握本领域最新科研进展的能力、学术交流和语言表达能力

鼓励学生勤检索、阅读最新文献，尤其是最新召开的本领域国际会议论文集，准确掌握最新的研究进展及存在的问题，只有这样才能确保所做研究的新颖性和成果的创新性。

鼓励学生参加本领域高层次的国内、国际学术会议并进行论文宣讲，加强培养学生的学术论文书写水平、交流用 PPT 水平和语言交流能力；鼓励学生结识并与国内外同行交朋友，获得第一手的最新发展动向。

4. 为学生创造一个良好学术环境、树立一个好榜样

教师应以培养学生为主要任务，不宜把太多的时间用于跑项目、参加与学术低关联的各类会议等，否则将难以有足够时间读书、读文献，难以实质性地掌握学科领域的核心问题，难以有效地带领学生做好真正有价值的研究。

建立融洽的师生关系，将直接影响博士生的成长。导师与学生的关系不应是老板与雇员的关系，也不应是学生干活老师付钱的关系。导师应是学生研究方向、方法的向导，尤其应该是研究遇到困难时的指路人。

导师的言传身教、身体力行直接影响到学生的投入。学生会把老师当做榜样，通常老师勤奋、认真，学生必然勤奋、认真；老师把握研究前沿，也带动学生对研究前沿的理解。

5. 及时帮助解决学生研究中遇到的各种问题

在博士生开题后的研究中，经常会遇到各种新问题，在鼓励学生自己努力寻找解决问题方法同时，也要及时交流讨论、引导学生制定正确的研究路线。这对研究少走弯路、提高学生积极性十分关键。

6. 充分发挥指导团队的作用

一个团结、向上的教师团队，有助于学生加强对不同研究方向前沿知识的理解和融合，有助于产生创新成果。

团队中每位教师的研究重点有所不同，所涉及到的知识领域各有偏重，经常性的团队交流，对于拓展学生的知识面、开阔研究思路大有益处。

学科交叉研究结硕果

　　交通科学与工程学院教授，指导的学生周天住学位论文《仿生二维纳米片复合材料的力学及其功能化研究》，被评为 2021 年校级优秀博士学位论文。

　　周天柱博士是我入职北航之后毕业的第一个博士研究生，他取得校级优博的荣誉，我感到很欣慰，也衷心地替他感到高兴。作为一名教师，最值得开心的事情，就是看到自己的学生取得了成绩，并沿着他梦想的方向努力前行。

1. 师生是一种缘分

　　周天柱博士 2017 年入学至今已经 5 个年头，从当时收到他的博士申请材料，到今天目送他远赴重洋追寻科研之路，一点一滴历历在目。我 2016 年获得国家高层次人才计划青年项目的支持入职北航交通科学与工程学院，得到了学院和系里的大力支持。北航的学科平台和全新的工作环境让我既兴奋又感到肩负责任，希望尽快做出成绩回报学校和学院。而开展科研工作最重要的事情之一就是找到好学生。期间我收到了不少校内外优秀学生的博士研究生申请材料，也跟每位同学进行了初步的沟通。其实周天柱博士的简历并不漂亮，他本科和硕士的毕业院校并不理想，不是大家耳熟能详的"985""211"。我与他交流的过程中能隐隐感受到他因此而产生的不自信。但是当我们谈论到他的研究工作的时候，他变得更加从容，让我感受到他在科研工作中的严谨和踏实，这是很多申请人所不具备的。研究工作绝大部分时间是枯燥乏味的，能坐住冷板凳，能承受科研工作中的失利和坎坷，这份严谨和踏实是必不可少的品质。如今回头看来，我的选择没有错。所以我觉得在招收学生的过程中，我们更应该注重考查学生的品质而非出身。人生漫漫，际遇浮沉，当铅华落尽，沉淀才是本真。

2. 学科交叉非易事

我所从事的研究方向是交通基础设施高性能复合材料，属于传统工科，偏重解决宏观工程问题。而这个领域急需高性能材料来提升基础设施的功能和耐久性，这必然要借鉴化学和材料等基础学科的研究方法和手段，进而从根本上研究新材料的制备并促进工程应用。目前大型桥梁等关键交通基础设施广泛采用智能监测手段来保障其生命周期内的安全运营，而大量传感器的使用急需兼具力学性能和电学性能的高性能材料来支撑，这也是周天柱博士论文的选题来源。为此，我找到化学学院纳米复合材料专家程群峰教授，邀请他来做周天柱博士论文的副导师，希望借助纳米技术制备新型力学和电学功能一体化的新型复合材料并用于交通基础设施智能传感。理想总是美好的，但是现实却总充满了困难和挑战。科学思维追本溯源，技术研究追求实效，当过于沉浸于科学原理，往往容易忽视解决工程问题的初衷。而过于关注工程实用，便又无暇顾及科学问题的凝练。周天柱博士论文的开展就是在这样的矛盾统一中逐渐步入正轨并渐入佳境的。程群峰教授在这篇博士论文的指导过程中付出了大量的时间和心血，尤其是在纳米复合材料制备策略、界面协同、性能表征和机理分析方面，给予了引领性的指导，在高水平期刊论文写作过程中给予了细致的修改和建议。周天柱博士非常珍惜来之不易的学习机会，在实验室夜以继日地工作科研，最终取得了丰硕的研究成果。由此可见，科学与技术是相辅相成的，只有在工程实践中提炼科学问题，运用科学的研究方法和手段加以解决，往往可以取得好的研究成果。过程中不仅实现了科学理论的突破，同时也为解决国家重大工程需求贡献了力量。

3. 学科交叉在路上

上面谈到了学科交叉的必然趋势和理工联合培养的优势，但是在这个培养过程中我也深切地体会到了学科壁垒的存在。目前我国博士研究生的招生和培养环节都是按照学科进行划分的，博士论文也只能送给本学科的专家进行评审，因此学科交叉的博士论文就有可能找不到合适的评审专家，即使取得了丰硕的研究成果，也不一定能得到领域内同行专家的认可。这也是当时周天柱博士论文在送校外盲审时所担心的问题。不过后来论文评审的结果证明是我们多虑了。论文评审专家不仅没有否定学科交叉的意义，而且还肯定了论文的学术价值和贡献，使我们感到非常欣慰。这从另一个角度证明了我国学科交叉研究正在逐渐深入人心，各个领域的专家学者对学科交叉研究逐渐接纳和认可。我也衷心希望博士研究生的联合培养机制能够逐步健全完善，不断打破学科壁垒，使得科学和技术能更好地融合，毕竟真理本身是没有界限的。

以需求为导向，持续创新

交通科学与工程学院教授，指导王章宇的博士学位论文《基于多传感器融合的城轨列车前向环境感知方法研究》，被评为 2022 年校级优秀博士学位论文。

作为博士生导师，需要引导学生确定研究方向，并在研究的过程中培养学生独立科研能力，此外，为了形成团队的持续创新能力，还需要构建起良好的团队氛围。以下将从学生研究方向确定、学生科研能力的培养和团队学术氛围的构建三部分，分享我对于博士生培养的心得体会。

1. 学生研究方向确定

好的研究方向选择是博士生培养的基础。我所在的学科是智能交通研究领域，为多学科交叉的应用类学科。基于学科的特点，我指导博士生选题大部分从实际需求出发，挖掘行业痛点，从应用需求中提炼出关键科学问题，指导学生开展深入的研究工作。以本次获评优秀博士论文的王章宇同学研究内容为例，一个偶然的机会让我们和轨道交通信号企业建立了联系。当了解到现阶段无人驾驶列车对自主感知的需求较为迫切时，我带领着博士生和企业进行多次交流，从中了解行业的切实需求，并梳理出其中的关键科学难题，从而确定博士生的研究方向。基于明确的行业需求和关键科学问题，学生的研究会更加聚焦，我们的相关研究成果也在香港地铁荃湾线和北京地铁 3 号线、15 号线、17 号线等列车上进行了实际应用。

引导学生从实际需求着手，发现相关行业的痛点问题，以现实需求为导向确定研究领域，并专注于该领域进行深入研究。对于学生而言，当研究成果能够应用于实际，会获得较大的成就感，增强科研的自信心，并且有动力迎接更大的挑战。社会贡献层面，高等院校是创新人才的集聚地，而博士生作为高等技术人才，将研究成果应用于解决实际问题，有助于培养学生担负起促进经济、服务社会的责任感。

2. 学生科研能力的培养

博士生学术能力的培养，不是填鸭式的教学，但也不能"完全放手"，而是要在两者之间取得平衡。我在学生平时的培养过程中，一般会在每学期初让学生们制定一个研究目标，并基于大的目标拆分成几个关键的节点。在日常科研中，进行定期的科研交流，每次交流也是关注于制定的关键节点内容，便于及时了解学生的研究进展以及遇到的问题，并基于实际研究进展进行动态调整。当学生遇到难以解决的问题时，我会组织集中讨论并及时给予帮助。当学生因遇到挫折存在退缩心理时，耐心启发，重新燃起学生的热情；当学生进展顺利时，又要适当放手，充分给予学生足够的发挥空间，培养学生独立科研的能力。

学生科研能力的培养既要给学生们足够的自由空间进行探索，也要帮助学生们把握关键的学术难题和时间点，从而保证学生们能够在确定的时间内完成学术能力的培养。

3. 团队学术氛围的构建

好的学生培训需要一个好的学术团队，好的学术团队需要一个好的学术氛围，本人在平时的科研生活中也比较注重团队学术氛围的构建。

我们课题组按照同学们的研究兴趣点会横向划分为多个研究方向小组，每个小组内部会定期就一些前沿技术或学术难题进行分享讨论，保证学术的活力；同时课题组按照科研项目也会纵向划分多个科研项目小组，小组内也会就遇到的科研项目实际问题进行探讨，保证科研项目进度。此外，课题组内会定期组织学术沙龙，每次沙龙会有一名学生进行主题分享，其他学生可以进行提问和讨论，此过程有助于增强做分享的同学的逻辑能力、独立思考能力和语言表达能力，同时参与的学生也可以进一步增加多领域的知识延伸，拓宽视野，并在讨论的过程中，不同角度的想法往往可以碰撞出新的火花。

交通强国的目标正激励着一代交通人不断刻苦钻研、不断开拓创新。作为一名博士生导师，倾尽所有授业解惑，博士生与导师，不是简单的教与学，而应该是亦师亦友，教学相长，共同为发展的交通领域贡献自己的智慧和力量。衷心希望每名学子都能不负所托、不辱使命，成为伟大新征程上的国之栋梁。

求实创新　可靠为民

王自力

中国工程院院士，可靠性与系统工程学院研究员、博导。长期从事可靠性系统工程理论研究与重大工程实践，形成可靠性综合集成理论，已成功用于多个重大型号研制。发表高水平学术论文 140 余篇，出版专著 7 部，授权发明专利 40 余项，共培养博士硕士研究生 80 余人。所培养学生获国家奖学金、北航五四奖章、研究生十佳博士、研究生十佳硕士、北京市优秀毕业生、北京市三好生等荣誉 30 余项。

自 2008 年受聘博士生导师以来，共培养博士研究生 40 余人、硕士研究生 50 余人。关于博士研究生培养，我想与大家分享三点心得体会，以期共勉。

1. 把握向度，服务国家重大需求

结合专业特色和为民精神，培养学生服务国家重大需求的意识，树立远大的理想抱负和献身国防、无私奉献的初心。依托国防重大、重点型号项目，鼓励学生早参与、多投入。在重大型号实践中培养学生与国同行、与国防事业同行、参与大国重器建设的自豪感和使命感。

在参与项目工作过程中锻炼学生从装备实际需求出发，发现问题，提出问题的能力，明确个人的研究方向。面向国家重大发展战略规划，从新型装备研制需求出发，指导学生运用系统工程思维提炼问题、分解问题，抽丝剥茧，识别关键科学问题。在实践中指导学生把握型号研制难题，找准急需解决的可靠性痛点，细化分解研究重点并逐个突破。在不断地发现问题、提炼问题、分解问题中，培养学生的问题发现能力。

2. 挑战高度，直面领域痛点难点

推动学科交叉和国际交流，培养学生挑战国际前沿问题的意识，树立坚定的学术追求和高屋建瓴、开拓创新的决心。充分发挥可靠性系统工程作为一门交叉学科的特点，鼓励学生发散思维、探索边界。在紧跟国际前沿，探索解决方案的过程中培养学生勇于挑战权威、开拓学术边界的自信心和进取心

在解决难点问题的过程中锻炼学生从综合集成角度出发，创新思路，解决问题的能力，养成科学的研究方法。以问题为导向，广泛深入调研、跟踪相关领域国际前沿技术研究进展，引导学生归纳总结，实时把握前沿技术发展动态；与自身关键科学问题结合，引导学生吸收融合、集成创新，形成独特的解决方案；依托课题项目，引导学生在实践中检验其解决方案的正确性和有效性，从中发现潜在缺陷，改进优化，形成良性循环，培养学生的问题解决能力。

3. 积淀厚度，锤炼过硬综合本领

鼓励全面发展和个性发扬，培养学生积极投身社会工作的意识，树立高尚的道德情操和爱国敬业、服务奉献的衷心。支持鼓励学生在科研学习之余承担社会工作，锻炼综合能力。在走出实验室，融入社会的过程中，培养学生热心服务、积极承担责任的组织力和领导力。

在投身社会工作的过程中锻炼学生与社会责任互动，担当使命，挑战自我的潜力，积淀过硬的综合能力。以参加社会实践为契机，拓展学生的视野，丰富学生的生活，并鼓励学生担当团队领袖，在带领团队的过程中更好地锤炼学生的服务意识、合作能力与领导能力。引导鼓励学生将系统工程和综合集成的思想应用到社会实践当中，形成全局观念和系统思维，平衡科研学习和社会工作之间的关系，培养学生统筹规划的能力。

浅谈博士生培养

 康　锐

可靠性与系统工程学院教授，指导的学生范梦飞学位论文《考虑故障相关的系统可靠性建模与分析方法研究》，被评为 2019 年校级优秀博士学位论文。

　　博士生培养是个综合性议题，其内涵涉及教育教学、科学研究、成果实践以及教育心理学等诸多方面。在各专业领域的技术前沿，即便是对于成熟的科研人员，要想实现有成效的科学技术研究与成果转化，尚且需要一番努力和一点运气；而指导一名科研新手逐步建立科研能力，并直接送上科研前线边学边干，最终在有限的学制期限内取得可观的成果，本身就是一种冒险行为。从这个角度看，博士生培养其实是一种风险与不确定性极高的"冒险行为"。

　　近年来，我国博士研究生招考人数逐年增长，"双一流"高校招生名额显著扩张。面对如此"冒险"的求学与教育活动，招考师生为何络绎不绝？抛开高校科研人才培养需求和就业市场的学历光环不谈，博士生教育对于学生的人格与能力建设有哪些进益，是高校和博士生导师需要深思，在读及准博士研究生们需要知晓的问题。在我从事博士生培养的二十余年里，根据学生毕业后的回访、我与知名校企用人单位的交流，博士毕业生在各领域的工作岗位上确实展现出了优秀的综合素质，包括创新探索意识、系统性规划与实践能力、踏实严谨的修为及卓越的抗压能力。这些素养对于人才职业发展的贡献不容小觑，而培养更多具有上述品质的人才对于我国尖端科技、基础制造等亟待发展行业的间接推动作用亦可见一斑。故而高峰虽险，可堪一攀，但需注重科学有效、风险可控的培养方法。对此，我想就确定选题、过程培养、人文关怀三个方面谈一谈我的心得体会。

1. 确定选题

工学博士培养应面向社会生产需求，致力于发现和解决制约生产力发展的关键实际问题。因此，在为工学博士生确定选题时，应瞄准行业痛点、领域空白、技术短板。对于许多工学博士专业来说（包括"系统工程"专业），寻求科学问题探索与工程技术落地的平衡似乎是一个永恒的话题。挖掘提炼工程技术难题背后的本质科学问题，研究提出有效的科学方法并反哺工程技术发展，才是工学研究价值的完整实现。这一问题不乏"仰望星空，脚踏实地"的哲学意味，也是我个人在执教和从事研究工作的过程中十分关切并不断探索和实践的问题。

为了实现上述关切，为学生选题是一个循序渐进的过程。我认为一个好的选题既要契合专业发展需求和团队主要研究方向，也要结合学生的个人研究兴趣。在确认选题之前，我会帮助他们建立对于专业知识图谱的概要认识，带领他们发现专业现存的棘手问题并分享我对这些问题的思考和解决理念，倾听他们的想法、认识并充分讨论。在实践中，这一过程要想达成理想效果，仅依靠攻读博士的前一至两年时间通常是紧迫的。为此我尝试了将学生研究兴趣的发掘和培养时机前置，提前到硕士研究生教育甚至是本科生教育中来。我在沙河校区主持开设的航空航天大类本科通识课《失败的逻辑》《质量与可靠性专业生态圈》等皆是这一初衷的实践。事实上，我指导的校优秀博士论文作者范梦飞告诉我，她建立起研究兴趣的起点正是在我面向大一新生讲授的专业知识讲座上。

2. 过程培养

确认选题之后，过程培养是决定博士生培养效果的关键。与基础教学侧重知识的传授不同，研究生尤其是博士生培养的显著特点是为学生提供开放、多元的学习、研究和交流的机会与平台。鉴于科研人员技能要求的综合性，博士生培养的层次和来源也应是丰富的。为此，我为每一名博士生聘请了一位研究方向相近的青年骨干教师作为副导师，和我一同指导博士生的研究进展；同时鼓励课题组的学生们以老带新，交流互助。主攻故障物理学研究的陈颖副教授和我的学生曾志国博士在"故障行为建模"研究方向给予了包括范梦飞在内的多名博士生细致的指导和帮助。此外，我也在积极地开展与国内兄弟院校和国际知名大学教授、学者的合作研究，为学生们创造更多参加跨学科选修课及国际会议、访学交流和联合培养的机会，帮助他们保持学术敏感，打开知识维度。

落脚到前文谈到的工学博士培养的初衷，工学研究从实践中来，须得回到实践中去。一名优秀的博士生不仅要在科学技术上具有国际视野，更要在科学实践中持有民族视角。当下，可靠性与系统工程专业是影响我国军工和民用领域工业发展的关键交叉学科，质量强国的理念也越来越多地得到社会各界的关注。然而我国的可靠性工程技术成熟度在世界范围内仍然处于初级水平，可靠性理论的科学大厦尚不完备。我常常鼓励学生们在攻读学位的同时能够更多地走近军工和民营企业，了解行业现状和专业技术发展需求，从而有的放矢、学以致用。多年来，我与包括华为在内的多家民营企业保持着长期合作关系。2021年我带领技术团队同深圳多家民营企业合力创办了深圳市为民可靠性系统工程研究院，旨在进一步深入校企合作，共同推动可靠性技术研究与人才培养。我指导的博士论文大多源自国防建设项目或民用可靠性技术问题的研究背景。

3. 人文关怀

最后谈一谈人文关怀，我想这是教育本身不能回避的话题。为师之道不止在传道授业，更在解惑。寓教于乐，因材施教，像对待孩子一样珍视他们的成长是我秉持的研究生培养理念。在此我想倡导的不是成为一名教育心理学大师，而是和学生做朋友，从真诚的关切出发，引导他们探索真理，觉察自我，认识世界，并尽己所能地做出一些贡献。我给自己制定的小目标是除了定期的组会和学术研讨外，每个学期和每名学生至少长谈一次，内容不限。高等教育意义重大，每一名学生毕业后的职业发展都有他们接受过的教育的影子。我希望短短数年的博士求学生涯带给他们的不仅是博士学位，更是迎接未来的勇气和力量。

从"教学合一"到"学生自治"

付桂翠

可靠性与系统工程学院研究员，指导的学生薛鹏学位论文《物理基的高速缓冲层 IGBT 热电耦合建模方法研究》，被评为 2018 年校级优秀博士学位论文。

主要研究方向为元器件可靠性分析与评估、电子元器件失效分析技术、可靠性仿真技术、制造过程可靠性研究等。在教学领域，主讲"元器件质量与可靠性保证""元器件失效分析技术""电子产品可靠性设计"等多门本科生、研究生阶段专业课程。现已发表高水平学术论文 100 余篇，授权专利 30 余项，出版教材和专著 4 部。

"十年树木，百年树人。"教师指导学生完成学业，是教育教学工作中的主要环节，是教师的天职和责任。走上北航教师岗位至今已有近 30 年的时间，自 2009 年招收博士研究生，细细数来，门下已经有 10 余位博士走上了工作岗位，奋斗在国防科技领域武器装备质量保证的各条战线上。在 10 多年的博导生涯中，我遇到了许多有趣的学生。尝试挖掘他们各自的长处，为他们提供展现自我的平台，力求让他们拥有一个欢愉的求学时光，是我一直以来的"学术课题"。接下来，我将从"教学合一"到"学生自治"的角度分享我的体会心得。

1. 学生兴趣 + 技术前景 = 合适的科研方向

导师引导学生发现科研实践中的技术难题，提高其对该问题的研究兴趣，辅助其把握科研技术前景，是"教学合一"的过程。对一个青年学生尤其是博士生而言，确定适合的研究方向是一个十分重要的问题。博士学位论文不是研究的终点，而是真正学术生涯的起点。

学生对自己感兴趣的研究方向，会付出更多的努力和坚持。在困难面前，会表现出强大的意志力。当产出科研成果时，会得到满满的幸福感和获得感，进而信心大增，从而学术之路也就越走越顺。大多数学生在读博初期并不知道自己对什么感兴趣，并且对课题组的研究领域也一知半解。此时，导师应该提供大量的科研实践机会，鼓励他们勇于尝试不怕失败，协助他们探索未知领域。与此同时，也要给学生留出充足的"返工"时间。

2. 多看多读 + 独立探索 = 厚积薄发

阅读文献是每一位博士生需要掌握的必备技能。这不仅是知识储备的路径，也是科学研究的起点。同时也要有针对性地培养博士研究生独立解决问题的能力，阶段性地对其提出"不同意见"，尝试推翻其现阶段的研究体系，有助于他们形成严谨的逻辑和思辨能力。学识的积累加上能力提升方能厚积薄发。

学生阅读文献时常常会出现，发现一个新问题就要大张旗鼓地开始研究，殊不知前人早就完成了技术攻关。因此充分的文献调研，多看多读的科研习惯则显得尤为重要。与此同时，学术思维的形成离不开长期的科研训练，科研成果的输出也离不开反复的谈论与迭代。培养博士生要擅长倾听反对声音，接受思维碰撞，打磨心性，锻炼出一颗强大的心脏。同时不要过分追求短期利益，目光长远更多地思考"为什么"而非人云亦云，方能在科研道路上厚积薄发。

3. 专业自信 + 相互学习 = 科研氛围

在培养学生的过程中，导师应具有强烈的专业自信，努力将本专业的责任感和使命感传递给学生。同时，也要努力走进他们年轻人的时代圈子，了解他们关注的热点和话题，与他们打成一片，让学生乐于与你"闲聊"，使整个课题组一直处于一个轻松、欢愉的科研氛围中。

在学生探索新领域、新技术遇到困难情绪低落的时候，要放低身段与学生一起想办法，共进退，重新燃起学生前进的热情。另外，也要注重课题组"传帮带"文化的培养，鼓励高年级同学带动低年级同学参与科研攻关，将高年级博士自身的科研实践经验和技术优势传承下去，为低年级的同学提供"科研捷径"，帮助他们快速成长。这样也可以使课题组的技术优势得以传承。

教导筑梦　指导逐梦　引导圆梦

马 小 兵

北京航空航天大学可靠性与系统工程学院教授，指导研究生王晗的博士学位论文《加速试验失效机理等同性分析及其应用研究》，被评为 2021 年校级优秀博士学位论文。

主要从事结构可靠性分析与验证、系统寿命评估与优化等方向的教学科研工作。发表学术论文 80 余篇、出版专著和教材 4 本，获省部级教学成果一等奖 1 项、科技进步一等奖 1 项，国防科技进步二等奖 3 项、三等奖 1 项。

博士是世界各国授予研究生的最高学位，拥有博士学位代表着一个人在某个领域具有扎实的理论基础和独特的创新研究。我国自首批博士诞生至今已有近 40 年的历程，在老一辈博导的经验摸索和传帮带作用下新一代博导具有了一定的经验积累和能力提高，然而关于博士生培养质量问题的研究却始终是高等教育质量的热点话题。博士培养是一个较为漫长的过程，一般都要经过 4~6 年的磨砺。每一名博士生都要经历筑梦、逐梦和圆梦的全过程，博士生导师也要完成从教导、指导到引导的角色转变。

1. 要教导学生筑梦

优秀的博士从来都是有富有梦想和激情的，在选拔优秀的学子攻读博士学位时就要注重学生的这一特点。要让他们了解导师目前从事研究方向的科学意义或实际价值，未来在该领域、方向上取得的创新和突破对学术界或是工程界的贡献和影响。

导师要教导学生尽快熟悉博士研究创新性工作的学术形式和内涵要求。按照博士论文的创新聚焦体现在问题新、对象新、方法新三个方面，帮助学生尽快熟悉方向、打牢基础、选定题目。要教导博士生深入了解工程需求，从瓶颈问题出发，明确攻难研究方向。好的科研问题一般来源于工程实际，要深入了解对象产品设计、研制、生产与使用过程，从中挖掘广泛存在且亟需解决的科学难题，并结合理论知识将难题分解。这是确定科研方向与制定论文框架的最有效手段。

2. 要指导学生逐梦

提高博士生学术能力最重要的就是让博士生了解自己所处学科的历史脉络和前沿发展。只有真正地了解了学科方向的历史和前沿、熟悉学科方向的历史发展和当下前沿才能够激发自身动力，有所创新有所突破。导师要指导学生领悟创新的本质和意义，指导学生学会从学习到研究的方法和思维转变，从简单创新（应用型）到发展创新（批判型）再到突破创新（原创型）的蜕变与提升。在博士生掌握基础理论和前沿技术的基础上，定位关键问题、提出建议观点、探讨分析关键，鼓励博士生尽可能做树干性质的基础性研究工作，而非树叶性质的末梢性研究工作。要指导博士生紧密跟踪科学前沿，广泛阅读文献资料，跨专业方向寻找解决方案。以国内外先进技术手段为基础，打破固有思维局限，综合利用多学科交叉方法，确定论文的具体技术路径。创新一方面来源于问题需求，另一方面来源于解决问题的试错过程。独辟蹊径的解决方案能够提升论文的创新水平。

3. 要引导学生圆梦

导师是最熟悉论文研究核心问题的人，也很大可能是解决该问题最有经验的人。在论文选题、制订方案、具体落实及论文写作过程中，导师的提醒与引导至关重要，要与博士生保持密切高效沟通，引导学生对所从事的研究工作进行系统性提升。一篇优秀的博士论文不是创新工作的弱相关组合，而应呈现出核心思想和方法体系。这需要导师从研究问题的广度和层级上进行全面把握，引导博士生树立更高的目标，将博士论文研究的创新性工作尽可能按照知识要素和应用过程进行理论体系和方法结构创新，使论文在思想性和可读性方面实现俱佳，成就一篇优秀的博士学位论文。

教学相长　互相成就

——指导首位博士生的心路历程

 文 美 林

可靠性与系统工程学院副教授，指导的学生张清源学位论文《不确定随机系统确信可靠性度量与分析》，被评为 2022 年校级优秀博士学位论文。

北京航空航天大学青年拔尖人才。博士毕业于清华大学数学系，曾先后访问香港大学、香港中文大学及加拿大 UBC 大学，研究领域为确信可靠性理论和不确定理论，先后主持多项国家自然科学基金及其他纵向课题，出版英文专著一部，发表 50 余篇 SCI 论文，SCI 他引 400 余次。

张清源博士是康锐教授和我共同指导的一名优秀博士，也是我作为副导师指导的第一位博士研究生。得知清源的博士论文被评为校级优秀博士论文时，我十分激动，也为多年来与学生的共同进步感到高兴。在此，我想谈谈培养过程中自己的心路历程。

1. 责任重大，压力与动力并存

2016 年，我刚刚休完产假不久，课题组组长康锐教授提出希望与我共同指导博士生张清源，以求在数学理论层面进一步完善课题组刚刚提出的确信可靠性理论，并突破相关数学表达和建模方面的难题。作为一名数学专业毕业的博士，我义无反顾，欣然答应了康老师的要求，成为了张清源同学的副导师。

说实话，康老师提出的要求意义重大，也很有难度。近几年来，课题组对传统可靠性理论在工程实践中的适应性和局限性进行了分析，提出了确信可靠性理论框架，并在可靠性度量方面引入了新兴的不确定理论。确信可靠性理论既具有实践的适应性，又具有学术的前沿性，这让我既有强劲的动力，也有巨大的压力。为此，我和康老师针对学生的特点，共同确定了学生的主攻方向，并按照重要时间节点制定了攻关规划。考虑到在可靠性问题中引入不确定数学往往需要转变已有的思想，学生必然有一个学习适应的过程，于是我没有给学生过大的压力，而是按照循序渐进的原则，及时给学生提供尽可能充足的信息和可行的思路，尽量引导学生自己思考，遇到问题随时汇报和讨论。这样的方法调动了学生的积极性和求知欲。清源同学表现了良好的学术探索精神，理论方面第一个难啃的骨头很快有了重要进展，相关研究在 Top 期刊 IEEE *Transactions on Fuzzy Systems* 上发表。这一成果极大地鼓舞了我和学生的信心，更给我吃了一颗定心丸，进一步坚定了指导学生聚焦学术前沿的决心。

2. 交叉融合，共同进步

由于我是学数学出身的，且主要关注与可靠性相关的数学建模问题本身，因此对产品实际功能性能关注不多，这也导致我在指导学生过程中对工程问题不够熟悉。与我不同，清源同学是可靠性专业出身，工程理论基础好，能够更多地结合产品的实际情况和需求看待问题。于是，我充分考虑了我们两人的优势，力求优势互补，促进交叉融合。我引导清源把可靠性问题抽象化，用合理的数学模型表达出来，并撰写成逻辑缜密的文字；清源则与我共同探讨实际产品的功能原理、性能指标等知识，并逐步将不确定数学理论与可靠性理论有机结合起来。在这样的合作模式下，我和学生各取所长，迸发了不少创新火花，学术上也有了很大进步，真正实现了教学相长。

3. 克服疫情，终成正果

2019 年，为了能够进一步拓宽视野、丰富理论内涵，我与清源均申请去往加拿大的不列颠哥伦比亚大学（UBC）访学交流。因签证原因，我直到年底才出发，而清源已完成交流回国，日常的学术交流与指导只能通过线上方式进行。2020 年疫情爆发，我在温哥华滞留无法如期回国。在此期间，清源开始撰写博士论文，我也没有中断与清源的交流讨论。在每次交流后，我们都互相鼓励，努力克服疫情带来的不便和消极情绪。2020 年 9 月初，清源告诉我他的博士论文在专家送审中得了全优，我感到由衷的高兴。9 月 28 日，清源博士论文答辩，我请学生为我开了直播，熬夜收看了整个答辩过程。虽然没能亲临现场十分遗憾，但当所有专家对论文内容表示肯定时，我十分激动，更为学生感到开心。答辩结束后，清源很快与我通了电话，对我表示感谢，也表达了对我身在异国他乡的关心，让我感到十分温暖和欣慰。

张清源同学的博士论文，对完善确信可靠性这个新理论做出了重要贡献，相信这篇博士论文在可靠性理论的探索方面会是一篇很有意义的博士论文。在疫情特殊时期指导张清源同学的博士论文，有困难，有曲折，更有收获和温暖。我和学生教学相长，互相成就，不仅成为了学术上的合作伙伴，也成为了生活上的好朋友。再次祝贺张清源博士获得校级优秀博士学位论文！望他再接再厉，在学术和生活上都能梦想成真！

理想引航　师生同行

 杨立军

宇航学院院长，指导的学生谢络学位论文《静 / 交变电场作用下粘性圆柱射流稳定性研究》，被评为 2021 年校级优秀博士学位论文。

主要从事液体射流稳定性、非牛顿流体及气液两相流等方面的研究。曾获全国优秀科技工作者（2010 年）、国家杰出青年科学基金（2015 年），任教育部"长江学者"（2016 年），入选国家百千万人才工程
（2019 年），被授予国家"有突出贡献中青年专家"荣誉称号（2019 年），享受国务院政府特殊津贴（2019 年），获得国家技术发明二等奖（第 1 完成人，2017 年）。

我作为一名博士研究生导师，经历和见证了数十位学生的成长和成才。在多年的学生培养及与他们相处共事的过程中，逐渐形成了一些自己的经验与心得体会。回顾自己近三十年的科研教学生涯，如何培养学生，帮助学生成长为国家需要的栋梁之才，我给自己制定了几条准则。

①教书育人，以德为先。首先自己要先做到北航校训"德才兼备，知行合一"，以身作则，成为学生的榜样。还要经常跟学生开展思想教育，帮助学生树立正确的人生观、世界观和价值观。

②尊重学生，平等相处。不仅要做学生的长辈，更要做学生的朋友。不仅帮助解决学生学习科研上的困难，也关心学生生活中的问题。

③关心学生心理健康。使用鼓励而不是一味批评和打压的方法，帮助学生建立

信心。

④对学生因材施教。在科研中根据不同学生的认知水平、学习能力及自身素质，对不同学生采取不同的培养方案，发挥学生的长处，弥补学生的不足，激发学生科研学习的兴趣，树立学生科研学习的信心。

⑤鼓励学生全面发展。除了科研培养与训练，鼓励学生在体育锻炼、音乐美术、哲学思想等领域拓展自己的爱好，成为全面发展的人才。

⑥培养学生正确的科研素养。加强科研诚信和学风建设，培养学生实事求是的科研精神，坚决不做学术不端的事情。

⑦紧随国家发展战略，培养国家需要的人才。面向世界科技前沿，向科学技术的广度和深度进军，培养担当民族复兴大任的人才，为建设"航天强国"提供人才储备。

在工作中，我深刻理解身为科研工作者的责任，不仅要求自己着力于国家重大发展战略科技课题，更要鼓励和指导学生瞄准世界一流水平，从工程问题中凝练科学问题，坚持揭示机理性问题，从根本上解决工程难题。以指导的博士生朱烁烁为例，在他进入课题组后，先是让他精读国内外相关课题的优秀文献，培养其理论功底，打好理论基础。随后，指导朱烁烁继续对已毕业的博士生段润泽、硕士生刘旺未能根本解决的隔板喷嘴声阻抗机理的课题开展研究。这个课题为何前后投入数个博士、硕士研究生参与研究呢？对于大推力液体火箭发动机，以美国 F1 火箭发动机为例，常采用隔板喷嘴来抑制发动机燃烧室内的周向不稳定燃烧振荡问题。但是，隔板喷嘴之间的最佳间隙是采用大量实验，通过经验性的方式给出的，且国内外不同火箭发动机中采用的隔板喷嘴的间隙大致相同，但其机理问题并没有从根本上得到解决。而解决工程任务中出现的科学问题，对于调动学生的科研兴趣，培养学生的科研能力，是非常有意义的。在朱烁烁承担这一课题研究工作过程中，作为导师，我们既要在前人经验基础上开展工作，又要尝试转变看待科研问题的角度，在逐步否定与肯定中帮助学生树立自身的科研观。

科研课题的研究，总是会遇到这样那样的困难和挫折，朱烁烁也不例外。这个时候要关心他的心理健康，要多采取鼓励而非批评的方式，要关心他的生活状态。同时，我也多次组织课题组内和组外讨论，以期碰撞出思想火花。通过大量理论建模和实验，在将圆柱声反射模型转变为变截面孔的声阻抗模型后，隔板喷嘴吸声最佳间隙的机理性问题得以解决，朱烁烁也发表了他学术生涯的第一篇文章。攻坚困难的科研课题，初时一定是痛苦和折磨的，但通过自身的努力将问题圆满解决，能够对大推力液体火箭发动机的设计工作做出一份贡献，这种喜悦和自豪，想必对于学生来说也是美妙的。作为导师，帮助学生提升科研视野，提高学术能力，培养文化自信，是我应尽的责任和义务。

相对于中小学灌输式的教育方式，我常常思考如何能更有效地指导研究生。常言道"严师出高徒"。在研究生阶段，学生们有时候也难免会因为一些事情分散精力，乃至产生懒惰情绪。我对我的学生们在总体上都是严格要求。作为导师，我有责任在他们学习知识培养本领的宝贵时光里引导他们。最基本的要求就是要他们投入足够的学习和科研时间。当然这点在不同的学生身上也有不同的情况。有的学生相对懒散一些，我会常常督促他们的课题任务，定时检查课题研究的进展节点。也有一些学生本身就比较刻苦认真，有时候能感受到他们压力比较大，我也会宽慰他们注意劳逸结合，鼓励他们参加体育锻炼，注意适当调整方法和思路，可能会更有效率地解决问题。学生的学习习惯各异，我并不教条式地要求他们统一标准，而是跟学生们强调每学期都给自己树立一个明确的目标，制定较为清晰的技术路线和预期成果。到年终总结的时候，学生能清晰地看到自己这一年做了什么，学到了什么，最终取得了怎样的成绩。我始终认为毫无目标的做法是低效率的，是做不出成绩的。航天专业的研究生，不可避免地要参与实验研究，因此对于实验室的安全规范，我的要求是非常严格的。一流的实验水平需要一流的实验室规范作为基础。作为导师，更要保护好每个学生的人身安全。

从我个人的工作经验中，我体会到一名优秀的科研工作者是必须具备优秀的表达能力的，因而对于学生表达能力的培养我是十分重视的。提升表达能力，要注重日常积累。学生的学术成果如果不能使他人理解，那么成果的价值将会大打折扣，这对于他们今后的成长是十分不利的。在每周进行的组会讨论上，我会重视博士生、硕士生工作汇报内容的展现和表达。优秀的汇报习惯将使他们受益终身。同时，在日常研究中，要注重成果的积累，及时将成果以学位论文的格式保存下来，日后常看、常反思，才能有所精进，为最终形成高质量大论文奠定基础。

最后，考虑到我的年纪基本与学生们的父母相当，某种程度上我是把学生作为自己孩子来看的。在与学生的谈心过程中，我也会适当了解他们的家庭状况，并尽量给予一定的关怀，能让他们感受到温暖。作为导师，也会关注学生未来的发展，需要充分了解学生的性格和能力特点，并结合自己的经历对他们的职业选择提供适当的建议。总之，作为导师能在学生的成长过程中起到推动作用，帮助他们成长为国家栋梁之才，实现自己的人生价值，是一件非常幸福的事。

咬定工程问题特点，另辟蹊径，发展有效解决方法

  黄 海

宇航学院教授，指导的学生安海潮学位论文《复杂结构拓扑与含离散变量优化问题研究》，被评为2018年校级优秀博士论文。

长期从事航空航天领域结构系统优化、振动控制及航天器新概念研究，任 *Structural and Multidisciplinary Optimization*，《航空学报》等著名期刊编委。"复杂结构优化理论与算法"获中国高校自然科学一等奖；主持完成了一批航天重点型号的结构优化工作；作为共同主席，2019年5月组织召开了第13届世界结构与多学科优化大会。作为负责人，完成了亚太空间合作组织大学生小卫星项目，该项目写进《2016中国的航天》白皮书；小卫星已于2021年10月14日搭载发射，多项新技术得到在轨验证。

安海潮同学从本科开始就在北航宇航学院飞行器设计与工程专业学习，成绩优秀，被推免进入研究生阶段学习，后转为博士研究生。期间作为交换学生赴加拿大麦吉尔大学学习1年。该生在学期间，各方面表现非常突出，得到北航"研究生十佳""研究生发表优秀学术论文奖"等荣誉，并前后获得硕士、博士国家奖学金。该生与我相处的时间较长，从本科起就有意向跟我学习结构优化的理论与应用技术。从指导该生的学习和研究，尤其是进入博士论文研究以来，包括目前仍保持的业务联络，感悟颇深。特别是如何结合航空航天对象特点，找到问题症结，发展理论和方法，最终有效解决工程问题方面，留下了深刻的印象，对后续指导学生论文研究

及承担航空航天工程设计任务，受益匪浅。

安海潮的博士论文，选题定在大型复杂结构拓扑优化研究方面。这项工作源于航空航天飞行器结构设计的直接需求。随着飞行器结构日趋大型化和复杂化，对此类结构开展包括从拓扑构形／布局到截面细节尺寸的一体化优化设计研究，对提高结构系统效率，减低结构重量将起到至关重要的作用。

然而从理论研究方面来看，虽然拓扑优化的研究非常活跃，其论文发表占整个结构优化的 6~7 成甚至更多，尤其是国内的情形，但进一步分析可以发现，拓扑优化几乎被"连续体拓扑优化"研究所占据。这种拓扑优化的特点是将结构对象看成是一个材料在空间可以自由分布的连续体，这样设计对象变得理想和简单，只考虑了传力，处理和计算编程均较容易，计算结果容易得到，因此相关的论文就特别多。然而这样的方法得到的结果多数是一个连续体上的开槽挖孔，这样的方法我们认为更多地只适合零件的设计优化而不适用于复杂结构系统的设计优化。

由于制造和除承力之外其他功能的要求如安装设备等，实际工程结构特别是飞行器结构，通常可看成离散结构构件组成的组合系统，或力学分析需由杆、梁、板、壳等结构元件建模，相应结构的拓扑优化设计为含离散变量的优化问题。由于离散变量的存在，算法寻优需大量迭代，而引入离散变量导致的函数不可微性质致使近似问题难于建立，使得这样的优化问题求解计算效率低（需大量次数有限元分析计算）而不适用于一般复杂工程结构的优化。

我们从上述分析得到，流行的方法由于对象过于理想化，使得结果难以直接用于工程，通常的说法是可给予工程设计"指导"和"参考"。而要考虑结构系统的复杂性、组合性特点，则现有的手段计算效率太低，主要限制是离散变量导致的不可微。事实上，连续体拓扑优化技术若用于复杂工程结构，很大程度上相当于为了便于数学处理而改变了实际模型。针对这一困难，我们另辟蹊径，引入中间连续变量，再根据中间变量与实际离散变量特征点上的对应关系，最终建立了含离散变量的近似问题，突破了过去由于离散变量的存在而导致的制约。由此提出了一种可包含杆、梁、板、壳等及其组合的复杂结构拓扑／尺寸一体化优化方法，并通过大量算例和工程实例，验证了方法的可行性与有效性。其中方法还用于"东五"卫星平台的优化设计，取得了令人满意的效果，获国防发明二等奖（此奖项由航天科技五院通信卫星事业部主申报，北航作为参研单位有获奖证书，见下图。安海潮是北航 3 个主要贡献者之一）。

国防技术发明奖奖状

　　基于安海潮的博士论文工作，我们团队又进一步进行拓展研究，有关成果引起了同行关注，为此我还争取到了作为结构优化领域的顶级会议共同主席，于 2019 年 5 月 20 日 -24 日，在北京国家会议中心组织召开了"第 13 届世界结构与多学科优化大会（13th World Congress of Structural and Multidisciplinary Optimization, Beijing, China）"，并做大会报告。此次会议有来自世界各地的 600 多学者参加，规模空前。安海潮也代表他正在做博士后研究的国外大学前来参会。除学术影响外，我所在的团队一直重视理论的工程应用。前几年还承担了亚太空间合作组织大学生小卫星项目。我们也将优化技术用于该小卫星结构设计。期间安海潮也利用业余时间协助指导我名下在读研究生。特别是软件完善和应用方面，原有软件有多个模块是由他在读时开发的。小卫星已于 2021 年 10 月 14 日搭载发射，包括盘绕式伸展臂、基于 Wifi 频点的图像传输、空管 ADS-B 等新技术在轨试验任务顺利完成，新型电推进技术验证正择机进行。我团队研究生也获得 2021 年研究生创新团队称号。

　　通过对安海潮博士论文的指导，我得到了很多启发，对于后来学生的指导有很好的借鉴。另一方面，安海潮自己也非常肯定在北航博士阶段的学习和培养，对他今后的发展起到了很好的支撑作用。他在博士学位论文答辩时，约有 6、7 篇 Sci 论文发表。毕业后虽去国外著名大学做博士后研究，但仍从事同一领域的研究，其中最有成绩的还是要数博士论文基础上的工作，目前发表 SCI 期刊论文 20 余篇，近期有望作为正高职引进人才，到北京理工大学宇航学院工作。

师导生行 博优可期

刘 宇

宇航学院教授。指导的学生杨文将学位论文《航天运载器磁悬浮助推发射技术的悬浮与气动问题研究》，被评为 2010 年校级和 2011 年北京市优秀博士学位论文和全国百篇优秀博士学位论文提名奖。指导的学生王长辉学位论文《塞式喷管气动特性实验和数值模拟研究》，被评为 2007 年校级优秀博士学位论文。指导的学生戴梧叶学位论文《塞式喷管的实验和数值模拟研究》，被评为 2004 年校级优秀博士学位论文并推荐参评全国百篇优博。指导的学生汤海滨学位论文《电弧喷射推力器数值模拟与实验研究》，被评为 2003 年校级优秀博士学位论文。

1984 年至 1986 年航天科技四院 41 所助理工程师，1992 年至 2014 年北京航空航天大学宇航推进系先后为博士后、副教授、教授、博士生导师、系主任、校学术委副秘书长，2015 年至 2020 年航天科工六院科技委副主任、总师。长期从事航天动力相关教学与研究工作，国家百千万人才，享受国务院政府特殊津贴，曾任国家级精品课主讲教师。

指导博士 20 余载，毕业 40 多人，大都在科研院所和高校行业内就业，总师或博导数位，室主任或主任设计师较多，反馈普遍肯定，略感欣慰。优多劣寡，点滴体会，仓促小结，参考交流。

选材是首先要面对的事，宁缺毋滥。并非每位学生都适合博士培养，基础、兴趣、身体、性格、能力、特长要适合所培养的方向和研究。早联系、早了解、早介入有利于培养质量的提高。本硕博连通效果最好，持续积累，层层攀高。

　　方向选题需谨慎综合考量，背景、难度、创新、工作量、项目、条件、分工、经费、意愿、长处、表现等影响因素较多，可能是边干边优化修正。

　　对于工程性较强的学科，单打独斗难成气候，团队协同才有优势。导师团队、工作团队、内外协同、师兄弟协同都可能遇到。较大的工程类项目有利于培养两领人才，可以模拟领军角色，但若忽视品格和形式等方面的要求，也会带来严重矛盾和问题，甚至影响正常毕业。

　　量化指标和实际内涵不可偏废，形式内容并重。评价标准的变化有一定惯性，比如虽不能唯论文，但不能没有发表论文或发表论文太少，否则盲审时必然存在误伤风险，更别提优秀了。

　　仅有理论和数值仿真可以完成论文，但加上实验验证环节才算完整，三者有机结合才能使创新成果更有说服力和应用价值。要让学生在自主设计、计算、购买、加工、安装、调试、实验等具体实践中不断提高自身系统综合能力，成为复合型高级人才。

　　敏感学科专业的国际交流日益困难，原创思想和独立探索的精神更加可贵。广泛的同行同学、工业部门、应用单位、交叉学科交流依然十分重要，力戒闭门造车。紧跟国家重大应用背景需求，才能凸显研究价值。了解消化国内外前沿领军人物和团队的成果甚至交流协作是提高水平的捷径。

　　早前只重视研究工作能力的培养，对思想品德方面有所忽视。过去曾高喊科学无国界，现在加上了科学家有国籍。没有正确的思想引导和正能量的注入，小则失去动力、产生矛盾、迷失方向，大则导致人生悲剧，损失无法挽回。学术研究永无止境，可以追求至高无上。待人接物要接地气、通情达理，面对工农普通群众也应适应，亲和相待。事业发展不应忽视匹夫之责。得到名、权、利时要知感恩、珍惜、回报，遇到挫折打击能乐观顽强克服。

　　对于航天推进学科，安全和保密意识必须要建立起来，形成习惯，否则在培养过程中或就业以后都有可能出致命问题。我曾经遇到这方面的问题，虽不够严重，但都曾出现过。

　　建立和谐信任、相互尊重的师生关系是顺利完成培养的基础，要严但不是强压，要关心爱护但不放任，要有传帮交接但不是张冠李戴，要因材施教、调动学生积极主动性、关心学生困难和面临的问题，又要兼顾眼前和长远。

　　总之，优博可能是获评的，也可能是没有获评的。作为导师除了言传身教，也需要换位思考，最终通过共同努力实现优秀博士的培养目标。

良驹本天成　伯乐偶得之

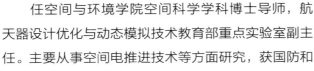

空间与环境学院 / 宇航学院教授，指导的学生章喆学位论文《脉冲等离子体推力器工作过程的等离子体特性分析》，被评为 2020 年校级优秀博士学位论文。

任空间与环境学院空间科学学科博士导师，航天器设计优化与动态模拟技术教育部重点实验室副主任。主要从事空间电推进技术等方面研究，获国防和军队奖一等奖 1 项、二等奖 1 项、三等奖 2 项，发表论文 100 余篇。

听闻优博导师还需写心得感想，开始时我有些许觉得多余。因为在我个人看来，好博士、优秀的博士是主要依靠他自己的主观能动性，而非一个导师如何"指导"出来的。但在学院刘老师、许老师的盛情邀请下，我还是准备分享一些若干年来自己培养十几名博士之后的一些感悟，与大家共同探讨。

首先，尽量多维考察，不唯分数选拔学生。培养过博士的导师大多有个共识，就是若一个学生越早进入课题组，则由于其学术经历更加连贯，会比同龄人更加适应科研，更容易出成果——所以硕士招生是一个重点。在招收硕士生时，有些导师喜欢招成绩非常好或考研分非常高的学生。诚然，考试成绩在一定程度上可以很好地反映学生的学习能力和努力程度，但在我这并非绝对的标准。在学生表达和我读研的意愿后，我会首先与其进行一些沟通，增进对学生的了解，并根据学生过往的经历及对回答开放问题所体现出的世界观和方法论，评估一个学生是否适合来我组读研究生。事实证明，确实科研工作做得好的学生并非全部都是高分的学生，而是那些本身对问题有自己理解，勤于思考并且可以将自己想法踏踏实实落地的学生，这类学生也是我重点发展培养的潜在博士对象。章喆就是典型的代表。他的文化课成绩并非课题组内最好的，但是却是经常有天马行空的科研想法，并能逐一将想法转化为学术研究和成果的那个大师兄，为组内的其他学生也做出了很好的榜样。

另外，对待学生要做到因势利导，发现不同学生的闪光点。在培养的过程中，我们会遇到各种各样的学生，有的学生体现出来的状态和第一印象较为相符，有的也不然。如何发掘不同学生的特质，找到不同学生擅长的、有兴趣、有激情的研究点也有一定的学问。在我的课题组内，在课题组各个课题、各个方向均衡发展的前提下，我尽量尊重学生个人的研究意愿。比如有些学生喜欢写代码，那么就让他去做数值仿真；有的学生享受一个型号产品从设计到交付的过程，那么就让他去做实验；另外一些学生理论功底强大，施展拳脚只需一张白纸、一支钢笔就足矣，那么就让他去做理论建模。若是有学生暂时找不到自己的兴趣点和擅长的事务，则让不同的师兄轮流带其体验一下各种研究方式的实际流程，不着急让学生快速地做选择。尽量避免学生在读研读博期间的方向转换，毕竟任一个方向出成果都需要大量的积累。在观察和交流后，在我看来，章喆是一名实验擅长型学生，所以在组会或者汇报时，我首先尊重他的科研思路和想法，在方向上给出建议，并进一步采用购置、外借等手段尽量满足其对设备和仪器的需求。章喆也不负众望，做出了不少漂亮的科研成果。

最后，培养学生，我始终遵循一个理念，就是点滴积累，做好眼前的事情。在研究生，特别是博士的求学生涯中，学生在老师指导下做的事情皆为突破人类知识边界，或是解决业内重要问题的工作，难度不言而喻。一名合格的博士生需要长期的积累和不断的知识输入，做到博观约取，厚积薄发。但是科研的道路从来不是坦途，挫折和失败也是在所难免的。若是学生遇到这样的情况，我会避免压迫性的催促，会和他共同探讨存在的问题，并在科研方向的正确性和科研手段上的可行性上给出指导。同时，我会鼓励学生保持良好的心理状态，不骄不躁，做好基础构建和点滴积累，稳扎稳打地走好当前的每一步。若做到这些，则结果必然不会差。章喆就是在整个博士生涯中不断积累，才做到后续持续且高效输出的。我在这个过程中更多地充当了一个见证学生成长的角色。

《马说》中提到"世有伯乐，而后有千里马"，陆游写道"文章本天成，妙手偶得之"，但在新的历史时期下，本身优秀且各具特色的学生已是越来越多，导师作为伯乐更多地充当的是一种发掘、引导和鼓励的作用。优博是一份鼓励但不是终点。希望更多学生在和导师的和谐关系中找到自己的长处，成为一个更好的科研人员，进而成为一个对社会有贡献的人。

交叉融合　寓教于研

宇航学院教授，指导的学生郑钰山博士学位论文《病理全切片图像检索与自动分析方法研究》，被评为 2020 年北京航空航天大学校级优秀博士学位论文。

1987 年本科、1990 年硕士毕业于北航自动控制系，1990 年留校宇航学院任教，2005 年在职获工学博士学位，曾担任宇航学院副院长。研究方向：数字图像处理与模式识别，遥感、医学图像处理及应用。

郑钰山同学是宇航学院模式识别与智能系统专业 2015 级博士研究生，于 2019 年初毕业，研究方向为医学图像识别与辅助诊断，其博士论文获评了 2020 年校优秀博士研究生学位论文，在此感谢各位同行和专家的支持和鼓励。

在指导研究生方面，姜志国实验室一直秉持"立德树人，寓教于研"的培养理念，要求和鼓励研究生做"顶天立地"的研究工作：学术研究要定位于国际前沿，应用研究要面向国家重大需求，解决实际问题。引导鼓励学生毕业后去航天国防企业和高校从事研究和教学工作，为国家培养人才。

在大学和硕士期间就发现郑钰山同学是一个做研究的好苗子。他基础好，曾免试推荐读北航大学专业，本科毕设跟导师姜志国做的就是医学病理图像分析算法和程序开发工作，在该方向培养了浓厚的研究兴趣。在硕士研究生阶段仍然从事此医工结合方向的研发，进一步培养了很强的动手和独立从事科研的能力，硕士期间就在本领域重要国际会议发表论文，开发程序获得了企业应用。该方向研究得到国家自然基金和领域内国内知名企业项目 10 余年资助。由于郑钰山出众科研能力和潜力，其主动要求攻读博士学位。

博士之初，结合其在学习研究方面的特点，制定了理论研究与工程实践相结合的博士培养方案。一方面鼓励并资助其参加国内外顶级学术会议，拓宽视野，凝练方向；同时，在学术研究上引导其提高学术品味，以取得高水平学术成果为目标。另一方面，指导其独立负责企业联合课题，与需求方深入沟通了解前沿医学工程实际需要，培养其在工程实践中发现科学问题的能力。硕士期间培养了研发能力，博士学习就要求出高水平学术成果了。郑钰山博士期间第一篇论文直接投向人工智能领域权威杂志 *Pattern Recognition*。该论文前后修改了多次，这期间大大培养提高了英文学术撰写能力，打牢了学术基础。后续研究成果接连在 IEEE TMI、IEEE JBHI 等领域内知名期刊发表，博士学习期间获得了国家奖学金。

郑钰山博士毕业后在北航高精尖医学中心从事博士后研究，该研究获得了国家自然科学基金青年项目和博士后科学基金面上项目支持。其优秀的医工结合研发能力和学术潜力，使其成为了国内医工研究领域计算病理学方向的知名年轻学者。于 2022 年 1 月留校任教，被聘为医学科学与工程学院准聘副教授，研究方向：医学图像智能处理与辅助诊断，继续在医工交叉学科领域从事科学研究和培养北航新一代医工交叉人才。

以身作则 用心用情

史 振 威

宇航学院教授，指导的学生邹征夏学位论文《高分辨率遥感图像目标检测算法研究》，被评为 2019 年校级优秀博士学位论文。

任宇航学院航天信息工程系（图像处理中心）主任，国家杰出青年科学基金获得者（2021 年）。主要从事图像处理、机器学习等方面研究，发表论文 200 余篇。

我于 2007 年加盟北航宇航学院，2011 年遴选为博导后开始指导博士生，在此十分感谢北航对我的培养和关爱。我总结自己指导博士生的主要心得体会，是以身作则，用心用情。

在以身作则方面，我对自己的要求是，指导研究生的同时，自己一定要非常清楚前沿的重要进展和动向，重要成果必须掌握，不停地打牢自己的基础。因为我所做的研究涉及数学、计算机、航天遥感、图像处理、人工智能等多学科交叉，是很活跃的研究领域，随时有新进展，所以我在教学之余，经常利用假期或一些空闲时间进行这些方面基础知识的掌握，阅读相关书籍和经典文献。同时紧跟时代脉络，阅读并学习当前重要文献和收看一些重要讲座。这个习惯一直贯穿着我的教学科研生涯，一直在持续学习。我经常和自己的研究生分享自己的学习经历，以身作则，激励他们夯实基础，勇攀高峰。另外一个非常有效的方式是在做研究的同时和学生互动。自己和学生一起投入到研究课题当中，一起讨论进展，一起讨论困难，怎么克服。这个方式很有效地促进了学生的成长。

随着研究的深入和对于科研的体会逐渐加深，我逐渐发现从实际重要工程问题当中提炼相关科学问题很重要，于是引导博士生适当参与一些航天方面的重要实际任务，从尚未解决的重要实际问题出发来构建自己的学术创新体系。这样博士生对于本领域的前沿研究领会就比较深，做出来的论文就比较实。

在用心用情方面，和学生打成一片，随时了解他们的进展，及时提出一些反馈和建议有利于他们的成长。经常性地了解博士生的生活和压力，及时给予心理和情绪疏导，并在能力范围内给予合适的科研补助，做到奖赏分明。对于学生的未来意向及博士论文的走向及时关心和指导。

谈谈指导邹征夏博士获得校优博的经历和体会。一方面主要感谢专家评委们的大力支持；另一方面，主要是小邹本身很优秀。我当时是从本科三年级就开始带小邹，他在本科就已经拿到了一次冯如杯一等奖和一次冯如杯二等奖，属于非常上进、热爱科研、喜欢探索新事物的学生。拿到冯如杯后，后期就在我的实验室积极参与科研活动。当时我承担了国家基金委的有关无人车交通标志和交通灯智能识别的科研工作，小邹作为本科生项目骨干积极参加。当时我提出一些大概的研究框架，他能够很快地理解并且进行深入研究，提出一些新看法，并能够很快实现。当我列出一系列研究生必读书目的时候，可能有些研究生并不一定能按照我的要求都去通读，但小邹能够很认真地进行阅读、学习并撰写心得体会。后来小邹直博到我的实验室，在我实验室的组会上，总能够提出自己的见解。在读博期间，小邹除了学术研究，还参与了很多实验室的航天国防实际工程项目，起到了核心骨干作用。如前所述，他的很多论文实际上是从实际工程中抽取科学问题形成的，所以论文比较实。在发表论文方面，邹征夏博士也不急功近利，不追求论文数量。他发表的论文是比较有质量，有一定深度的文章。后来他所撰写的一篇论文得到了业内奠基人的高度认可，一篇综述得到了斯坦福大学课程的引用。

总的来说，在指导博士生方面，我的体会，一个是老师的付出和正确的指导，另一个是学生自己的上进和努力，两者缺一不可。所以，我相信老师和学生之间是一种缘分，有的时候不能强求。老师的方方面面、为人处世、学术科研的品位都在潜移默化学生；学生的积极主动、朝气蓬勃、对成功的渴望也在影响着老师。老师促成了学生的优秀，学生的优秀反过来督促了老师。也有一句玩笑说，"老师的学术水平某种程度是由他最优秀的学生来决定的"，我经常作为鞭策。在指导学生方面，要尽力持续提高自己的学术水平，不能耽误自己指导的学生，也不能辜负自己作为老师的身份。

最后，在这里我要感谢多年来对我进行提携和帮助的领导和老师们，是他们时时关心我的发展，指导我的工作，向他们表示感谢和敬意。

以国家需求为牵引　双螺旋驱动实现研究生"专红并举"培养

航空发动机研究院教授，指导的学生由儒全学位论文《温度梯度作用下旋转光滑方通道内主流与二次流实验研究》被评为 2019 年校级优秀博士学位论文。

担任航空发动机气动热力国防科技重点实验室副主任，航空发动机研究院副院长，获得北京市杰出青年基金、国家自然基金优秀青年基金。

博士生是未来科研工作的重要后备力量，是国家、学校在国家重大战略领域创新发展、不断进步的主要科研骨干。本人通过多年的教学和工作，逐步摸索出了一条"以国家重大战略需求为牵引，以科研项目支撑人才培养，实现人才培养与科学研究双螺旋驱动"的研究生培养路线。

1. 注重航空报国、航空强国教育，强化爱国情怀

本人在学生培养过程中，十分强调将国家需求融入学生培养中，培养学生爱国主义情怀和航空报国精神。一方面，定期与学生谈心，通过老一辈航发人的励志故事，培养学生红色工程师的基因。帮助学生树立正确的世界观、人生观、价值观和荣辱观，培养学生的航空报国情怀和航空强国热情。另一方面，通过与航空航天单位的长期合作，为学生创造了多个专业实习机会，让学生近距离感受到将来工作的意义，并借助该过程树立学生的航空强国梦想，鼓励学生投身到国家需要的事业中来。

2. 跟踪研究进展，瞄准未来方向，激发科研热情

本人结合自身科研工作经历，分享国家重大工程型号研发心得，介绍最新进展，提升学生从事相关工作的热情，激发研究生的责任心与自豪感，激励研究生投身祖国航空发动机攻坚事业。同时持久鼓励学生参与到实际工作中，在工作中依然保持创新的热情；创造机会，将自己的梦想转化为现实；组织学生参与学校组织的创新创意大赛、行业举办的创新大赛等，通过实际锻炼，提高学生的创新意识，提升工程实践能力，从而激发学生的创新热情。

3. 推动技术进步，投身重大项目，提升科学技能

本人以实现航空发动机全面自主化为目标，通过重大项目提升科学技能，鼓励学生不怕失败，以真实项目锻炼自己，打磨科研锋芒。带领研究生组建了以超强冷却和新概念动力为研究目标的创新团队，服务于航空发动机气动热力国家重点实验室的"高效冷却技术"和"新概念动力"研究方向。通过与企业合作承担科研工作、深度参与企业工程类研究，为学生创造直接参与工程工作的机会，使其在学校阶段就接受到工程实训的机会，锻炼其工程能力。在参与工程实训过程中，培养学生依托专业知识，综合考虑工程实际，平衡理论与实际之间的差别，以工程可实现性为重要的考核指标，来制定研究方案，完成工作。受到这种方式锻炼的学生，能够在第一时间适应工作，减少入职再培训的时间。

4. 鼓励技术革新，突破瓶颈问题，培养创新思维

着眼于航空发动机发展的关键瓶颈问题，通过科研项目提供的平台，鼓励学生采用奇思妙想的变革性技术助力项目发展。依托连续性的项目支持，建立了先进的航空发动机实践创新平台，构造了一支结构合理的本科生－研究生科研创新团队。引导学生在项目研发过程中主动思考、自主创新，针对实际工程问题探索科学内涵，并将科学理论反馈到工程实际问题的解决当中。在这个过程中，提高了学生发现问题、解决问题的能力，开拓了学生在科研过程中的创新想法和科学视野，同时形成了许多具有原创、新的科研成果。

通过上述几个方面的努力，近年来指导的博士研究生绝大部分进入航空航天等

关键技术领域继续从事科研工作并快速成长为行业骨干。其中由儒全博士通过依托两机专项等国家重大项目，瞄准航空发动机热端部件冷却问题，突破旋转状态下热线和 PIV 实时精确定位及旋转修正技术，解决了航空发动机旋转数据测不到的问题，解释了旋转状态下的非对称流动换热机理，形成了旋转状态下独具特色的冷却结构，最终获得了北京航空航天大学优秀博士学位论文。

未来，本人也将继续发展和完善研究生培养思路，为国家航空航天行业培养有理想、有道德、有技术、有能力的"红色工程师"和领军领导人才。

以航天综合项目驱动的优秀人才培养

人工智能研究院／宇航学院副教授，与戚发韧院士联合指导的学生刘德元学位论文《无人飞行器编队鲁棒控制问题研究》，被评为 2020 年校级优秀博士学位论文。

研究方向为高动态无人飞行器鲁棒最优大机动飞行控制，成果应用于固液火箭动力飞行器和旋翼式无人机中，大空域宽速域飞行试验取得了圆满成功，并任型号副总师。发表 SCI 论文 70 余篇，多篇长期保持为 ESI 高被引。获北京市自然科学二等奖（排名第 1），入选北京市科技新星计划。联合指导学生获"互联网＋"全国总决赛"金奖"。

我作为"北航四号"火箭动力临近空间飞行器指导教师团队中一员，指导以学生为研制主力的团队，以综合项目驱动培养人才。在指导过程中结合航天需求，参与设计了从本科到博士生的全周期的优秀学生综合培养模式。重视传承和发扬"北京二号"综合项目为载体的人才培养模式，延续和拓展"北航一号""北航二号"和"北航三号"优秀学生培养模式，其中北航一号是中国第一枚由大学本科生设计制作并成功发射的探空火箭。在研究生培养的过程中，积极鼓励学生参与航天项目，进一步提高航天人才培养质量，构建高水平培养体系，为实现航天强国、科技强国的目标培养优秀航天人才，在工程实践中培养集成创新能力、工程实践能力、专业综合能力和团队协作能力。以培养航天领军领导人才为目标，切实践行航天报国的精神内涵。

2015 年刘德元通过宇航学院研究生考试后就加入了北航空天飞行器技术研究所，并于次年转博。刘德元刚结束传统的课堂学习模式，一听说空天所有造火箭的航天任务，就很想参加、很向往。"北航四号"大型航天综合项目是践行教学科研相结合、进一步深化和加强以综合项目为载体的人才培养模式的新尝试。经过五年的努力，一直到 2020 年刘德元在戈壁走了 200 多公里搜到"北航 4 号"顺利降落后留下的残骸时，像个孩子般飞奔了过去。"北航 4 号"由固体动力助推器和固液动力巡航主级组成。其中，固体助推火箭发动机推力约 150 千牛，工作时间 8.2 秒；固液巡航火箭发动机最大推力约 3 千牛，推力调节能力 3∶1，工作时间大于 200 秒。飞控采用 GPS/北斗双模卫星导航＋光纤惯组的组合导航模式，实现了有控巡航飞行，且此次飞行完成了有动力临近空间飞行的演示验证，平飞高度 24 千米，平飞速度 3 马赫，飞行距离近 200 千米。

其实刘德元刚加入空天所时，"北航 4 号"项目已基本上进入了试验验证阶段。他一直担任电气分系统学生负责人，相关试验有时在北京，有时也需要他在西北某地待上一两个月，春夏时皮肤总被晒得黢黑，到了冬天又冷得不行。但最令人煎熬的不是环境条件，而是各种突发的、不知原因的故障或问题。平时也许理论上是行得通的，但在实践中并不能。2015 年秋天，刘德元在发动机试车台进行发动机热试，做加负载测试时，突然发现测不到电流信号，导致试验不能继续。本以为是电气线缆出了问题，准备先把这套线缆拿回学校实验室检查。直到夜里 12 点多，我和他测试完了所有线缆，仍没找到具体原因，便决定先回去休息。但在回家路上，刘德元想着"如果问题不解决，明天的热试车肯定还做不了，既然是自己负责的部分出了问题，那就要找出原因，绝不能拖了团队的后腿"，于是他又溜回了实验室。打开电脑里所有有关电气资料，他对照着测试数据一点点排查，到凌晨 4 点多找到了原因。之前的焦虑、压力仿佛一扫而光，刘德元趴在实验室桌上睡了不到两小时，之后又和大家回到发动机试车台完成了试验。在这过程中，刘德元经历了从不知所措，到身心疲惫，再到解决问题后的喜悦心情。

基于航天综合项目的驱动，刘德元在学术理论研究上也取得了很好成果：提出了一种无人飞行器鲁棒时变编队控制方法，并基于小增益定理给出了稳定性证明，解决了无人飞行器编队同时受到多种不确定性影响的鲁棒时变编队问题；提出了一种通讯时延影响下的无人飞行器鲁棒编队控制方法，并且基于 Lyapunov 稳定性理论分析了闭环控制系统的稳定性，解决了编队通信存在时延情况下的鲁棒编队问题；提出了一种完全分布式无人飞行器鲁棒编队控制方法，基于 Lyapunov 理论证明了全局系统在多种不确定性影响下的鲁棒稳定性，有效解决了完全分布式条件下的鲁棒编队控制问题；提出了一种鲁棒容错编队控制策略，有效解决了多个执行器故障情况下的鲁棒编队控制问题，实现了无人飞行器在多个执行器故障和不确定性影响下的编队飞行。基于相关成果，刘德元在攻读博士学位期间在 IEEE Trans. Ind. Inform，IEEE Trans. Syst. Man Cybern. Syst.，IEEE Trans. Aerosp. Electron. Syst. 等发表高水平 SCI 期刊论文 8 篇。同时，刘德元也去美国密尔沃基参加了美国控制会议等高水平学术论坛，并发表了国际会议 5 篇。刘德元获得了 2019 年博士生国家奖学金、2019 年校级三好学生、2020 年博士生卓越学术基金、2020 年 ICGNC 优秀张贴论文提名奖，2021 年北京市优秀毕业生、2022 年北航优秀博士学位论文奖等个人荣誉。同时，基于航天综合项目，在第七届中国国际"互联网＋"大学生创新创业大赛中获得国赛金奖、北京赛区一等奖、第十届高校科技创新成果展示推介会一等奖暨创新金奖、第二届"中国空天动力创新创业大赛"决赛第一名等集体荣誉。

针对北航的特点，我将思政教育融入正常的科研与教学中。为学生立志，指引学生通过一步步完成小目标，完成个人价值的积累，一步步完成国家航天的梦想。鼓励学生参与航天项目，在工程实践中培养学生的集成创新能力、工程实践能力、专业综合能力和团队协作精神，并进一步弘扬和感悟航天传统精神、"两弹一星"精神和载人航天精神。联合带领学生前往祭拜东风革命烈士陵园内的聂荣臻墓和其他曾长期战斗在国防科研第一线的革命烈士。祭拜活动，使学生更深刻地体验到聂荣臻元帅所倡导的"自力更生、艰苦奋斗、大力协同、无私奉献"的航天传统精神，和"特别能吃苦、特别能战斗、特别能攻关、特别能奉献"的载人航天精神。通过思政教育更进一步从精神上磨炼了刘德元等优秀学生。

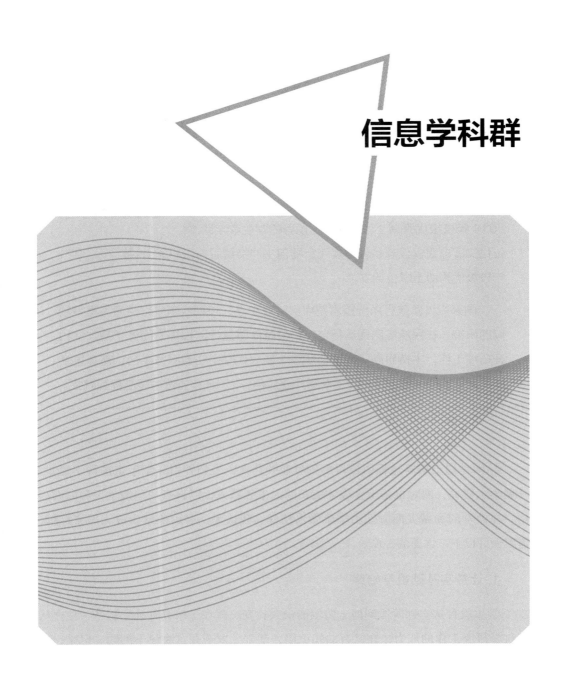

信息学科群

守正创新　做学生的引路人

电子信息工程学院教授，指导的学生薛瑞学位论文《多频卫星导航系统完好性研究》，被评为 2011 年校级优秀博士学位论文；指导的学生罗晓燕学位论文《多源图像融合方法研究及其应用》，被评为 2013 年校级优秀博士学位论文；指导的学生蔡开泉学位论文《大规模复杂航路网络运行优化及应用研究》，被评为 2014 年校级优秀博士学位论文；指导的学生李宇萌学位论文《非完备信息条件下多飞行器自主冲突解脱方法研究》，被评为 2021 年校级优秀博士学位论文。

国家空管新航行系统技术重点实验室主任，长期从事航空交通工程等领域的研究，在民航航路网运行监控、星基航路运行监视等方面做了基础性和开拓性工作，主持研制了我国民航首个新一代空中交通服务平台、首套星基航路运行监视装备，研究成果获得广泛应用。2013 年当选中国工程院院士。

导师是博士培养过程中最重要的学业领路人，带领并引导学生走进科学殿堂，开展学术研究，同时也是学生成才成长的人生领路人，以自身的渊博学识和高尚品格，在做学问和做人两方面为学生做出榜样。我认为，要培养学生成为国家栋梁，需要做好以下三方面的工作。

1. 让夯实基础贯穿始终

学生教育从本硕阶段到博士阶段的最大转变，就在于培养其独立思考、独立从事科学研究工作的能力，在已有的知识储备基础上发现并解决科学问题。但是，一个学科经过几十年甚至上百年的发展，必然会产生一系列的理论和方法，学生在卷帙浩繁的书籍、文献中非常容易迷失自我，即使是博士生在掌握了一定的专业基础知识后，往往也很难建立一套完整的知识体系。如果没有对所在学科形成系统深入的理解，博士生在学术研究的过程中就经常会出现"建造空中楼阁"的迷茫感，或者由于知识面过窄，无法支撑学生在博士阶段乃至此后的科学研究工作当中做出有价值的创新成果。因此，打好"地基"是博士培养过程最关键、最重要的一环。

对于理工科学生，扎实的数理基础和完备的专业知识体系就是他们将来研究工作的基石，而这需要学生长期的积累，将书籍和文献中的知识甄别、吸收，最终内化为自己的理解。导师在这个过程中就扮演了一个"工匠"的角色，帮助学生夯实基础，构建起知识体系的大厦。一方面，在学生遇到困惑时，导师的知识面和经验能够帮助学生更快地抓住问题的本质，梳理脉络，扫清知识盲区；另一方面，导师对于学科的产生和发展过程有着更全面的理解，这些内容对学生构建知识体系尤为重要，而往往在书本中无法获取这些信息，这就需要导师在指导学生过程中潜移默化地传达这些知识，用更多的耐心和时间和学生讨论交流。夯实基础并非一日之功，不是仅仅在学生接触科研工作的起步阶段，更需要贯穿学生的整个培养过程。

2. 让探索创新成为基调

青年学生是最富活力、最具创造性的群体，在指导学生进行科学研究工作的过程中，导师应该充分挖掘学生创新的潜力，培养并保护学生的创新意识。在研究工作的起步阶段，由于学生经验不足，往往需要导师选择一个适合的研究方向，提供相应的研究课题和研究思路，帮助学生少走弯路，培养学生对研究的兴趣和热情。这个阶段更像是"拉"着学生向前走。随着学生知识储备的增长和研究能力的提升，导师就需要逐渐转换角色，"引"着学生向前走，减少对学生研究工作的束缚，把握住大方向不犯错误，给学生保留更多的自由探索的空间。在这个过程中才能逐步锻炼学生创新创造的能力，成为真正具备独立思考和科学研究的能力的人。

创新的过程就是不断试错的过程，只有排除掉错误的路线才能找到通往真理的路，导师的作用是帮助学生及时发现错误并改正，而不是确保学生不犯错误。因此，要培养学生敢于尝试的品质，往往真正有价值的科学创新，都是从一个个看似不合理甚至疯狂的想法中诞生、凝练、改进，最后发展起来的，即使学生在科研的道路中犯了错，也要予以充分的尊重和鼓励。当学生的想法与导师不一致时，不要一味否定或排斥，而是通过充分的讨论沟通找到问题最终的答案，保护学生独立思考的能力和创新的潜力。

3. 让理想关怀驱动成长

导师的言传身教足以影响学生今后几年甚至几十年的成长，导师的思想高度决定了学生的成长高度。身为博士生导师，不仅仅是传道受业解惑的责任，更应该时刻保持强大的使命感和信念感，把对教育和科研的热爱精神传递给学生，鼓励学生树立远大理想，培养学生成长为国之栋梁。青年学生阅历不广，容易从自身角度理想化地认识和理解事物，视野难免存在局限性，导师要帮助学生打开格局，提升高度，把个人的成长与国家民族的发展相结合，把科研工作与国家重大需求相结合。做到以身作则、率先垂范、身体力行，用自己正面的言行影响学生，成为学生心中的榜样，才能在学生心中埋下至诚报国的种子。

如果说导师帮助学生树立远大理想是一位父亲对孩子的鞭策，那么注重对学生的人文关怀就像母亲对子女的爱护，二者都是学生成长的助力。导师保持和学生有效的沟通和交流，及时了解学生的心理、思想和行为动态，在学生松懈时予以鞭策，在学生焦虑时及时纾解，在学生遇到学习、科研或者生活上的困难时施以援手，提出有效和贴近实际的意见和建议，让学生在和谐友好的环境中全身心地投入到学习和科研当中。

身先垂范　当好学生并肩作战的队友

 肖振宇

电子信息工程学院教授，指导的学生朱立鹏学位论文《毫米波通信波束赋形技术研究》，被评为 2022 年校级优秀博士学位论文。

航空信息工程系副主任 / 党支部书记，教育部青年长江学者，爱思唯尔中国高被引学者，研究方向为空天通信网络，获中国电子学会自然科学一等奖（排名第 1）、国家技术发明二等奖（排名第 3）、中国出版政府奖图书奖（《空间多维协同传输理论与关键技术》，排名第 3）、全国高等学校电子信息类专业青年教师授课全国决赛一等奖等教学科研奖励。

诗人奥利弗·温德尔·霍姆斯曾言，"世界上最重要的事情不是我们所处的位置，而是我们前进的方向。"导师之于学生，最重要的价值就在于引导并帮助学生选择合适的前进方向。只有朝着正确的方向前进，才能够事半功倍，有所增益，否则只能与目标渐行渐远，为人为学皆是如此。因此，导师在学生成长过程中扮演着最重要的角色，下面谈一谈我在指导学生过程中的一些心得体会。

导师和学生的关系像并肩作战的战友，导师是决定方向的排头兵。研究生虽然已经掌握了一定的专业基础知识，但是在前沿的科学研究方面仍然缺少经验，很容易走错方向，陷入不知所措的困境。我们作为导师，需要利用自己的知识体系和研究经验，帮助学生理清思路，找到正确的研究方向。换句话说，导师的研究经验决定了学生的研究方向，导师的学术水平决定了学生的成长高度。因此，作为导师，要始终保持虚心学习的状态，保持较高的科研水准，让学生能够站在"更高的肩膀"上学习和研究。对于朱立鹏的研究课题，我始终站在学术最前沿，并大胆选择了当时一个非常热门但却几乎还没有人关注到的研究分支。我们很快在此方向上找到了一系列值得深入研究的问题，并发表了多篇优质论文，这些论文后来都得到了很好的关注，获得了较高的学术影响。

正确的方向引导是培养学生的前提，而身先垂范的引领则是培养学生的关键。科学研究是探索未知的过程，对于一个科学问题，往往需要导师和学生共同努力，反复思考讨论，才能逐步形成对问题更准确的认知。我在指导朱立鹏的过程中，既没有放任他自理一切，也没有事无巨细地把所有问题都自己解决好再教给他。我认为前者会让学生陷入迷茫，后者会让学生丧失科研的主动性。我更多的是在大方向上帮助他分析问题、纠正错误，他再去进一步细化问题、发现新的问题。这样，我和他之间形成了正向的反馈，在逐步迭代的过程中"螺旋上升"，最终解决问题，取得了一系列优质成果。我认为这样的指导对学生的影响可以分为两个层次，一方面是逐步推进去解决具体的科学问题，体现在完成一篇论文或一个项目，但另一方面更重要的是在交流的过程中对学生科研能力的影响。导师的科研习惯和方法会潜移默化地影响学生的科研行为。学生在整个发现问题、分析问题、解决问题的过程中，首先会模仿导师的行为。学生看到导师怎样做，就会尝试怎样做，最终形成自己研究的方法论，甚至将来再传授给其他低年级的学生。

总之，作为导师，我们更需要在指导学生过程中把握方向，注重细节，尺寸有度，执教有方，身先垂范，才能更有助于培养学生良好的科研习惯，取得优质学术成果。

明确培养目标　注重因材施教

电子信息工程学院教授，指导的学生刘婷婷学位论文《多载波系统的联合收发算法设计研究》被评为2012年北京市优秀博士学位论文和2012年校级优秀博士学位论文，获2013年全国优秀博士学位论文提名；指导的学生赵国栋学位论文《认知无线电频谱感知和频谱共享技术研究》被评为2012年校级优秀博士学位论文；指导的学生徐志昆学位论文《OFDMA系统中频谱和能量高效的资源分配方法研究》被评为2014年校级优秀博士学位论文；指导的学生佘昌洋学位论文《无线通信中的能效－延时关系与跨层传输策略设计》被评为2018年校级优秀博士学位论文和2018年中国电子学会优秀博士学位论文；实际指导的陈彬强（挂名导师熊子祥）学位论文《基于缓存终端直传网络负载分流研究》被评为2019年校级优秀博士学位论文；指导的学生刘栋学位论文《无线网络中的边缘缓存研究》被评为2020年校级优秀博士学位论文。

自2001年开始指导博士生，至今已实际指导博士生34名（其中4名挂名导师为毛士艺教授、2名挂名导师为李少洪教授、1名挂名导师为熊子祥教授），26名已经毕业（其中7名被评为校级优秀博士学位论文），目前还有8名博士生在读。

指导博士生二十年来，有幸遇见了不少也培养了不少优秀的学生。除了学生本身不功利、不浮躁、数理基础好、学习能力强，指导博士生的经验主要包括以下几个方面。

1. 营造学术氛围、建立科研导向

良好的软环境对博士生成长具有重要的作用。通过制定实验室的评价体系和激励机制、每学期发放助研金前学生进行总结和计划、定期与学生交流研究经验和教训、每周与一个或几个研究方向相近的学生讨论学术问题、定期召开实验室研讨会等方式，建立了良好的科研风气和理念，创建和维护了实验室的学术环境，营造了轻松和谐、乐观向上的氛围。

2. 明确培养目标、给予学术自由

学生进入实验室不久，就以各种方式告知他们学校和实验室对博士生的培养目标及未来职场对研究生综合素质方面的要求，告诉学生实验室对博士生毕业的要求及其与学生未来职业生涯的关系，从而使学生尽早明确目标、了解需要锻炼哪方面能力，激发学生的主动性和研究热情。同时，告诉学生目标管理的重要性，告知学生本实验室的长期目标和在研项目的目标，引导学生思考个人的长期（在校期间）、中期（每学期）和短期（每周）目标，从而使团队与个人共赢。

学生对学术研究感兴趣、有成就感，才能取得重要的研究成果；过分的压力反而会影响创造性。考虑到研究本身的不确定性，需要给学生在时间方面的自由。同时，也告知学生时间管理的重要性及提高时间管理能力的具体方法。通过对学生成长过程中遇到的具体问题进行示范、鼓励和及时纠正，引导学生学会有效的目标和时间管理，尽力帮助学生达成目标。通过周报和审批助研金等方式关注学生完成计划的状况，选择合适的时机与学生个别谈话，引导学生自己发现所存在的问题并思考解决办法。

3. 注重因材施教、全力引导帮助

一方面对学生提出高标准，通过严格的科研训练培养学生的科研素质；另一方面通过身体力行、分享经验、与学生共同开展研究，在选题、解决问题、成果提炼、论文写作与发表和学术交流等各个环节及时提供指导和帮助。

尊重学生、了解每个学生的长处和短板，帮助学生完成短期难以完成的任务。

例如，低年级博士生普遍存在只关注细节、思维不严谨、逻辑性不强、思路说不清、写作不规范等问题，需要在正确性、规范性、严谨性和逻辑性等方面予以帮助；大部分高年级博士生在选择重要的研究问题、提炼学术思想方面依然不成熟，需要在学术视野和学术鉴赏力方面进行引导。又如，对于有雄心、心理素质好、数理基础扎实的博士生，鼓励学生探索具有开拓性的新方向或解决重要的难题；对于科研新手或学术研究能力不足的学生，则选择跟随性地研究问题，帮助学生掌握基本的科研能力和技巧。即使发现学生不适合科研工作，也坚持不抛弃、不放弃的原则。

4. 关注学生心态、建立维护信心

几乎所有的学生一开始都不了解自己是否具有科研能力。在学生的科研起步阶段，通过选择合适的题目、以案例的方式引导和示范学生学习如何思考，在完成第一篇学术论文的过程中帮助学生建立信心、找到乐趣。为了使新手快速入门，指定科研能力强的高年级博士生在自己熟悉的方向协助指导低年级研究生，例如让新生复现学长已发表的论文，从而使新生可以得到更及时更具体的指导，也使高年级博士生学会换位思考、学习带领团队、拓宽视野、更加自信。

良好的心态对开展学术研究至关重要。在每个博士生的培养过程中，需要密切关注学生的心理状态，特别是当学生的研究进展不顺利或者论文被拒的时候，更需要与学生及时沟通、进行疏导。

通过师生或学生间的讨论与合作以及与国内外学术界和工业界进行交流，不仅可以引发学生的研究兴趣，还能使学生客观判断自己所做出的学术贡献的重要性，既不妄自菲薄、也不盲目自信。

依托团队 "五结合" 育人

张其善

电子信息工程学院教授。我国著名遥测遥控专家，为国防建设做出了创造性贡献。获国家发明二等奖 1 项，国家科技进步二等奖 2 项，部级一、二等奖各 2 项。撰写专著 7 本，论文 160 余篇。长期工作在科研教学第一线，是北航信息与通信工程一级学科的学术带头人，1984 年荣获国家级有突出贡献科技专家等称号。1990 年被授予全国高等学校先进科技工作者称号；

1991 年被评为 "有突出贡献的回国留学人员；1991 年获国务院批准的政府特殊津贴；1993 年航空航天工业部评为优秀研究生导师；2000 年评为校博士生培养 "桃李特别奖"。

已培养博士 63 名，硕士 60 名，其中有获中国青年科技奖 1 人、国家科技进步奖获得者 5 名、全国先进科技工作者 1 人、全国名师 1 人、全国巾帼建功标兵 1 人。

我是电子信息工程学院通信与信息系统的第一名博士生导师，该博士点的名称最早为通信与电子系统。自 1986 年到 2016 年为止，30 年间共培养了 80 多名博士生。其中有一些是我亲自指导的，也有一些是和团队中我的同事共同指导的。换句话说，整个博士生的培养过程均离不开课题组所有老师的共同努力。

得益于高等教育改革和科技体制改革，在博士生的选题中导师有较大的自主权。这一点确立了学术自由和创新创造的大环境，而学术自由是引导博士生取得一流创新成果的基础和前提。

总结梳理过去 30 余年的博士生指导生涯，除了学术自由外，还有如下几点同样尤为重要，我和我的团队称之为"五结合"。

1. 宏观和微观结合

其意思是说博士生一定要有宏观的视野，看待事物要有大局观，即俗话所说的"站得高、看得远"；同时，在某一特定领域还要有敏锐的洞察力，在细节上下功夫，不能流于表面和形式。正所谓"系统深入"四个字，说的就是这个意思。

2. 理科和工科结合

即是说工科博士点的培养方案中一定要有理科的影子，使理工充分结合。两者的侧重则根据所开展的具体研究课题确定。在我所带领的课题组长期实践中就逐步形成了数学专业的导师和电子通信专业的导师共同指导博士生的学科交叉培养模式。

3. 研究和应用结合

这一结合的意思是说从事科学研究从来都不能脱离应用需求，国民经济和国防经济主战场乃至国家重大战略需求都是博士生选题所要考虑的。研究与应用相结合不仅仅是培养博士生所需要的，更是博士生走向社会服务国家所需要的。最浅显的道理"学以致用"也是这个意思。

4. 软件和硬件结合

通常情况下我们博士点的博士生在整个攻读期间会承担具体的工程项目，其中的软件编程和硬件设计调试均要自行独立完成。从学习、实践直到能够带领硕士生共同攻关，这一全过程的锻炼对于今后的工作非常有帮助。我的博士生在北斗导航领域很多知名企业担任中高层主管足以证明这一点。

5. 做人和做学问结合

我给博士生上的第一堂课便是这一话题。对于做人，我以保尔·柯察金的话激励同学："人的生命只有一次。一个人的生命应当这样度过：当他回首往事的时候，不会因虚度年华而悔恨，也不会因碌碌无为而羞愧！"作为中华民族的一员，应以致力于民族伟大复兴的格局规划自己的一生，将个人的命运跟祖国的命运紧紧联系在一起。

对于做学问，我用马克思的论述鞭策大家："在科学的道路上没有平坦的大道可走，只有在那崎岖的小路上努力攀登的人，才有可能到达光辉的顶点。"这两句话至今仍在我们课题组的实验室墙壁上悬挂，已经激励了一年又一年的新同学。

以上就是我们团队近几十年来培养博士生的一些具体做法，也是一点体会，供大家参考。

产教融合、国际联合培养集成电路优秀人才

 张 有 光

电子信息工程学院教授，指导的学生康旺学位论文《自旋转移矩磁性随机存储器设计及其可靠性研究》，被评为 2016 年校级优秀博士学位论文。

2003 年遴选为博士生导师，2007 至 2020 年担任本科教学副院长。主要研究方向为自旋电子与类脑计算。主持完成国家自然基金面上项目 2 项，科技部国际科技合作专项 1 项，国家 863、973 以及国防科技基金多项。曾获国家教学成果二等奖 2 项（2009 年，排名 3；2018 年，排名 2），国家级精品视频公开课《电子信息工程导论》（2016 年），北京市教学名师（2014 年），出版专著《桥函数理论与应用》、教材《电子信息类专业导论》（第 1 版、第 2 版）、《大学怎么读》。

我在 1987 年北京大学数学系硕士研究生毕业后，考取了北京航空航天大学电子工程系（现为电子信息工程学院）通信工程博士研究生，由此从纯数学转入通信理论研究。经过 3 年努力，在导师张其善教授的指导下完成博士学位论文"桥函数理论及其应用研究"。以博士学位论文为基础，编著《桥函数理论及其应用》，获第一届国防科技图书出版基金资助，于 1992 年出版，1995 年获全国优秀科技图书二等奖。

1990 年 7 月博士研究生毕业后，开始从事无线通信应用技术开发工作。2003 年遴选为微电子学与固体电子学博士生导师后，又从工程应用逐渐转向基础研究，研究方向主要是移动通信，同时考虑到学科责任，开始研究集成电路。

2006 年安排两位博士研究生，申请国家留学基金委联合资助，分别去英国南安

普顿大学从事移动通信、法国斯特拉斯堡大学从事航天微电子研究，开启了国际联合培养博士生之路。随后几年每年都有博士研究生获得国家留学基金委资助，取得了良好的研究成果。

2010年与校友企业开始合作探索闪存控制器的相关技术研究。博士生康旺，2009年级直博生，作为首批学生参与了闪存控制器中差错控制编码技术研究。如果把数据写入存储介质类比于数据发送，从存储介质中读出数据类比于接收数据，那么通信领域的信道纠错技术就可以应用于存储纠错。按照这个思路，我们熟悉的信道纠错技术就成为闪存控制器研究开发的基础。为了深入了解存储介质的误码特性和闪存控制器的工业界需求，康旺及几位硕士研究生一起到企业实习，参与企业的技术研发和企业内部的学术交流。经过一段时间的磨合，对工业界的真实需求及对技术创新的重要性有了新的认识，为后续的研究工作奠定了良好基础。

2011年春季开始，与法国南巴黎大学（现为萨克雷大学）的赵巍胜研究员建立合作关系，开始联合研究自旋转移矩磁性随机存储器（STT-MRAM）。这是新型非易失性存储技术领域的热门研究方向之一，而且其高可靠、抗辐射等特点非常适合航空航天领域。我们经过研究一致认为，在闪存控制器领域已经积累的技术基础可以非常好地应用于 STT-MRAM，可以与法国南巴黎大学形成优势互补。2012年秋季，康旺获国家留学基金委资助，去法国南巴黎大学为期14个月的联合培养。

2012年9月，康旺顺利抵达法国南巴黎大学，在赵巍胜研究员、Dafiné Ravelosona 教授的共同指导下，开始学习 STT-MRAM 的物理及器件方面的知识。当时该领域大多数工作集中在材料级和器件级，包括材料选取与优化，器件物理结构与特性，物理实验设计，数值模拟仿真等。由于康旺在国内的前期工作是可靠性设计，可以与电路级与系统级有机结合，通过器件级测试获取影响可靠性的参数，然后结合电路级与系统级的方法来提高其可靠性，这是一种非常好的交叉学科研究角度。通过测试与仿真分析，系统地获取影响 STT-MRAM 的错误来源，并根据错误类型划分为硬错误和软错误；针对各个错误类型，采取差错控制编码与电路设计的方法提高器件可靠性。在法国南巴黎大学，通过交叉研究，不到5个月时间就完成了第1篇学术论文。

2013年10月，赵巍胜作为教授从法国南巴黎大学引进北航，在学校领导的支持下成立自旋电子交叉科学研究中心。与此同时，康旺从法国南巴黎大学联合培养回来后，赵巍胜教授、Dafiné Ravelosona 教授与我可以更好地共同指导他的研究工作。

到 2014 年 10 月，康旺已经完成了博士研究预期任务。针对自旋转移矩磁性随机存储器（STT-MRAM）面临的可靠性与可制造性问题，博士研究生康旺从器件、电路和系统三个层面，对 STT-MRAM 的芯片电路设计与可靠性设计做了深入的研究，并设计了一个容量为 1KB 的 STT-MRAM 芯片对所提方案进行了仿真验证。论文主要创新研究工作包括：

①从器件级研究 STT-MRAM 存储单元与参考单元的可靠性设计，提出了一种可配置存储单元、一种动态参考单元以及一种抗辐射磁性锁存单元；

②从电路级研究 STT-MRAM 关键电路模块的可靠性设计，提出了一种高可靠性读取电路以及一种内置式纠错编码电路；

③从系统级研究 STT-MRAM 系统架构的可靠性设计，提出了一种可重构设计方案以及一种混合纠错设计方案。通过对各个层级的方案进行系统集成与仿真评估，验证了各个方案的有效性。

论文工作对 STT-MRAM 的芯片设计与产业化应用提供了重要指导，尤其是其构建的器件模型、外围电路模块，以及可靠性信道模型对 STT-MRAM 的容错加固设计与仿真评估具有重要的应用价值。

回顾康旺博士研究生成长经历，从校企联合研究闪存控制器差错控制编码技术获得了工程经验和通信系统观，通过国际合作联合培养进入了自旋转移矩磁性随机存储器（STT-MRAM）研究领域。康旺从系统视角研究 STT-MRAM 的可靠性问题，能够将可靠性设计指标分解到器件级、电路级和系统级，形成整体优化解决方案，对 STT-MRAM 的芯片设计与产业化应用提供了重要指导。这是跨学科合作，包含通信工程、集成电路与自旋电子等学科，也是产教融合、国际联合培养博士研究生的成功案例。

2018 年初，经过 3 年博士后工作，康旺成为我校卓越百人、博士生导师。他在存算一体化、磁性斯格明子研究取得优异成果，并协助赵巍胜教授指导的"斯格明子团队"荣获北航 2020 年研究生优秀科技创新团队奖学金。

科研育人　桃李芬芳

電子信息工程學院 教授、博士生導師，指導的學生蔣铼學位論文《實數域與複數域下顯著性檢測模型關鍵技術研究》，被評為 2022 年北京航空航天大學優秀博士學位論文。

　　人才培養和科學研究始終是高等學校的基本任務。對於碩博研究生的培養，意味著學生由學習階段進入學術研究階段；尤其是，創造原創理論成果的能力或學力是博士學位的核心內涵，也是擁有博士學位的人員最本質的特徵。因此，在指導研究生過程中，長期秉承"以人為本、科研育人"的理念，依託信息與通信工程國家 A 類學科，以國家重大需求為牽引，瞄準國際學術前沿，將科學研究與研究生培養有機結合，培養研究生獨立研究的科學精神及自主創新的科研能力，顯著提高研究生學術創新能力。在研究生培養過程中，具體心得如下。

1. 以國家重大需求為牽引，培養具有遠大理想與正確價值觀的科技創新人才

　　在研究生指導過程中，需要將立德樹人擺在首位，以國家重大需求為牽引，引導研究生樹立遠大理想。通過對國家在信息科技方面的戰略需求分析，將愛國主義教育植入研究生指導全過程，加強研究生服務國家戰略需求的歷史擔當，鼓勵研究生樹立遠大志向。在指導研究生過程中，始終以正確價值觀為導向，強調青年學生的責任感。例如，在每學年開學之初，進行學術誠信教育，培養研究生學術責任感；

每学期带领研究生去国防科工企业学习、交流，既培养了研究生的国家与社会责任感，也有助于研究生的课题选择、未来择业。综上，在研究生指导过程中做到了"德育为先、树人为本"。2016—2022 年，指导的硕士、博士研究生连续获北航研究生最高荣誉——研究生十佳（硕士：邓欣、李胜曦、杨韧、李辰，博士：蒋铼、李天一），指导的研究生杨韧获北航优秀共产党员。

2. 瞄准国际学术前沿，严把研究生的研究方向，培养研究生的科学精神与科研能力

将国际学术前沿引入育人实践，对研究生的研究方向和论文选题严把关，大力培养研究生的实践能力和科研创新能力。要求保研的本科生从大三暑假开始参与课题组的研究工作，通过"项目调研→基础研究→技术攻关→论文写作→成果转化"的渐进式培养，不断提高分析问题和解决问题的能力；在满足研究生培养方案基本要求的同时，根据研究生个人的实际情况，对研究生的论文选题进行有针对性、有特色的指导，以便促进研究生的个性发展，激发学生在科研工作中的创新意识；进一步，注重在工程项目中锻炼研究生，培养研究生在实际工程中发现问题、分析问题和解决问题的能力，从而形成独立研究的科学精神以及自主创新的科研能力。候选人指导的硕士研究生获中国电子学会优秀硕士论文（2017 年，李胜曦提名；2018 年，刘雨帆；2019 年，杨韧）、指导的第一届博士研究生获北京航空航天大学优秀硕士论文（2022 年，蒋铼）。

3. 注重研究生培养的细节管理，强化研究生的学术交流能力，提高研究生学术创新能力

注重研究生培养过程的细节管理，通过学术道德教育促使研究生明晰各类学术不端，促使研究生恪守学术规范。为了强化研究生的学术交流能力，坚持定期组织研究生专题学术研讨会，布置专人进行学术专题讲座，有针对性地进行学术探讨，把握国际前沿的发展新动向；同时，打破导师界限、年级界限和专业界限，由多个导师一起公开组织定期的研究生研讨会，介绍相关专业发展新动向，共同研究科研中遇到的难题，形成集体智慧，攻克技术难关；此外，鼓励并资助研究生进行国际学术交流，派优秀的研究生到苏黎世理工、加拿大英属哥伦比亚大学、微软研究院等本

领域顶尖研究机构进行访问交流，邀请 IEEE TSP 主编 Pier Luigi Dragotti 教授、IEEE 会士 Patrick Le Callet 教授等国际著名学者来华学术访问和合作研究。在研究生培养过程中，积极引导研究生及时总结科研工作，发表高质量论文，攻克实际工程难题，提高研究生学术创新能力。指导的研究生获国家奖学金、校长奖学金 12 人，获得 IEEE 最佳论文奖 2 人、提名奖 1 人、ACM/IEEE 学生会议旅行奖 5 人。

十年来，持续培养了一批高素质专业特色人才，毕业学生就职于北航、中科院自动化所、航天科技、腾讯等知名科研单位与科技企业，就读于剑桥、牛津、苏黎世理工、伦敦帝国理工等顶尖高校（均获全奖，毕业后均回国从事科研工作）。其中，指导的第一届硕士毕业生邓欣、李胜曦获北航优秀硕士论文，于伦敦帝国理工学院获博士学位（邓欣获优秀博士论文），毕业后均作为副教授回到北航工作，当年都获得了国家自然科学基金青年项目的资助。

时光不语静待花开

 郑 铮

电子信息工程学院教授，指导的学生万育航学位论文《基于表面波的光学效应及其高精度传感技术研究》，被评为 2013 年校级优秀博士学位论文。

1995 年清华大学电子工程系光电子专业本科毕业，1997、2000 年分获美国普渡大学硕士、博士学位，后于美国朗讯公司等从事光通信等研究。中国电子学会会士。

值此北航 70 华诞之际，有幸有此机会将近二十年前自己初为人师的陈年往事记录一下，但可能既少代表性，也乏教育性。恐对当下资源、成果、水平远胜前人的未来学术精英们未必有益处，谨以此感恩多年共同艰辛奋斗的同学、同事们而已。

1. 选才：在聪明人中发现"笨人"

以个人的拙见，对真正优秀的人才的培养而言，同学的核心素质与品质往往是决定性因素。尤其对于像我这样能力平常的导师，我不过是有机会遇到那颗"钻石"并把它打磨得略更精致一点儿而已。对我来说，可能更重要的是要经常提醒自己，不要因自身眼界的局限、水平的不足破坏了"钻石"原有的棱角与光泽。

在我入校就有幸成为博导的头几年里，得益于 20 世纪末本科大扩招带来的异常充沛的生源，"海归"的瞬时光环和尚未被改掉的分专业本科培养体系，自己的研究生生源迎来了短暂的"春天"。这里面就包括以万育航、赵欣等为代表的一批同学。其中，最终于 2011 年毕业并 2013 年获得校优博论文的万育航同学，最初作为保研硕士生从本科毕设就开始与我这个三十出头的青年教师合作了。

保研时只听说该同学课程成绩在小专业第一且涉猎广泛，但绝无读博意向。那时指导硕士生数量没啥限制，既然有"明珠投暗"的，我也就慨然应允，在毕设中我也未给予更多的特殊培养。既未安排什么"高大上"的前沿方向，也没有要她去向什么高水平论文之类的"成果"争分夺秒地去努力（可能也受限于自己的学术水平与当时的实验室条件）。而是和其他部分同学一样，安排了实验室建设眼前需要的仪器控制编程的普通课题。为了慢慢培养基础能力，也从做简单实验、写分析报告等开始安排了日常的任务。唯一特殊"待遇"是让她与直博的赵欣同学，像自己当年在清华东主楼时那样，早上给教研室拖地、打扫卫生。她们每天都悄无声息地完成了。

在其毕设就要平淡结束时，他们编的软件被个搞不明白的设备通信问题卡住了，大家都无计可施。答辩前一天，她来要了实验室的钥匙，说想晚上再试试。第二天，其他做相关软件的同学充分说明了存在的客观困难、程序无法完全跑通的现状，通过深入分析自己的工作和水平，顺利通过了答辩。而她在据说熬了个通宵后，拿出了个能用的程序，当然也答辩通过了，得了个略高一点儿的分数。多年后一个课题需要时还又用上了她编的这个东西。这算是第一次让我对该同学有了点儿不一样的认识。经过之后数年的尝试，最终劝说其转为了博士生。

追随内心的要求、做些可做可不做且没太多眼前好处的事情，恐怕不是很多聪明人会选择的。但博士生，特别是真正优秀的博士生，在聪明才智以外可能还是需要多这么一点儿精神的。

2. 育才：在"不求"中追求

万同学的博士课题选择了一个光电与生化传感交叉的方向，也荣幸地被当时的怀进鹏校长在其毕业典礼讲话中作为学科交叉创新的典型给予了肯定。这一选题与其说是高屋建瓴的顶层设计，不如说是机缘的巧合。在医工交叉、协同创新这些现在我校耳熟能详的口号出现之前，交叉并不是个能够自带支持和资源的热词，反而多少显得有些不务正业。被大力提倡的往往是难以真正实现的。交叉难在哪里？在于研究的目标到底是心之所向还是"利"之所趋；学科的基石到底是攀登高峰的阶梯，还是拒人千里的门槛与画地为牢的藩篱。追热点和抢山头、四不像和擦边球的"交叉"其实是目标为"利"所困、能力为"学科"所困的结果。

当年，因偶遇一位生化、材料专业的外单位海龟老师和他的团队，发现双方都对对方专业还略知一二并有着类似的兴趣点，然后就在既无项目指南也无资金牵引的背景下，两个小组每周海阔天空地开始了头脑风暴，时有豁然开朗、别有洞天之感，似有回归 Holmdel 咖啡厅各路大神午餐聊天的感觉。往往当"经费""成果""署名"在头脑中隐退的时候，真正的问题与答案才会随着思想在无羁绊的驰骋中而浮现出来；省掉辞藻创新的修饰和装点，真的问题与真的答案会在一次次直截了当的讨论和直言不讳的批评与反省中被更快地打磨出来。想来单纯、率真的学术氛围恐怕是给青年人的创新头脑吹进更多清新空气与养分的最好办法，让他们在周围只争朝夕的纷繁竞争中，保持一份且听风吟的宁静。

打破学科的边界离不开同学付出的更多努力。为了让我们电子信息背景的同学能够真正对对方的学科有深入的了解，万同学他们五年中大半时间都是在距离北航几公里外的外单位实验室度过的。几年下来，和外专业同学在学习、生活上打成一片，FFT 和生色团都能信手拈来。但交叉更要建立在把本专业的事情做到最好之上，才能真正解决另一领域的问题，而不是靠对外行的"降维打击"。万同学就通过对经典生化传感器光学机理的深入认识，从信号变换的角度重新设计出不同的器件与系统方法，居然取得更好的效果，在博士期间发表了系列高水平成果。不过受限于其导师的学术影响力，在国内后续未产生更大的波澜。而该技术在同时期被欧洲几个国家的多个研究组协同合作继续发扬光大，在一批欧盟项目支持下后来居上地取得了大量成果。这怕也是学术综合环境的差异与必然吧。

研究离不开交流，眼界决定高度。在学校还未能对研究生的国际交流与合作给予大力经费支持的十几年前，基于自己的亲身体验，创造机会走出去仍然被我们作为培养优秀研究生的重要一环，即使是在还要靠青年基金这样的小课题来维持生存的时候。当万同学的口头报告第一次被光电领域顶会 CLEO 录用时，为了在有限的费用下让其也能体验顶会的风采（这可能是当时我校研究生第一次参加这个会议），只好把其住宿安排在昂贵的硅谷旁边寒酸点儿的旅馆，而我则借宿那边老同学的客厅地板了。之后还通过国外友人的关系，为该同学联系了去美国顶尖的生物医学研究机构——系统生物研究所访学的机会，那里也是多项医工交叉顶尖技术的发源地。虽然现在出国访学已司空见惯，但在当时为了让他们接纳一个在该领域还寂寂无闻的中国大学的同学还是费了些周章的。在靠着万同学之前的研究成果终于说服该所所长的团队同意接收后，最后一步手续居然被对方单位的律师以北航在美国的特殊"地位"卡住。靠着连夜学习美国政府文件的具体条款，半夜连线对方据理力争才涉险过关。现在回想起来也是颇为幸运了。

时过境迁，世易时移。当今新时代的学界已是繁花似锦、人才辈出、硕果累累，对于每日突破各种"卡脖子"、引领世界前沿的学子们来说，内外情形早已不复当年，上述啰嗦恐怕更多只可作旧事的片面记录供后人斧正与批评。

认真踏实地进行科学研究

霍 伟

自动化科学与电气工程学院教授，指导的学生董文杰学位论文《不确定非完整动力学系统控制研究》被评为 2002 年全国优秀博士学位论文。

1993 年任博士生导师。研究方向为非线性力学系统控制、无人飞行器控制。先后主讲本科、硕士、博士课程 19 门，培养博士生 25 名，硕士生 54 名。

在得知我的博士生董文杰获得 2002 年度全国优秀博士论文时，我并不感到意外和惊喜。原因是我所在的"控制理论与控制工程"学科点是由我国已故控制理论权威高为炳院士创立、国务院学位办首批公布的博士点，经高为炳院士生前多年的努力，学科点已建立起注重基础、严谨扎实的良好学风，在控制理论的若干研究方向处于国内先进水平，此前已培养出多名获国家教委跨世纪人才基金、国家杰出青年科学基金、德国洪堡基金等的突出科研人才。在这样良好的基础和学术环境中，只要认真踏实工作，培养出全国百篇优秀博士论文获得者应当不是非常困难的任务。

我自 1980 年至 1994 年在高为炳院士直接指导下学习和工作，有幸得到他的言传身教，获益匪浅。我经常将他生前指导博士生的观点告诉我的学生，希望对他们有所帮助。现将主要的几点简述如下，与大家共同探讨。

1. 认真的态度是根本

人的智力水平都是差不多的，但每个人在博士生阶段获得的科研成果大小不同，主要取决于个人对学习和研究工作的认真程度。只有认真，才能真正投入。作为研究生，要坚信投入劳动的多少与获得成果的大小成正比，在遇到困难时不要轻易放弃。"一分耕耘,一分收获"是每个研究生都可以从自身经历中反复验证的真理。对于导师来说,讲认真主要表现在对研究生指导要始终坚持高标准、严要求,认真负责地做到每人每周单独指导。导师松一分,学生会松十分。

2. 研究学科前沿课题

士生对研究学科最新的前沿问题不应当有畏难情绪和畏惧心理,要认识到迄今为止人类对各门科学的研究并没走多远。拿控制理论来说,对于一个具体的研究方向,一个具有硕士学位的研究生一般只需认真工作 6 个月,就可以了解清楚这个研究方向上的前沿进展,具备进一步研究的基础。进行学科前沿课题研究,入门虽较难,但入门后,较容易做出创新性成果。由于博士生阶段的时间限制,除非有全新的思路和丰富的经验,博士生一般不宜研究一些老的研究方向上遗留下的"硬骨头",这些可留待以后工作时长期研究。

3. 选题是培养独立科研能力的最重要环节

对于学术型博士生来说,导师通常只会指定研究的领域,具体研究课题要由博士生研读该领域的大量文献后自己选定。选定的题目既要有较重要的意义,又要在博士阶段有限时间内完成,确实有较大难度。这一阶段一般会持续三四个月,常常是博士生最"苦恼"的阶段。导师最常听到的反映是:花了大量时间阅读,依然没有头绪,觉得所有应做的都被别人做完了,找不到要做的课题。其实只要在阅读每篇文献后都能认真思考:其中的新方法或新结果与已有成果相比有什么优缺点和需要改进之处,就会使自己的选题逐渐明晰。当选定题目完成开题报告后,博士生会发现自己的独立科研工作能力有了本质提高,会终身受益。以后毕业不论在什么岗位上工作,都能不等不靠,迅速自主开创自己的科研事业。

4. 不搞"空对空"指导

为提高导师指导的效率和效果,研究生每周与导师见面前要做好书面准备,不能两手空空来见导师。不论是待解决的问题,还是要讨论的阶段性成果,都要写成书面形式,且尽可能用数学表达式准确描述。师生见面时针对所列出的问题逐一深入讨论解决。这样不仅可使研究生学会明确总结出自己的问题,更重要的是使其能通过对疑难问题的具体讨论，学会科学的思维方式和有效的技术手段，逐步提高解决科研难题的能力。这样也避免了导师指导时泛泛而谈，而学生却不得要领。

5. 大成果都是小成果积累成的

博士生的科研工作切忌好高骛远，开始研究时不要把目标定得过大，造成成果不是"无穷大"就是"零"的态势。任何大成果都是由小成果积累深化而来。先从较小的题目入手，相对容易取得成功，有助于取得经验，增强能力，树立信心，提高兴趣，去进一步研究更大更难的课题。

6. 好文章都是改出来的

博士生取得一定成果后，写成论文往往急于投稿发表，对导师严格要求下的反复修改，内心常有不满情绪。事实上，在导师具体指导下修改论文是导师指导的重要环节之一。这种有针对性的指导，不仅可将已完成的工作叙述得更加严谨清楚，还是对自己科研工作负责且更容易为同行所接受；更重要的是可通过对论文的修改促使研究工作深化，取得更深入的好结果，且往往可引申出进一步研究的课题。我的博士生拟投稿的论文反复修改十几稿，持续几个月是常事。对比论文的初稿和最终稿，相信每个研究生都会认为所花的工夫没有白费。

以上几点，第一条是根本，其余都是具体方法，对其他学科不一定适用。之所以强调认真踏实的工作态度，是因为我坚信：像北航这样有深厚学术底蕴和优良传统的学校，有那么多学术造诣高深的教师和聪明上进的学生，只要大家都以更加认真踏实的态度积极工作，会不断培养出更多的优秀研究生，取得更加优异的科研成果。

为国家培养优秀人才是神圣和光荣的使命

　　自动化科学与电气工程学院教授，自动化控制学专家，指导的学生李合生的博士学位论文《小波包理论研究及其在系统辨识和大地回波处理中的应用》获2002年校级优秀论文；指导的学生丁海山的博士学位论文《复杂系统的智能化建模与控制》获2007年校级优秀论文；指导的博士生发表于2006年在澳门召开的IEEE RIUPEEEC 2006 国际会议上的论文《A New Method of Modeling and Control of Hysteresis for a Magnetostrictive Actuator》获优秀论文奖；指导的博士生王贞艳在2013年中国西安召开的第32届中国控制会议上发表的论文《压电迟滞非线性系统的率相关动态建模与跟踪控制》获张贴论文奖。

　　1957年至1964年在北京大学数力系学习。其中1960年至1962年任该系助教。1964年入学北京航空航天大学研究生，1967年毕业。1968年至1978年在核工业部北京应用物理与计算数学研究所从事国防科研。1978年再次考回北京航空航天大学研究生。1979年7月至1981年9月作为访问学者赴英国伦敦大学帝国理工学院。1981年回国后任北京航空航天大学自动控制系教师，并在职攻读学位。1982年获工学硕士学位，1985年获工学博士学位，成为北京航空航天大学培养的第一位女博士。1986年晋升副教授，1991年晋升教授，1992年被批准为博士生导师，属于国务院批准的我国前五批博士生导师。1992年被国务院批准享受政府特殊津贴。自1992年起受聘任北京航空航天大学四、五、六、七届学术委员会委员。1991年至1995年任北京航空航天大学宇航学院副院长。1988年至1989

年任美国加州州立大学访问教授。2001 年至 2006 年被聘为中南大学兼职教授。

1991 年当选为国际电子电气工程师学会（IEEE）高级会员、IEEE 北京分部执行委员，曾任 IEEE 北京分部主席（2000.7—2001.7），任 IEEE 控制系统（CSS）北京分会主席多年，曾获 IEEE（CSS）1995 年度奖。1998 年当选为国际电气工程师学会（IEE）会士（Fellow）及注册工程师。曾当选为中国自动化学会六、七、八届理事，其中 1997 年当选为中国自动化学会常委理事、副秘书长。2008 年当选为第九届理事会荣誉理事。曾当选为中国科协女科技工作者协会常务理事。2001 年当选为中国人工智能学会常务理事。作为会议副主席或程序委员会主席多次主持过以上各学会的国内外学术会议的审稿和组织工作。曾 15 次受国外著名大学邀请赴美、英、比、日、新等国讲学，八次应邀从事国际合作研究。

在教学方面，自 1985 年至 2015 年三十年间培养 50 余名硕、博士生和 3 名博士后。其中有一些已成为国民经济和国防建设中的技术骨干。自 1984 年来，作为项目负责人和主要完成者，完成包括国家自然科学基金重点项目、重大研究计划项目、973 项目、国防基础预研项目、博士点项目等以及横向项目等 20 余项。

在国内外核心刊物和会议上共发表论文 195 篇，其中 SCI、EI 收录 80 余篇，著作 4 部，译著 2 部。为《数学大辞典》撰写条目："智能控制"和"模糊控制系统"。获发明专利授权 7 项，软件著作权多项。作为参加者曾于 1982 年获全国自然科学一等奖。作为项目负责人和主要完成者，获国家技术发明一等奖 1 项（2008 年）、国防科工委及教育部等部级技术进步奖 8 项、获光华科技基金奖 1 项（1992 年）。

有人说:"遇到股灾的概率是十年一次,遇到战争的概率是五十年一次,遇到瘟疫的概率是百年一次,而三项灾难同时遇到的概率是一千年一次。"而当今人类正面临着这千年一次的灾难。面临这场关系人类存亡的挑战,战胜它的唯一手段是科技,而科技的背后是人才,人才的背后则是教育。所以我认为:为国家培养优秀人才是神圣和光荣的使命。

我是 1985 年开始培养硕士生,1991 年被国务院聘为博士生导师的,属于国务院直接聘任的我国前五批博导。至 2015 年退休,共培养硕士生、博士和博士后 50 名,其中博士生 20 名。有两名博士获校级优秀论文,两名博士获 IEEE 国际学术会议的优秀论文。应学院的要求,将我培养博士的体会略谈几点如下:

1. 科学道德和良好的学风是攀登科学高峰的必要条件

这也是我培养学生首要的方面。具体的做法是:

教育学生要懂得做学问能达到的高度关键取决于做人的高度。科学道德是一个科技工作者行为的准则,要明确地告诉学生红线在哪里。在学生中形成良好的学术氛围。崇尚自主创新,鄙视和拒绝剽窃、包装、拉关系、搞权—教或钱—教等交易,用自己经历的事例来教育学生。比如:有一年我受自动化学会委托承担了一次"全球华人自动控制年会"的组织和审稿工作,当时有 800 多人参加,文章也很多,审稿的时间紧张。会后,收到了一位美国斯坦福大学教授的信,投诉会上一篇文章抄袭了她已发表的一篇文章。我找到她发表的这篇文章和我们会上一篇文章认真比较后发现,除了标题和作者名不一样外,各章节、内容、图表是完全一样的。我立刻向大会总主席报告此事,决定马上打电话到那些作者的单位。正好他们在评职称,我把问题讲完后强烈要求这几位作者的职称不能晋升,因为这是明目张胆的剽窃,而且在国际上造成了恶劣的影响,该单位领导同意了我的建议。此后,我又以会议 IPC 主席的名义写信给斯坦福大学的教授表示歉意,并将接受这一教训。这件事使我进一步认识到教育学生要做有科学道德的人有多重要!如果没有斯坦福教授的投诉,这几位作者将晋升为教授或副教授,他们培养出的博士生会怎样?我们国家的"软实力"又会如何?真是细思极恐啊!

还有一件事也令我印象深刻。有一次我受 IEE 一个 SCI 杂志的邀请评审一篇论文,看完内容后,想起曾见过类似内容的文章,也是在此杂志上的,于是找来一看这两篇文章除了题目和部分作者不同外，内容基本一样，只是章节有所变动。这明显是一稿两投！于是我找到了两篇文章中都是作者博导的老师谈这件事，他简单地说："那你就把稿子拒了吧！"我说："我必须对杂志编辑部负责。"于是审稿的意见是"一稿两投，不能发表"。

还有一次，我的一位学生发现某杂志上一篇文章中的实验曲线和我们已发表的一篇文章中的图完全一样。我看后认为确实如此，可以肯定我们确实被剽窃了。因为我认识这篇文章作者之一的博导老师，于是直接找到他问他们的实验是怎么做的？这位老师回答我说他不知道有这篇文章，表示马上去问他的学生，并向我道歉，但以后并没有告知他是如何处理这个问题的。我暂且相信这位博导说的情况属实，但这件事至少说明如果老师平时不重视对学生的科学道德的教育，那么就会面临被学生所"害"的风险。据说这类的问题还不是个案。

我经常用这样一些例子告诉学生哪些是红线，绝不能碰的。学生们也会告诉我他们听说的一些不正之风、不良之气。渐渐地我和学生们建立起了一致的价值观，培养了风清气正的学术风气。我认为这是我们能攀登学术高峰的基本并必要条件。

2. 身教重于言教

教师要在以下几方面以身作则：

（1）尊重知识，尊重知识产权

①拒绝盗版。比如在盗版盛行的年代，我们专业用的基础软件是美国生产的Matlab。不少人让学生用盗版的该软件，而我在科研经费紧张的情况下，坚持拒绝盗版，向 Matlab 公司买了正版的校园版并告诉学生用盗版是不合法的。这种做法在当时国内的大学中是罕见的。不仅如此，后来我们由于实验的需要又买了正版的Simulink+Matlab。拒绝盗版，这是一个科技工作者的基本素质。

②拒绝以物易教。我遇到过几次学生的家长在学生报到后带着礼品送我，都被我拒绝了。我跟他们说："我的学生，你不送我，我也会好好教他们的。"

③拒绝造假、剽窃等不良行为。关键在于教师，要求教师不断学习，对本领域的知识面要宽，要不断跟上发展前沿，这样才能发现学生的论文中有没有问题。我每周都有和学生的讨论会，学生每一篇要发表的论文，都会在讨论会上经大家的反

复讨论和修改。在知识产权方面一丝不苟地要求，直到每一张图若是引用的都要标明出处。

（2）SCI 文章发表数不作为评估学生成绩的唯一标准

在当前许多地方将 SCI 文章发表数作为博士生毕业的门槛、提职称、评奖等等的重要标准的形势下，听说也有些单位取消了用 SCI 文章发表数作为博士生毕业的门槛，对此，我十分欣慰。因为我们培养的是要有创新能力的科技人才，SCI 文章的发表应是创新的结果，没有创新的文章只能是抄袭、剽窃的垃圾文章。更何况有些难题的解决和创新并不是一蹴而就的，所以老师要有足够的耐心。比如，我有一位学生，他的课题是把一个控制器的算法软件硬化，做成控制器，即将算法做到芯片中。他入学后两年每周都认真地参加我们的讨论会，从来没有发言。我观察到他确实在认真地思考，从未催促他。两年后，他跟我说设计好了一个 DSP 系统要与大家讨论，后来他很快地做出了芯片和控制器，并获得了专利，也发表了 SCI 的文章。这就是我们的学术氛围。目前，这位学生已经成为一知名大学的教授、博导了。他在毕业之际给我留言：

"尊敬的毛老师：

总想让时间放慢脚步，可终究到了离别的时刻。

回首四年多的博士生活，您不仅在学业上给予精心教导，而且为我提供了优秀的实验平台、良好的学习环境和学习氛围。通过您的言传身教，我更加深刻理解了'做人、做事、做学问'的涵义，收获颇多，受益匪浅。您给予我的不仅仅是专业知识，还有战胜困难的勇气和自信。这些都将成为我今后人生道路上的一笔宝贵财富！

感谢你对我所做的一切，我唯有以高昂的热情投入到新的工作中，以优异的成绩来报答您的教导与培养之恩。我永远都是您的学生。我会永远牢记您的教诲！

在毕业之际，我衷心祝福毛老师与家人幸福。"

话又说回来，我并没有排斥和贬低 SCI 文章的意思。相反地，还是经常鼓励学生将自己的创新成果发表到 SCI 杂志上去。我告诉学生们要追求发表高质量的 SCI 文章，比如 IEEE "Fuzzy System"，2005 年首刊首篇长文就是我和学生的文章，至今有不少引用。英国一大学教授还要求提供我们已有专利的软件给他。这样的文章当然是多多益善的。

科学道德和学风对于科技工作者来说应属于他的三观中重要的部分。除了导师有责任进行教育外，我建议在思政课中应有这方面的内容。

爱因斯坦曾说过："许多人都以为是才智造就了科学家，他们错了，是品格！"

我之所以如此重视对学生科学道德方面的教育也是传承了我的博士导师、我国航空自动控制学科的奠基人林士谔先生对我的教导。他给我讲过这样一个生动的故事：

林先生于1935—1939年在美国MIT读博士，导师是Draper教授。他的博士论文题目是《飞机纵向和侧向运动控制的稳定性分析》，在研究中遇到了高阶线性代数方程求解问题，然而当时这是一个没有现成解法的问题。经过反复琢磨，林先生提出了一种迭代解法，成功地解出了他论文中出现的十多个高阶线性代数方程，圆满地完成博士论文。取得博士学位后，他便于1939年立即回国投入当时反对日寇侵略中国的抗日战争。然而Draper教授十分欣赏林先生提出的方法，除了请他离美前在MIT做了几次报告外，还于1941年、1943年、1947年写了几篇关于这一方法的论文，发表于MIT的"数学与物理"刊物上，全部以林士谔一个人的名字署名。后来，1952年Draper教授写的一本书里面还专门用一章介绍林先生研究出的解法，并将其命名为"林士谔方法"。这就是当今高等代数教程中林士谔方法的来历。要知道20世纪40年代正是中国人的至暗时刻，用中国人的名字来命名一种方法，是多么得不容易！多么给中国人提气！Draper教授后来之所以成为世界闻名的专家，攀登上了科技的高峰，与他已攀登上了科学道德的高峰有密切关系。

还有一个故事，也是令我刻骨铭心的。1968年我从北航研究生毕业后，被分配到核工业部第九研究所工作，有机会接触到了我国的第一流科学家，如邓稼先、于敏、王淦昌、周光召等，他们的科学道德和科学精神对我的一生有重要影响。比如，1982年，我参与的一个项目获得了国家自然科学一等奖，当时所里请第一获奖人彭桓武先生去领奖，他说这是大家干的事拒绝去领奖，并写了一副对联"集体集体集集体，日新日新日日新"。参加这项工作的有660多人，于是一万元奖金的分配是：除了王淦昌、邓稼先等主要负责人每人50元外，其余每人分得10元。这就是这一批"干惊天动地事、做隐姓埋名人"的大科学家们对待名利的态度。他们和林士谔先生、

Draper 教授一样地登上科学高峰的同时，也登上了科学道德和科学精神的高峰。这些故事激励着我责无旁贷地把他们优秀的科学道德、学风和精神传承下去。

也许有人会说，你说的这些例子都是过去时的，而今天的社会和学术风气都和那时不一样了，这样的人不可能再有了。那我就举一个现实版的事例：我的一位学生，现在航天领域承担重要的工作。据我所知，几乎每次发射他都在现场忙活，为国家航天事业的发展做出了重要的贡献。每次试验成功后，他都会来看我并送我一个试验的模型。有一次我问他，你做了这么多事，得了多少奖？他谦虚地说，没什么，都是大家干的！原来，每次报奖他把自己的名字划掉或把第一名换到后面去，这样做的结果赢得了上下同事的信任，使得他负责的国家任务能一次次顺利地完成。我听后无语，心里十分欣慰，为我的学生骄傲，为我国的航天事业有这样的人接班感到放心。我的学生在攀登科学高峰的同时也登上了科学道德和精神的高峰。当然，这样的人在如今的学术界确实不多，但毕竟存在。如果这样的优秀人才越来越多，那么我们国家的科技发展一定会充满希望。

3. 在教学中要因材施教，扬长避短

即博士生的兴趣和特长应在定位其研究方向时予以保护和发扬，而其不足部分应在做博士论文的学习过程中得到提高，使其达到具有坚实的理论基础及解决工程实际问题的专门化知识和能力。

博士生在读博士前已经过小、中、大学十多年的教育，有些学生的特长和兴趣会比较明显。我通常把学生看作是一块玉石那样的材料，而博导则是要将这块玉加工成国家所需要的器。匠人在加工时一定会根据玉石的特点去加工，比如有些学生兴趣是软件、有的是硬件、有的是理论等。在事先了解清楚后我会根据他们的特长兴趣结合我在做的研究任务，安排尽可能适合他们发挥特长的题目，这样可以充分地调动他们的积极性。当然，对于他们不足的部分必须制定学习计划从而达到博士学位的要求。实践证明这种做法是有效的。比如以 2008 年获北航优秀博士论文的作者丁海山为例，他是北航数学系毕业的，抽象思维能力强，但工程实际接触少。他是直博生，2001 年入学，2007 年博士毕业。当时，我正好有一个自然科学基金题为"复杂系统的智能化建模"，于是给他定的题目是"复杂系统的智能化建模与控制"，计

划在他较好的数学基础上补上计算智能和辨识与控制的专门化知识。按照这个计划，他出色地完成了毕业论文，成为我上面提到的 IEEE "Fuzzy System" 2005 年首刊首篇长文的作者之一，获得校级优秀论文。毕业后他去洛阳空空导弹研究院工作不久，便将所里用了几十年的经验公式用他的数学功底进行了严格的数学证明，令领导和同事刮目相看，现在已是高工、博导了。说起航展中他们院里的产品，看得出来他有一种发自内心的自豪感，也令我很是欣慰。毕业时给我留言是：

"感谢毛老师多年来对我的辛勤培养！在与您相处的六年中，从您那里学到了不少本领，得到了不少锻炼。在您这里的这段经历，是我一生中宝贵的财富……"

4. 导师在选择研究方向时要结合国家需要选择有前瞻性、先进性的方向，给学生创造足够广阔的平台，以发挥其创造性

随着人工智能和计算机技术的发展，自动控制理论与应用也在飞速地发展。1999 年我参加了一个在北京召开的国际学术会议。其中的一篇论文引起了我的注意，内容是"一个用智能材料对六自由度震动进行主动控制平台的研制"。论文的作者是一名清华大学毕业在美国工作的博士。我有幸参与了杨嘉墀先生与论文作者的讨论。事后，杨先生告诉我这种设备对航天很有用，于是我决定探讨一下这个方向。然而这是一个界于材料、结构与控制领域的交叉课题，于是我先问材料系有没有这种智能材料，幸运的是他们正在从事这种材料的研制。接着我又请教动力与结构系，有没有老师研究这种主动振动控制的方法，答案也令我兴奋，他们告诉我有老师专门研究这一振动控制的前沿理论与方法。最后经过我和学生们的调研，发现这是一个处于材料、结构和控制交叉的前沿领域。在美国已有哈佛、波斯顿和马里兰三个大学的一些著名教授成立了一个智能结构动力学与控制实验室发表了一系列的论文。于是我联系了材料和能源结构系的几位老师向科研处汇报，我们也申请一个这样的交叉学科的联合实验室。很幸运的是很快得到了学校的支持，并要我们联合申请刚刚开始执行的航空基础研究基金，并成功地获得批准。经过讨论我们将研究的目标瞄准低频微位移、微振动的主动控制，三个专业的五位博导、一位博士后和二十多位硕士、博士立即投入研究。每周交流一次，教师和学生们都很有兴趣和干劲。对于控制理论和应用学科的学生们来说，发现作为控制对象的智能平台不是他们学过的线性系统，或常见的非线性系统，而是一类没有接触过的迟滞非线性系统，其建模与控制均没有现成的方法可循。于是使学生开阔了眼界、激发了创新的积极性，我们还自制和购买了必要的实验设备包括硬件、软件，学生们常常会自觉地在实验室里工作到深夜。

我的最后一位80后的博士生郭某某，他是从大连空军通信士官学校来的，在临别时给我留言：

"感谢您将我收入门下，引导我进入迟滞非线性这个奇妙的研究领域。……在攻读学位期间，我学习了知识，开阔了视野，锻炼了能力，实现了人生中的多个第一次，如第一次参加国际会议，第一次在IEEE刊物上发表文章，第一次完成博士学位论文答辩……"

这说明他已被他所从事的研究方向深深地吸引住了，充满了好奇和兴趣，于是激发了他的创新性。对比终日苦于写不出SCI文章的状态，这是一种理想的、正常的科研状态，导师的责任就是要引导学生进入这样的状态。同时也说明一个足够大的平台对培养学生创造性、解决实际问题的能力是十分重要的。当然，平台不一定非要来自学科交叉，国家的任务、大的课题等等都会是很好的平台。

5. 工学博士除学习先进的理论外，要有通过实验验证理论方法的能力，至少是数字仿真，最好是半物理或者全物理实验

所以我在经费允许下，会尽可能买一些基础的实验设备，包括软件和硬件。这方面对北航的不少系是不成问题的，而对我们控制理论和应用学科来说是有待提高的。有些我已在前面提到，在这里不再赘述。我想用我在北大时，周培源先生给我们讲课时讲过的一句话来说明这一点的重要性。他说："学生要掌握'三基'，即基础理论、基本技能和基本技术"。关于基本技能他举了一个例子，比如实验以后得到了几点，有的学生把这几个点间用直线连起来，就完了。他认为这就缺乏基本技能。他接着说因为对于连续的物理过程不应画出这样的曲线，而是应该用拟合的方法画出光滑的曲线。至于基本技术，他指的是做实验时的基本能力。

6. 优秀人才的成长离不开导师对学生给予全面的关心

中国古人有个说法："天、地、君、亲、师"，充分地说明了人们对人生中教师地位的肯定。我上中学时，影响我最响亮的口号是"向科学进军"，最爱看的杂志是"知

识就是力量"，因此我当时的梦想就是从事科学研究为祖国的强大做贡献，并没有想过要当一名教师。然而，命运似乎早已注定了我最终还是要当一名教师，而我也渐渐地爱上了这一神圣的职业，因为这一职业可以改变人的命运。

1993年我当班主任时，每天都要去班上看看，了解大家都有没有去上课。有一次一位同学旷课了，我找他谈话，问他为什么旷课。谁知那位学生说："我回家种地去了。"原来，这位同学农村的家离北京不远，父亲在外地打工，家里的几亩地全靠体弱的妈妈和幼小的妹妹侍弄。头一天刮大风，他得回去帮家里把秧苗护好。我听后百感交集，没想到我们的学生一边在校学习，一边还得惦记着种地。我暗下决心一定要帮他改变命运。在我的印象中，这位学生在做软件方面很有才华，还得过奖。毕业前，这位学生找我说想考我的直博生，我当时就说"可以，好好考"。心里很希望他能考上，因为这是我帮助他的一个机会。然而，事情并不顺利，当时招生名额为三个，他却考了第4名。幸好当时学校有扩招的政策，但每位扩招生必须交2万元。虽然当时这是一个很大的数，但我还是说："我替他交"。就这样，他获得了入学研究生的资格。后来他博士论文的成绩是优。他也是我前面提到的2005年IEEE模糊系统首期首篇长文的主要作者，毕业后他去了中科院计算所，工作出色成了技术骨干。他和他家庭的命运也因此得到了彻底的改变。

2003年获优博论文的学生李合生在生活上的困难是在二人一间的研究生宿舍里，他的同屋同学睡觉时打鼾如雷以致每晚他都无法入睡，白天无精打采，影响学习和工作。别看这是一件小事，但却是一个棘手的问题。我了解到这个情况后，跟他说既然调宿舍是不可行的，那就委屈你住办公室吧。于是我从家里搬了一个行军床给他放在办公室，使他得以完成研究生学业。毕业后他在中国工程物理研究院五所工作，现任研究员、博导，并担任所的行政管理工作。

在北大上学时，每门课都有习题课，有时大课是几百人的，而习题课是几十人的。习题课并不是辅导学生做习题，而是对老师课堂上讲的内容提出问题进行讨论。对一个问题的解法总会讨论出几种方法。老师对那些经过独立思考，提出与书上不同方法的行为特别重视和表扬。这种课实际上是教学生如何去创新思维，因此给我留下深刻印象，也成为我的一种教学方法。我与所有学生每周都会有一次半天的讨论会，每次会都有几个同学做重点发言，有的讲自己工作的新进展，有的讲要发表的文章，有的做毕业答辩的预答辩……讲完后由大家提问和评论，最后由我来点评。

几十年来学生们都对这种讨论会很感兴趣，都反映很有收获。其实，在每次开会前，我也会像上课一样备课，只有这样才能点在要害处，评出好、坏、对、错，给学生进一步的研究指出方向。

80后的学生多数是独生子女，心理素质比较敏感和脆弱。所以作为教师有时还需要学些心理学。比如我有一位女研究生是于2004年由一所211大学保送来的，2006年提前攻博。她的基础知识很扎实，英文也很好，学习期间恰逢在澳门大学举办的IEEE国际研究生会议（第四届RIUPEEE）。我带她去参加了，并且她发表的论文得了优秀论文奖。她的博士论文做得也很出色，有论文发表在IEEE"控制系统技术"刊物上，一切都较顺利。2010年答辩也准备得较充分。答辩那天一早我给她打电话想再交待几件事，结果令我没想到的是一接电话她居然大哭起来，问她有什么事也不说。这时我想她是紧张所致需要发泄一下，我只需要默默地听着就是了。过了一阵子，她慢慢停下来，我用很镇定的语气问她："哭够了吧，咱们再讨论一下……"几件事交待完后，她的情绪正常了，我也放心了。读到她的临别赠言，每每令我泪目，现摘录如下：

"尊敬的毛老师：

转眼间六年多的研究生生活就这样过去了，在我的学习过程中，能够遇到自己崇拜及值得敬佩的导师，是一件让人毕生难忘的事情。人们经常把老师比作蜡烛、工匠、大树、慈母，而您正是将这众多角色集于一身，每每想起，令人感激。

您在学习、生活和做人方面对我十分关心，苦口婆心的教诲，无私的奉献，不求索取、不图回报。也正是因为您的这种奉献精神，使得您的形象在我心中如此高尚，也使得我对您充满了感激之情，俗话有云"滴水之恩当涌泉相报"。师恩如海，老师的恩情我们永远也无法报答，唯有提起斗志，将自己的满腔热血投入到工作中，用亮眼的成绩来报答您为我付出的心血。

感谢这六年多来您给我的美好时光，感谢您给我这一身知识的武装，我会永远记得您的教诲，老师，您辛苦啦！

最后，衷心祝福您和您的家人身体健康、心想事成！"

现在她已是国内一所211大学的教授、博导了。

在此特别要提一下女博士生的特殊性。国家开始执行博士制度时，人们对女博士的评价是："世上有男人、女人和女博士"，即将女博士视作另类。那时也有些女博士跟我谈心里话，觉得连对象都不好找。后来女博士多了，这种说法也渐渐地消失了。然而，有些博导又不愿招女博士生了，认为她们"事儿多"，而我因为本人就是女博士，所以当然没有理由拒绝女生，所以我的学生中有约 1/3 是女生。我认为女生下决心来读博士是件很不容易的事，她们除了要做好学习上的准备外，还要规划好恋爱、家庭和孩子等的取舍和安排，作为导师更要多加关心，对她们来说最主要的是要鼓励她们坚持到底的自信和勇气。

我的一位女博士是西安空军工程大学的教师，入读我的研究生时儿子才四岁。为了攻读博士学位，只好由她的丈夫照顾孩子。她思念家庭和孩子的心情我完全理解，所以我私下跟她说如果想孩子就利用周末回家去看看，晚回来几天也没关系。然而她学习十分努力，为的是抓紧时间提前完成博士论文。1999 年 9 月，她终于顺利通过答辩，论文成绩为优，毕业时她给我的临别赠言是：

"毛老师，我今天的一切收获都来自于您的教诲，在回顾过去的时候我特别感谢您。您给了我很多，不光是知识，还有成绩、勇气和自信！希望您永远指导我，我永远做您的学生！"

回校后很快她便提为大校军衔的教授、博导。有一次我去看她时她告诉我，由于工作出色，学校几乎把所有的"光环"都给了她，包括：全国优秀教师、空军级专家、巾帼建功标兵、军队院校育才奖、一个二等功、两个三等功等等。她还告诉我，她培养的几个博士生都很优秀，大多留校了，现在全校讲课最好的老师就是她培养的博士生，而且目前孩子、家庭也都很幸福。我听了很是欣慰。

回忆和学生一起成长的年月，一个个鲜活的形象出现在我的眼前，充满朝气和活力。我常想他们为什么到我这儿来，把自己风华正茂的几年时间托付给我，有的学生家庭还要为支持他们学习克服经济上的困难；国家为什么让大学毕业生中优秀的份子攻读硕士、博士学位，让我作为他们的导师要把他们培养成什么样的优秀人才。答案还是我此文开头时讲的，一个国家的强大最终取决于优秀的人才——为国所需、具有高尚的科学道德和学风的、掌握扎实基础理论的并且有解决工程实际问题专门化知识的人才。

从在北京大学工作至今，今年正好是我从事工作 60 周年，作为博导已有 31 年。

我培养的博士、硕士不算多，但令我欣慰的是他们中的绝大多数不论职位、职称高低，都在自己的岗位上兢兢业业地为国家工作，他（她）们做得很好，比我想象的要好得多，有的还有出色的贡献。这一切是我人生价值的重要部分。

在北航 70 周年校庆之际，谨以此文作为向学校的汇报，并纪念我的导师林士谔先生和沈元校长。

想干事　能干事　干成事

吕金虎

自动化科学与电气工程学院教授，曾获全国优博，近五年指导研究生两次获全国一级学会优秀博士学位论文。

国家杰青／创新群体学术带头人、IEEE/CAA/ORSC Fellow、国家万人领军／有突出贡献中青年专家，全国科技创新领军人才联盟理事长、中国指挥与控制学会副理事长、中国自动化学会常务理事。IEEE TII(Q1) 共同主编、中国科学优秀编委。从事工业互联网、协同控制等研究，IEEE 汇刊论文 105 篇、中英文著作 6 部、授权发明专利 58 项，WoS 总引用 2 万余次、7 次入选全球高被引科学家。获 3 项国家自然科学二等奖 (2 项排名第一，1 项排名第二)、4 项省部级科技一等奖 (均排名第一)、全国创新争先奖、何梁何利进步奖、工程院光华青年奖、中科院青年科学家奖、北京市教学成果一等奖 (排名第一) 等。

2021 年全国共招收研究生 117.65 万人，过去二十年我国研究生招生规模增长近十倍。新发展阶段如何用新发展理念构建我国研究生人才培养的新发展格局是当前研究生教育面临的重要挑战。如何把研究生培养成想干事、能干事、干成事的国家栋梁之才是各位研究生导师值得思考的问题。

本人从 2006 年开始指导博士研究生，过去 16 年经历了酸甜苦辣，积累了一些经验和教训。要坚持立德树人的根本任务，引导研究生把个人前途命运与国家高水平科技自立自强紧密结合起来，实现思政教育与专业培养的有机融合；要坚持"四个面向"的根本宗旨，引导研究生研究真问题、真研究问题，实现分类卓越培养与创新实践的有机融合；要坚持学术创新的底线思维，引导研究生增强创新意识、恪守学术道德规范，实现传承发展与守正创新的有机融合。

作为研究生指导教师，要引导研究生逐步建立科研自信、正确开展科学研究，肩负起新时代文化传承与科技创新高质量发展的重任。下面从三个方面谈一点粗浅认识。

1. 如何建立科研自信

科研自信对于科技工作者来说至关重要，特别是对于刚入门的研究生来说更是如此，它影响一个人能够在科研道路上走多远。结合自己二十多年的科研经历，我个人认为建立科研自信应当从以下四个方面做起：首先，要选择适合自己的研究方向。俗话说适合自己的才是最好的。正如习近平总书记所说"鞋子合不合脚，只有穿的人才知道"。其次，要对研究工作充满热情。自己看准的东西，一定要下定决心，持之以恒地坚持去做。除非运气特别好，否则要在一个方向上至少坚持两到三年，才有可能做出一点好的创新成果来。再次，要始终对自己充满信心，要相信自己。在未知世界的探索过程中，成功的科学研究是重要的，但失败的科学研究意义同样重要，成功与失败都是科学研究的必经之路。最后，要多与老师、同学、同行交流讨论，切忌闭门造车。要多参加国内外学术会议，多走访学术机构。或取经，或交流，或做报告，逐步建立起自己在学术界的影响与声誉。一个人成功的关键是能用工作和成果来证明自己。研究生阶段是人一生中最容易出成果的阶段之一。因此，要引导研究生逐步建立科研自信，做出高质量的科研成果。

2. 如何进行科学研究

科学研究是一个复杂的动态过程，一般包括选题与做研究、写作与发表论文、演讲与被同行认可三大部分。美国工程院院士、中国科学院与工程院外籍院士、哈佛大学何毓琦教授指出：上述三部分在时间分配上约各占三分之一。陈木法院士2002 年在《数学通报》第 12 期上的文章"迈好科学研究的第一步"指出：科学研究包括方向与选题、胆识与信心、基础与训练、写作与演讲四个方面。下面从选题与做研究、写作与发表论文、演讲与被同行认可谈一下自己的体会。

（1）选题与做研究

对研究生而言，选题是第一关，好的选题一般背景比较清楚，且有旺盛的生命力。在科学探索的过程中，在前人工作的基础上做出新的创造性工作是一件非常有意义的事。选题有很多原则，大致包括科学性、创新性、应用性、可行性等，要坚持"四个面向"，要符合自身的特点和专长。诺贝尔奖获得者杨振宁先生曾说："同学们很佩服我的理论知识，常常要我帮他们解决理论习题，可是大家一致笑我在实验室里笨手笨脚。"杨振宁先生刚开始想从事当时热门的实验物理研究，后来转向自己擅长的理论物理研究，并取得了巨大成功。有的学生善于联想，有的学生善于攻坚，要找到适合自己的研究方向。

做研究需要长期的训练和培养。古人云："熟读唐诗三百首，不会做诗也会吟"就是这个道理。做研究需要必要的专业基础和课题基础，专业基础需要一定的深度，在一个方向上搞深、搞透；课题基础需要一定的广度，在相关领域具有丰富的实践经验。有的研究生花很多时间研修各门专业课及其他专业书籍，结果最后时间不够用，无法按时完成学位论文。有的研究生花很少时间研修各门专业课，结果基础不扎实，导致学位论文也做不出来。无论如何，研究生课程学习和学位论文写作都是必须的，不同研究生具体情况不一样，大家要根据各自实际情况合理分配时间。国家最高科学技术奖获得者黄昆院士曾说："学习知识不是越多越好，越深越好，而是要服从于应用，要与自己驾驭知识的能力相匹配"。

此外，工科研究生的选题和做研究要特别注重与国家重大需求相结合。学生要积极参与导师的科研项目、投身到重大项目研究中，在项目中选题和完成学位论文，解决实际问题。研究生要增强团队意识，积极参与有组织的科研活动，培养自己的综合能力。

（2）写作与发表论文

论文从开始写作到正式发表是一个反复迭代的过程。写好一篇文章，对个人的事业发展极为重要，要舍得花时间进行写作——"文章千古事，得失寸心知"。优秀科技论文一般包括创新性、可读性、信息量、参考文献、署名与致谢等基本要素。一篇好的论文不一定要很长，但内容一定要深入、结果一定要深刻、要能反映作者独到的见解。

在当前信息爆炸的时代，论文的可读性至关重要，论文的写作要规范。切忌在任何场合贬低他人学术成果，虚心学习他人的长处，利用现代化手段加强与同行联系；切忌同行相轻，经常关注、引用他人成果，在学术上多协助同行、提携后进。

（3）演讲与被同行认可

论文发表远远不是科学研究的终点，如果论文的观点最终不能被同行接受或认可，论文的创新性将大打折扣。演讲是研究工作的延续和升华，要充满艺术，其宗旨是要为读者和听众负责。演讲最重要的是说服听众接受你演讲的观点，从而达到被同行认可的目的。学术演讲不同于一般的商业演讲，它要求在学术信息保真的基本前提下，把论文、专利、标准等中的深邃学术思想通过适当的形式转换成听众容易理解和接受的报告。针对不同层次的听众，演讲内容的深度和表现形式应具有较大差异。

学术成果被同行认可的形式有很多，论文发表、被引用评价、应用及产业化等都是成果认可的形式。学术成果被认可的程度也有较大差异性，在学术界产生的影响差异性也很大。学术成果被同行认可可能是一个漫长的过程，有些创新性很强的成果需要几十年甚至上百年的时间。以诺贝尔奖为例，成果取得到获奖的等待时长远远超过 10 年。例如，约翰·古迪纳夫获 2019 年化学奖时已经 97 岁，而锂电池从发明至今已近 40 年。

3. 一点个人心得体会

多年的科研及研究生指导经历使我明白要成为一个想干事、能干事、干成事的人，必须做到"长期坚持、充满自信、适当选择"。

长期坚持：做任何事情，只有长期坚持、永不放弃、通过持之以恒的努力才可能获得成功。只有通过长期的实践才能体会事情发生的真谛，才能有自己独特的见解和感悟。如钢琴界所谓的"1 万小时法则"，意味着一个人的技能要达到世界水准需要超过 1 万小时的练习。

充满自信：做任何事情都需要自信，没有自信是很难持久的。做一件事情的自信来源于自己是否真的发自内心地热爱，只有发自内心的热爱，才可能全力以赴、持之以恒地努力奋斗。做事不能急功近利，要永远有一个长期的奋斗目标。很多时候，要善于吃眼前的"小亏"，否则将来一定会吃"大亏"。

　　适当选择：每个人的时间和精力都是有限的，不可能任何事情都去做，必须不断地做出合适的选择。选择要有所为，有所不为。高手之间竞争的成败往往取决于方向，因为大家的能力都很接近，甚至都很努力，但可以选择不同的路，即使选择相同的路也可以有不同的途径和方法。多年的经历告诉我，最后的成功者在技术层面上并不一定那么厉害，往往取决于他选择了正确的方向。

攀崖式创新与博士生培养

段海滨

自动化科学与电气工程学院教授。指导的博士生多次获北航校级优秀博士学位论文、中国人工智能学会优秀博士学位论文奖、中国仿真学会优秀博士学位论文奖等。指导的学生邓亦敏学位论文《基于仿鹰眼视觉的无人机自主着舰导引技术研究》被评为 2018 年中国人工智能学会优秀博士学位论文和 2018 年校级优秀博士学位论文；指导的学生孙永斌学位论文《基于仿生智能的无人机软式自主空中加油技术研究》被评为 2022 年中国仿真学会优秀博士学位论文；指导的学生张岱峰学位论文《对抗环境下基于狼群智能的无人机集群自主控制》被评为 2022 年校级优秀博士学位论文。

长江学者特聘教授，国家杰出青年科学基金获得者，"万人计划"-科技创新领军人才、中组部首批青年拔尖人才，中国科协全国首席科学传播专家。主要从事无人机集群仿生自主飞行控制研究。

主持国家自然基金重大研究计划重点项目、国家自然科学基金企业创新联合基金重点项目、国家自然科学基金重点项目、国家杰出青年科学基金、军委科技委创新特区项目、装备预研等课题。发表 SCI 论文 70 余篇，专著 4 部，发明专利 35 项，2020 年爱思唯尔中国高被引学者，获中国航空学会科学技术一等奖、吴文俊人工智能科技创新一等奖、CAA 技术发明一等奖、国防技术发明二等奖、国防科技进步二等奖 (均排名 1)，高等教育国家级教学成果二等奖 (排名 2)。获中国青年科技奖、全国优秀科技工作者、中国青年五四奖章、茅以升北京青年科技奖、中国自动化学会首届青年科学家奖、杨嘉墀科技奖、冯如航空科技精英奖。*Guidance, Navigation and Control* 创刊主编、IEEE *Trans Cybernetics*、IEEE *Transactions on Circuits and Systems II*、《中国科学：信息科学》《中国科学：技术科学》《自动化学报》等期刊编委，IFAC TC 7.5 委员、中国自动化学会无人飞行器自主控制专业委员会主任、中国航空学会制导导航与控制分会主任。第十二届、第十三届全国青联常委兼科学技术界别副主任委员。

博士是标志一个人具备出原创成果能力或学力的学位，是目前最高级别的学位。非常感谢北航的博导遴选机制，2009 年有幸作为副教授被遴选为导航、制导与控制学科的博士生导师，在空天报国、教学相长的育人过程中，也促进了自己的学术成长。

在过去十三年中，我在北航指导了二十余名博士生，至今已毕业博士生十四名。毕业的博士生中在学期间十人次获国家奖学金，四人次获北航校级优秀博士学位论文、中国人工智能学会优秀博士学位论文和中国仿真学会优秀博士学位论文奖，百分之七十以上的博士毕业生选择了在航空航天等国防第一线从事科研、教学工作。在高校工作的五位博士毕业生全部都在工作的两年内申请到了国家自然科学基金－青年科学基金。

"万丈悬崖脚下走，无限风光在险峰"，这句话是攀岩爱好者的真切体会。作为一名工科的博士生导师，我认为要培养创新人才，一定得秉承面向国家需求和国际学术前沿的理念，培养博士生具备"做难事必有所得"的坚定信心，少走近路，少走宽路，多攀登悬崖式的绝壁，得有"咬定青山不放松"的执着与刻苦，才有可能培养出优秀的科技创新人才。这里，结合我个人指导博士生的经历，总结一下我的三点体会：

1. 空天报国，使命担当

"士不可以不弘毅，任重而道远"。正如北航校长徐惠彬院士在北航寄语中所说，北京航空航天大学是新中国创建的第一所航空航天高等学府，为国而生、与国同行，是一所肩负神圣使命、承载宏伟愿景的大学，学校的理想和抱负、传承和发展始终与国家发展和民族振兴紧密相系。博士研究生最重要的特质是不仅要有正确的读博目的观，而且要有研究上的兴趣、自信，有较强的自我激励能力，因此在招收学生时就需要好好地鉴别他们读博的动机，在研究上有无真正的兴趣。我从每位博士生进入课题组的第一天起，便明确北航多年服务国防、服务国民经济的红色基因和使命担当性，强调所在课题组多学科交叉研究的特色性，强调空天领域"卡脖子"关键技术亟待突破的急迫性，强调从 0 到 1 科研创新的重要性，这些都是攀崖式学术创新的制高点。明确了制高点，才能使博士生们对自己读博士的目的有较为清晰和正确的定位。

机器人尤其无人机是人工智能皇冠上的明珠。本人研究方向是无人机集群仿生自主控制，通俗而言就是研究无人机的"大脑"。如何让无人机这种没有任何智能的机器具备动物甚至是人的智慧，对美国等西方国家来说，也是一个至今没很好解决的卡脖子关键技术难题。从美国无人系统发展路线图来看，还需要至少二十年时间才能攻克，而我们国家需要的时间则更长。这一点从博士生入学的第一天让他们牢固把握。跨学科研究往往是攀崖式创新的艰辛"羊肠小路"，但是对于博士生们来说也是学术上的"康庄大道"。在向学术前沿和关键技术探索的艰辛过程中，广大博士研究生们在南征北战、上山入海的外场飞行试验中，也真切体味到了空天报国的历史重任在肩，而不是读博士等同于简单混张文凭、拿奖学金、找个好工作的功利化认识。只有心怀"国之大者"，为国分忧、为国解难、为国尽责，才能专心、静心、安心地投入科研创新，才能有更好的未来。

2. 筑梦高远，自立自强

"源浚者流长，根深者叶茂"。长期以来，我们国家科技创新跟踪式的研究多、重大原创成果少，从 1 到 99 的研究多、从 0 到 1 的研究少。这也是我国与世界科技强国的主要差距，也是中美贸易战、科技战、金融战的核心所在。习近平在中国科学院第十九次院士大会、中国工程院第十四次院士大会上的讲话（2018 年 5 月 28 日）指出，"实践反复告诉我们，关键核心技术是要不来、买不来、讨不来的。只有把关键核心技术掌握在自己手中，才能从根本上保障国家经济安全、国防安全和其他安全"。在"破五唯"的新生态下，现在许多博士生依然有认识上的误解，认为只要发表高影响因子 SCI 论文或满足学校要求就可毕业了，所以就千方百计，甚至不择手段去发表论文，这是本末倒置的危险性认识，是做不出好的研究成果的，也培养不出真正优秀的科技创新人才。

在我培养博士生的过程中，每位博士从入校开始，就让他们树立高远的学术目标，每周都阅读一定数量的国内外最新相关文献，并结合课题研究进展在每周一次的课题组例会上进行汇报，多讨论奇思妙想，多进行攀崖式创新，而不是被现有的方法牵着鼻子走。培养博士生的核心思想是指导他们通过创新实践成为合格的独立研究工作者，要有从问题定义开始直到创新解决问题的能力，而不是完全按照我们导师的思路来帮帮忙、编编程、写写报告。博士生教育的本质是科研训练。本人所在课题组除了承担国家和军口的纵向课题，也承担了一定数量科研院所面向型号研制的横向合作课题。在课题研究的过程中，实施了"博士生技术负责制"，通过博士组建课题创新研究小组团队，带领不同年级的硕士共同开展面向工程问题的科研攻关，锻炼了广大博士生的科研组织能力。此外，项目执行期间或结束后，鼓励和指导博士生们进一步结合科研院所课题中的科学问题，从理论机理等层面进行更加严谨深入的创新研究，将创新成果积极发表在国内外顶级刊物上。通过这种"压担子（挑战科技难题）、步碾子（集智刻苦攻关）、摘果子（发表创新成果）"的创新培养模式，明显锻炼了博士生的独立科研创新能力，他们也在 IEEE *Transactions* 等知名期刊发表了较高水平的科研论文，有的博士还合作出版了学术专著。每位刻苦努力的博士生在这种模式下都切实体会到了自立自强科研创新的获得感。

3. 砥砺初心，勤奋成长

"宝剑锋从磨砺出，梅花香自苦寒来"。作为一名博士生导师，面对科技创新的压力和时间紧迫性，我几乎取消了所有的周末和节假日，透支身体熬夜也是十多年积累的"陋习"。熬夜科研不代表勤奋，但是我认为一个带头勤奋的老师应该能影响出勤奋的博士生。我也经常提醒博士生们："在实验室做科研要效率优先，平时也要多锻炼身体，年轻人要少熬夜"。有效的大量的时间投入是做好科研的基本前提和保证，只有投入大量的时间和精力，才能把科研做精、做细、做深，在国防科技创新领域更是这样。同时，也经常告诫博士生们"做难事必有所得"，国防领域和前沿科学领域的科研，往往都是"难事"，而这些难事都是国家需要的，也是有价值的。

十多年来，面向国家和国防重大战略需求，我们一直结合承担的国家自然科学基金重点项目、重大计划重点项目、集成项目，国家重点研发计划课题，军委科技委创新特区、基础加强、装备预研等课题，结合所在的导航、制导与控制专业特色，带领博士生们跨学科从模拟自然界中蚂蚁的寻找最优路径、鸽子的散而不乱效应、鹰隼的强视力视觉感知、狼群的灵巧任务分配等生物群体智能行为出发，努力做"一杆子捅到底"的创新科研，系统开展了仿生智能理论、技术和集群飞行验证的研究。为每位博士生提出了"五个一"的指标任务要求，即：所有的博士生毕业论文至少有一章是理论研究，所有的博士生毕业论文最后一章都要做外场集成（飞行）试验验证，所有的博士生都要面向航空航天企业的关键技术研究至少一个用得上的科学问题，所有博士生都要参加至少一次国际学术会议并做口头交流，所有博士生都要出至少一个课题组里在这个小方向上迄今最"硬"的科研创新突破。由此，本人所在课题组产生出了有特色的系统性创新研究成果，为我们国家多个国防型号的创新研发提供了关键技术支撑，得到了国家和军方的认可。博士生们核心参与完成的相关成果参加了军科委"十三五"国防科技创新特区成果展和科技部"十二五"科技创新成就展。在指导博士生们进行艰苦科研的攀崖式创新历练过程中，也培养了具备良好科研素质的创新人才。

"志之所趋，无远弗届，穷山距海，不能限也"。作为一名博士生导师，会继续积极教育和引导广大博士生们秉持国家利益至上的理念，继承和发扬老一辈科学家胸怀祖国、服务人民的优秀品质，弘扬科学家精神，在攀崖式创新的求索过程中，志存高远，勇立潮头，锐意进取，刻苦攻关。只有这样，才能培养出更多对国家真正有用的科技创新人才。

亦师亦友　共同发展

王宏伦

　　自动化科学与电气工程学院教授，指导的学生姚
鹏学位论文《复杂环境下无人机三维航路规划技术研
究》，被评为 2018 年校级优秀博士学位论文。

　　长期从事无人飞行器智能自主控制的基础理论、
关键技术和工程实现研究。发表学术论文 150 余篇（其
中 SCI：57 篇，EI：70 余篇，ESI 高被引 4 篇），获
省部级科技奖励 6 项、国家发明专利授权 48 项。

　　时光飞逝，转眼间我的学生姚鹏已经毕业将近五年，其博士学位论文《复杂环
境下无人机三维航路规划技术研究》，被评为 2018 年校级优秀博士学位论文。回想
起指导他攻读博士学位的四年光阴，我有点滴心得体会，在此进行总结与分享。不
到之处，还请各位老师批评指正。

1. 尊重信任学生，在实验室营造良好的科研和学习氛围

　　现在的学生基本是 90 后甚至是 00 后，独生子女较多，通常自尊心较强。因此，
在培养中，尊重、信任学生，不凌驾于学生之上；在学生遇到困难挫折时，不挖苦、
讽刺学生，而是积极鼓励学生；在日常生活中，与学生做"朋友"，做到亦师亦友；
平等待人更是尊重、信任的要点。

　　对学生们充分尊重和信任，营造良好轻松的科研氛围，减轻学生们精神上的负
担，实际上更利于学生做出创新性的成果。我没有在实验室设置打卡机制，不硬性
要求学生到实验室的时间，信任学生们的自制力。只是希望学生们不负年华，每个
人都能在实验室的发展上留下自己的印迹。

在对学生的培养中，我尊重其在科研方向上的选择及论文的选题，允许学生们在实验室多个研究方向中自由探索，支持和鼓励学生在选定的方向做深入研究。这样，在兴趣的驱动下，到正式开题时，博士生们都能够做到在选定的方向上已有比较深入的研究，并取得了初步成果。之后，高质量完成学位论文也就不难了。实验室以姚鹏为代表的多位同学在四年的博士学习生涯中，都发表了不少于 5 篇 JCR-Q1 区的SCI 论文。

2. 言传身教，以身作则

我一直秉承言传身教这一培养理念，并以身作则，认为这是最有效的培养方法。我主要从以下三个方面对学生进行引导：

（1）严谨认真，从一开始

我会非常较真地批改每个学生写的第一篇论文，逐字逐句，精确到标点符号，给出详细的批注。这样会使学生充分理解何为严谨，在以后写论文、写报告、做研究等方面，以严谨为基本要求。通过这种方法，学生后续的报告和论文的质量与严谨程度都有大幅提升。

（2）求真务实，乐于探索

在科研攻关的关键时期，我会与学生们一起加班加点，甚至熬夜通宵，以身作则，力求攻坚克难，精益求精。往往在圆满完成任务的基础上还有新的突破，以此来让学生意识到，科研不仅是完成任务圆满交付，更是一种求真务实和乐于探索的学术追求。

（3）聚焦问题，有的放矢

我一直秉持"从工程实际需要出发，聚焦和凝练瓶颈科学问题，进行创新性基础和应用基础研究，最终回归工程实际"的科研理念，教育学生要服务于国家重大需求，紧跟学术前沿，严谨细致地从事科学研究，切实解决实际问题。在与学生讨论问题时，我经常通过多年的工程经验给出建议，使学生懂得学术研究不能脱离工程实际。

3. 注重培养学生全流程的科研能力

博士生培养中一个核心问题是培养学生什么样的科研能力？社会又真正需要什么样的博士？结合自己多年科研、教学的所见所思，我觉得首先得有坚实的基础、宽广的视野、积极乐观的心态、孜孜不倦的探索精神；在此基础上进行科学、系统地全流程科研工作能力的培养和历练。高质量完成博士学位论文只是阶段性检验，毕业后的事业发展才是最终检验。为此，在制定课程计划时注重引导学生建立扎实的基础理论体系；在科研实践方面，注重学生从项目申请书的撰写到立项、开题、项目推进与科研攻关、成果总结与论文 / 报告的撰写、中期检查、结题验收全流程的深度参与和能力培养，通过一轮轮高标准、高要求地提炼、修改、迭代，使学生从艰辛的螺旋式发展的科研活动中得到磨炼、得到提升，并逐步积累自信。姚鹏等各位博士在学期间都经历过不止一次的国家自然科学、航空基金等全流程历练，令人欣慰的是毕业后的独立科研能力都很强。截至目前，所有的毕业后到高校从事教学科研工作的博士都能在 1~2 年内获得国家自然科学青年基金的资助（有的已顺利获批了面上项目），甚至到研究院所工作的工程研制任务很忙的学生也在 2 年内获批了国青基金。

4. 充分利用组会和学术交流构建反馈机制

课题组其实也可以看成一个复杂的控制系统。对于控制系统而言，闭环反馈是必不可少的。因此，我充分利用组会和学术交流建立反馈机制，每周定期开展学术交流与组会。在学术交流中，每周安排一个学生以 PPT 演讲形式进行交流，内容不局限于科研，也可以是生活题材，以促进大家深度了解和知识融通，并锻炼学生的研讨能力。在组会中，每位学生汇报本周的学习、科研、生活等情况（对于不便公开交流或个人的特殊情况，则安排单独交流），并根据每位学生的具体情况进行针对性指导和建议。通过这种方式，可以及时倾听和掌握学生的学术研究进展及本周工作和生活情况，有助于及时解决学生们科研、生活上遇到的难题或困惑，也能促进学生之间的交流和沟通。

5. 关心学生的身心健康和职业发展，提供多维度支持

学生的身心健康和职业发展是重中之重，是科研持续产出的基础。这里我采取

了以下几方面的措施：

（1）号召学生劳逸结合

定期开展打球、健步走、跑步等健身活动，本人一般周末都会前往公园健步走，并以此敦促学生。

（2）按时、足额发放助研金

学生时期是资金最为短缺的，特别是研究生期间，处于学生与工作的过渡时期。有的学生在研究生阶段想实现经济独立，不从父母手中拿钱，若导师发放的助研金太少，可能难以维系正常生活，徒增生活压力。因此，我给学生按时足额发放助研金，并秉承多劳多得原则，解决学生的后顾之忧；

（3）关注学生日常的言行举止、身心健康、职业规划、求职进展等，开展经常性的交流、沟通与引导

研究生阶段，学生的心理压力一般较大，科研、论文投稿、求职、恋爱都可能造成心理失衡。营造良好的科研氛围是一方面，而经常性的谈心、谈话与疏导也是必须的。平时多关注学生的身心健康，及时发现和解决问题，防患于未然，往往能起到事半功倍的效果。

筑牢基础　聚焦前沿

　　自动化科学与电气工程学院教授，指导的学生冉茂鹏学位论文《基于扩张状态观测器的不确定非线性系统控制方法研究》，被评为 2019 年校级优秀博士学位论文。

　　主要研究方向为飞行器制导与控制、智能控制、容错控制等。1996 年获得西北工业大学航天工程学院博士学位，1996 年至 1998 年在北京航空航天大学从事博士后研究工作，1998 年被评为副教授，2003 年起任北京航空航天大学教授，自 2004 年被评为博士生导师起，培养博士生二十余人。

　　我自 2004 年成为博士生导师后，已培养了二十余名博士生。他们毕业后大部分都选择在国内一流的航空航天科研单位工作，也有选择在国内一流大学工作，很多都成为了单位的骨干。下面就我自身的经验谈谈培养博士生的几点体会。

1. 注重培养学生基础，筑牢科研的基石

　　我们做科学研究，"须根深固本"，培养一名优秀的博士生，必须重视牢固其基础。这里的基础不仅仅指的是知识储备上的，还有思想上的，身体上的。首先，学生在思想上要具备科研人的基本素质，须朴实而坚毅，并有一颗挚爱科研的心。其次，在选学生方面，主要还是注重学生的基础，特别是数学基础要好。然后，督促学生在专业基础知识上下功夫，只有掌握本研究领域的基础，才能在此之上做出突破。最后，身体是革命的本钱，没有好的身体素质，科研是难以为继的。调研需要好身板，

做实验写报告更需要。现在科研大部分都是坐着的，缺少运动的机会，身体自然就会变差。因此，我时常鼓励学生抽出时间去做健身、打球、游泳等运动，保持强健的体魄，在搞研究的时候也会更有精力，同时良好的身体会使学生受益一生。

2. 鼓励学生自主创新，选取适合的道路

每个学生的基础和感兴趣的研究方向都是不同的，在面对学生的时候，我会充分发挥其主观能动性，在提供科研方向的参考的同时，尊重其兴趣和选择，鼓励学生自主创新，走出自己的科研道路。比如有的学生喜欢理论研究，那么就鼓励他做学科前沿的课题，而不局限于实验室已有的科研基础。在博士生的选题方面，我也会根据实验室的研究方向给学生建议，如果学生感兴趣，那就在实验室研究基础上选定自己喜欢的题目，如果学生有自己的想法，我也会全力支持其研究。事实上，往往有自己想法的学生更会刻苦钻研，博士论文做得更好。

3. 鼓励学生提前做计划，抓紧宝贵的时间

博士研究的生涯说长也长，说短也短。我时常督促学生把握时间，"凡事要趁早"，提前做研究提升自己，提前写论文。假如能够在博士开始的时候就知道自己的方向，并通过自己的努力获取相应的成果，那么接下来的路就会宽广很多。而且，博士开始的时候，精力也很旺盛，时间也很充足，内心充满了对挑战的渴望和追求，也能够抵御失败。所以，我鼓励学生早承担课题，早做计划。大部分博士生都能迅速进入课题研究，提前做出相应的成果，从而有时间在毕业之前写出高质量的论文。因此，要想成为一名优秀的博士生，须提前规划自己的研究，一方面从容不迫地面对毕业和工作的压力，另一方面有充足的时间做更深入的研究。

4. 鼓励学生开阔视野，聚焦学科的前沿

一个人的眼界决定了他的上限。不论是作为导师还是一名优秀的博士生，不仅要关注自己所研究的学科领域，还要有更广阔的视野。在工作方面，鼓励学生多学习新知识，聚焦学科的前沿，发挥自己的专业特点。在做研究方面，可以关注一些其他学科的顶级期刊，虽然里面的文章并不一定都与自己所研究的领域直接相关，但是看看别人的研究成果，对自己也会有很大的促进。同时，也要立足于本领域当

前国家的发展与需求，最好是在学科前沿和国家发展需求结合的方向上去培养博士生，这样才能给他们指明一个好的方向。同时，我们很多学科前沿的研究都是"摸着石头过河"，也是一个教学相长的过程。开始的时候我的研究可能比学生多，到后来，学生在这个方向上研究得比我还深入了，我们再互相学习，互相进步。在这个教学相长的过程中，也同时促进了自己研究领域的深入和拓展。

以上就是我培养博士生的几点体会，不一定正确，供大家参考。

学好两论是掌握正确科研方法的法宝

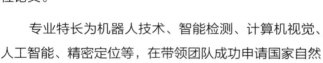

自动化科学与电气工程学院教授，指导的学生张良学位论文《三自由度永磁球形电机的转子姿态检测及其控制策略研究》，被评为 2016 年校级优秀博士学位论文。

专业特长为机器人技术、智能检测、计算机视觉、人工智能、精密定位等，在带领团队成功申请国家自然科学基金从事高水平科学研究方面成绩突出。曾主持和参与各类纵向科研项目 30 余项，发表科研论文 300 余篇，获国家发明专利 40 余项；获得 2015 年度吴文俊人工智能科学技术创新奖，入选 2017 年度人工智能领域 10 所 985 高校 138 位高影响力学者综合指数排名、2019 年度钱江特聘专家。

球形电机转子的三维姿态检测是世界性的难题，因为它不能像单自由度电机那样通过简单地安装编码器即可实现位置检测。所有已报道的各类球电机在其结构和控制方法设计中几乎都存在不同程度的缺陷，尤其是没有能够提出一种有效的三维姿态检测策略，从而使得高精度姿态控制成为球电机研究领域难以攻克的重大难题。我指导博士生张良对此方向进行了研究，提出了具有很好创新性的三自由度被动球关节的设计理念来实现准确的实时姿态检测，并在此基础上形成了系统、有效的球电机转子三维姿态检测方法和控制策略，解决了困扰该领域多年的球电机三维姿态检测难题，相关研究成果 2012 年发表在国际期刊 Sensors and Actuators A: Physical 上，获得国内外学者的广泛关注。基于此，学术论文在磁场和力矩建模、标定等方面都取得很好的成果。针对球形电机动力学系统存在强耦合、非线性，且系统在建模过程中存在模型估计的不确定性，以及负载、摩擦、环境磁场等外界干扰因素影响的特点，设计了一种鲁棒自适应迭代学习控制算法，可以在保证算法实时性的同时，补偿模型估计不确定性以及各种外界干扰问题对球形电机控制精度的影响，相关研究成果 2016 年发表在顶级国际期刊 IEEE *Transactions on Industrial Electronics* (TIE) 上，被 IEEE 国际工业电子学会授予该期刊 2016 年度唯一最佳论文奖。学位论文送审国内球形电机研究领域的领军人物——合肥工业大学王群京教授评阅，得到王教授的高度赞誉。该成果也为课题组的国家自然科学基金结题获得优秀和申请新的球电机项目打下了基础。

通过张良同学的博士学位培养，我深深感到能够把学生培养出成绩就是做导师最大的欣慰。我感觉培养学生成才主要有三条：一是政治上严格要求，要把学生树立远大的革命抱负、为国家的建设、民族的复兴努力学习专业知识作为基本要求；二是生活上关心，和学生交朋友；三是培养学生的正确科研方法。努力学习的学生做不出成绩多数是科研方法有问题。我在科研方法上面注重如下方面：一是写月进展报告，目的是让学生通过进展报告的撰写，自己不断地看见自己分析问题解决问题的能力在逐渐提高；二是通过双周 Seminar 和课题组会锻炼学生的演讲能力和检查学生的课题进展；三是要求多看文献学习别人是如何做科学研究的，规定粗读和精读的文献数量；四是要求学生努力学习毛主席著作，学习毛主席解决问题、分析问题的立场、观点和方法，特别是将矛盾论和实践论作为必修课，各购买 20 余本，保证每个学生想看随时都有两论可看。

张良博士论文最大的亮点就是解决了三维姿态检测方法的问题。与常规的单自由度电机绕固定轴旋转的方式不同，虽然球电机可以绕 XYZ 任一轴或者它们的组合轴旋转，但是这根时变的轴却是看不见、摸不着，更不能像单自由度电机那样安装编码器来检测球电机的位置，因此这个问题是解决球电机应用的瓶颈。我们的解决思路就是走回头路向单轴电机的检测方法学习，在转子上用三个轴线交于一点的三自由度被动球关节来代替三自由度球轴承，在每个单轴的被动关节上安装码盘以实现三自由度球电机的位置检测。虽然这种方法把问题又回归到了三个单轴电机组合而成的常规球关节，但和常规球电机具有本质的不同，常规球电机的动力是单轴提供的，而我们的球电机的动力是三维整体的。因此这样的回归常规经历了认识论上从简单到复杂、再进行简化的过程，是从低级到高级、从复杂到简单的进化，符合事物螺旋式发展的规律。这样的走回头路恰恰是正确的路，这是我们主动学习毛主席的实践论，用两论指导科研工作获得的硕果。

国家兴旺取决于人才，能让年轻人学好专业知识，学到建设国家的真才实学是每个博士生导师的职责，盼望能有更多的学者开拓进取，为把北航早日建设成为世界一流名校做出自己的贡献。

唯有热爱　方有成就

自动化科学与电气工程学院教授，指导的学生马仲海学位论文《液压泵加速寿命试验载荷谱设计与寿命评估方法研究》，被评为 2021 年校级优秀博士学位论文。

今年是北航建校 70 周年，也是我指导博士生 20 周年。作为北航本硕博毕业的学生、作为已指导 40 余名博士的博士生导师，深深感到博士生涯对每位博士生而言是痛苦且快乐的。博士培养对于每位博士生导师而言是殚精且荣耀的，因此博士生导师和博士生是不断成就彼此和不断提升彼此的。通过 20 年的博士生指导，有几点感悟想与大家分享：

1. 热爱科学，掌握科学思维是博士生的基本素养

博士是高等教育最高的学位，是标志一个人具备出理论研究成果能力的学位，因此博士生培养最重要的是培养学生的科学精神和科学素养。科学精神源于热爱和孜孜不倦的追求，因此作为博士导师最重要的职责是培养博士生对学术研究的热爱。由于我一直秉持唯有热爱才能成就创新成果，所以我在培养博士生时首先要求学生提出自己想要做的课题。凡是有学生有奇思妙想或者超出我研究方向的选题，经过我考量可以做出创新成果的，我会不拘一格尽我所能帮助学生完成他们的科学梦想。对于那些暂时没有具体想法的学生，我会根据他们的特点循序善诱、因材施教，培养他们的科学素养和独立的科学思维能力，然后匹配他们最适合的论文选题。在论文研究的过程中，鼓励独立思考，充分发挥学生自己的潜能和团队作用，通过学术

研讨、组会和一对一交流，培养博士生的科学思维能力和创新研究意识。

2. 善于批判，勇于探索创新是博士培养的核心关键

作为双一流高校的一流学科，博士教育水平体现北航人才培养的高度，因此要求博士生要做一流的学问，解决国家和国防"卡脖子"难题。要做一流的学问，就必须跳出思维定式，要聚焦科学问题有自己的解决方案。因此，我在博士生培养中要求学生通过大量阅读相关文献获取最新理论和相关最新研究进展，独立思考其中利弊，通过逻辑推理质疑权威质疑传统研究方法，博采众长确定科学研究方法和途径，从而激发自己的创新思维和推动自己的创新研究工作。因此，我在与博士生研讨科学研究过程中，要求学生要对自己的研究工作提出 why 或者 why not，并做出可信服的回答，从而提升学生主动质疑现有研究工作的能力，并通过自己的研究和探索给出标新立异的研究结果。事实证明，只有通过批判性思维，才能使博士生在科学研究中不断思考，打破研究定式，拓展研究方法和手段，积极主动进行探索，取得大大超出现有水平的创新研究成果。

3. 加强交流，思想碰撞是博士生取得研究成功的制胜法宝

任何一种创新工作都需要有志者的思想碰撞和集思广益，博士生的创新科研也不例外。正所谓"它山之石可以攻玉"，如果博士生 2 周没有研究进展，我要求他们要组织小型学术研讨、咖啡 break 或学术沙龙开展思想风暴，邀请多学科师生参与交流，拓展思路并找到解决途径。同时，为博士生提供出国交流、参加国际会议和暑期学校的机会，拓展他们的国际视野，加强他们的同行人际网络，通过定期组织研讨和轮流汇报，促进博士生主动交流意识和与各类学者学术交流的能力，从不同的角度完善研究思路，提升博士生学科交叉研究能力。通过全方位多样化的交流方式，吸纳新思想和获取新知识，推动学科交叉和融合，激发灵感和产生创新火花，使博士生开阔眼界、增长才干，激发博士生潜在的创新能力，通过博士生孜孜不倦的探索和努力，获得创新性研究成果，取得科学研究的成功。

综上，培养一流创新人才必须着力培养博士生的独立思考能力、挑战权威能力和沟通交流能力，引导学生树立热爱科学、追求真理、严谨求实、淡泊名利和矢志奋斗的科学家精神，不断提高自己的学术和科学素养，努力造就更多把人生理想融入实现中华民族伟大复兴中国梦的创新人才和青年科技人才。

建立良好学术氛围　实施闭环培养管理

自动化科学与电气工程学院教授，指导的学生牛经龙学位论文《机械通气病人痰液淤积程度在线估计关键技术研究》，被评为 2020 年校级优秀博士学位论文。

国家级人才计划入选者，东京工业大学博士毕业，曾任东京工业大学精密工学研究所助手、副教授，2006年回国获聘北航教授。主要从事压缩性流体的测量、系统设计与仿真、节能与储能等，研究成果应用于 C919、辽宁号航母等重大装备。发表学术论文 130 余篇，授权专利 50 余项，合作出版专著 4 部。获得国家科技进步奖二等奖 1 项（排名第一）。

蔡茂林教授自 2006 年起招收博士生研究生，迄今已培养博士研究生 20 人。所培养的博士生不仅在校期间成绩优异，获评中国机械工程学会上银优秀机械博士论文、中国仪器仪表学会全国优秀博士学位论文、北京航空航天大学优博论文、北京市优秀毕业生、博士研究生国家奖学金等荣誉，而且积极投身于国防科技、高等教育、自主创新创业等领域。

博士生导师是神圣而光荣的岗位，要为国家培养优秀的研究后备队伍成员。以下三点内容是在培养博士生过程中总结的一些经验和心得体会。

1. 不断提升自身能力

为国家富强、民族兴旺培养建设者和接班人是博士生导师的责任和担当，这就要求导师不仅具有扎实的科学研究能力、丰富的学习研究经历、广阔的学科交叉视野，而且要不断学习先进知识，时刻掌握国家重大战略需求和科技发展方向，不断完善品格修养，以树人为核心，以立德为根本。时刻思考国家所需，人民所需，切不可故步自封，夜郎自大。作为导师，我时刻保持对前沿研究与先进技术的追踪，并与学生分享一些热点话题，引导学生思考，并也积极学习思考学生抛出的一些新技术、新方法，不断充实自己，成为学生的良师益友。

2. 建立良好学术氛围

一方水土养一方人，积极向上、和谐融洽的学术氛围是博士研究生成长成才的关键。一方面要充分发掘学生的潜力，因材施教，以问题为导向，鼓励产学研结合，提倡学术争论和讨论，培养学生"能够发现问题，善于解决问题，敢于提出问题"的能力。另一方面，要培养学生的合作精神，不仅要鼓励课题组内、校内的相互合作，而且鼓励校外、国际的多学科相互交流，为学生的全面发展提供广阔的平台和必要的支持。实验室建立了严格的"周例会制度"，为确保不被外界干扰，时间定在每周一晚上7点，每名博士研究生每4周轮流汇报一次，实验室全体师生参加并讨论汇报内容，营造良好的学术氛围。

3. 实施闭环培养管理

博士研究生培养不仅是人才培养的最高层次，更是为党育人为国育才的核心。博士生导师既是"教练员"，也是"审查员"，要从国家和学科发展的角度出发，严把博士论文选题关，严格规范学生的科研习惯和科学素养。建立合理的奖惩制度，奖励那些肯吃苦、负责任、研究真问题的学生，对懒惰浮躁、推脱责任、不思进取的行为进行及时的批评指正。严格审查学术论文和学位论文质量，严禁学术抄袭与剽窃行为。每学期第一周与每名学生确立学期目标，最后一周例会检查所有学生的完成情况，并通过全体实验室成员投票选出前三名优秀，发放奖励津贴，形成管理闭环。

目前我国正处于实现两个一百年目标的关键时期，作为一名博士生导师，我将时刻牢记使命、勇于担当、忠于职责、敢于奉献，为培养祖国的合格建设者和接班人贡献自己的力量。

立德树人　润物无声

裴忠才

　　自动化科学与电气工程学院教授，指导的学生高晓辉学位论文《磁致伸缩作动器非线性动力学行为及其控制策略研究》，被评为 2018 年校级优秀博士学位论文。

　　主要研究方向为：机电液控制系统、数字液压技术、运动模拟装置、并联机构和机器人技术、医疗装备和外骨骼辅助支撑机器人、微型飞行器等，主持国家自然基金 2 项，作为子课题负责人参加了国家 973 项目 2 项，获得专利 20 余项，其中发明专利 12 项，获省部级科技进步 2 等奖 1 项，3 等奖 1 项，发表论文 100 余篇，其中 20 余篇被 SCI 收录。

　　博士研究生培养不但要在专业领域内有扎实的理论基础、独立科学研究和创新能力，而且更要注重理想眼界、道德水平与价值观的提升。我自 2009 年开始招收博士，从自身的培养经历出发，谈谈心得体会。

1. 目标明确，规划清晰

　　博士培养的第一课就是明确目标，锻炼发现问题、分析问题和解决问题的能力，提升专业理论水平和工程实践能力，不断攀升创新水平，争取成为小行业内的佼佼者。充分尊重学生科研意向，与学生一同规划好四年博士培养过程。一年级注重提升基础理论与开阔眼界，并通过"小课题"完成科技写作与独立科研能力的培养；二年级确定研究方向，通过指导与帮扶开展本领域内相关内容研究，争取在一到两个点上实现突破；三年级全面独立开展相关研究工作，锻炼解决问题与汇报展示能力；

四年级完成博士论文撰写和答辩相关工作，总结相关研究成果，探索未来发展规划。

2. 言传身教，知行合一

科研与创新能力的培养是一个非常困难与枯燥的过程，不但要为学生明确方向做好规划，让学生对科学研究充满希望，感受科研带来的快乐，而且本着充分尊重学生的原则，开展相关研究内容的探讨，与学生共同奋战在科研一线。对学生的错误观点，不急于批评，共同寻找错误原因；对自己的错误观点，要敢于承认，并鼓励表扬学生，让学生充分肯定自己能力的提升。脚踏实地，深入学生中去，在实验室比学生到得早走得晚，用自身对待科研的热情和努力，去感染每一位学生，争取成为学生心目中的好榜样。

3. 深耕细作，春风化雨

作为博士生导师，不但要在科研上帮扶指导，而且要注重正确人生观、世界观和价值观的培养，还要在上生活无微不至，让学生感受人文关怀。一名合格的博士必须要有积极向上的人生态度、乐于奉献的家国情怀。经常组织学生聚餐、运动、旅游等各种形式的团建，在放松的环境中输入正确的人生态度，表扬毕业学生在航空航天院所的突出贡献与成长历程，积极引导学生努力奋进、科研报国。主动和学生谈论家庭生活琐事，了解学生成长环境，对于家庭困难的学生以科研鼓励的方式给予补助。

博士生导师作为为国家培养高水平人才的引路人，是一份极其崇高和伟大的身份。用心培养学生，脚踏实地引导学生，身体力行地感染学生，做到润物细无声，争取做学生心目中的好老师。

强化科研实践　注重逻辑思维能力培养

自动化科学与电气工程学院教授，指导的学生徐金全学位论文《机载电力作动器用高可靠永磁同步电机系统关键技术研究》，被评为 2016 年校级优秀博士学位论文。

电气工程学科责任教授，入选首批教育部新世纪优秀人才。

我 2000 年评聘为教授，2001 年评聘为博士生导师，至今已培养毕业了 18 名博士研究生。2010 级博士生徐金全的博士学位《机载电力作动器用高可靠永磁同步电机系统关键技术研究》，在机载电力作动器用高可靠永磁同步电机设计和容错驱动控制方法方面取得了突出的创新性成果，以一作或等同一作身份发表高水平学术论文 9 篇，以第一发明人或第二发明人（导师为第一发明人）身份获授权发明专利 3 项，荣获 2016 年校级优秀博士学位论文。在 20 年培养博士生的过程中，积累了一定的经验，也有一些心得体会，在北航建校 70 周年之际，整理出来与大家分享。

1. 注重选才

通过与申请攻读博士学位的候选人全面深入的交流，了解候选人对学科基础理论和专门知识的掌握程度、逻辑思维能力、创新意识和能力、合作度、对待科学研究的态度、对博士期间研究工作的初步想法和预期等，进而判断候选人的培养潜力如何。我的体会是，博士生选才很重要，会在很大程度上影响博士生的培养历程和质量。

2. 强调科研实践

电气工程学科是比较侧重应用的一个学科，科研实践是培养博士生创新意识和独立从事科学研究工作能力的重要手段。

我的做法是，在博士生入学后，就安排博士生加入一个项目组，在进行博士生课程学习的同时，承担一定的科研工作。通过科研实践既能培养博士生的科研能力，使其体会到发现问题解决问题、从实践中来到实践中去、理论来源于实践同时理论又指导实践的科学研究过程，掌握科学研究的基本规律和方式方法，又能使博士生在科研实践过程中发现自己感兴趣的科研方向，为博士学位论文研究工作的顺利开展奠定基础。

博士生徐金全入学后，我即安排他参加无人机多余度机载电气负载管理、智能电动舵机控制中心和功率级电机模拟器等三个项目的研究工作，参与了研究方案制定、关键技术凝练和攻关、项目结题验收等过程，并发表了论文、申请了专利，全方位锻炼了科研能力。同时，通过科研实践活动，他还发现了机载电气设备的冗余设计理论与方法是自己感兴趣的研究方向，为后续博士学位论文的选题和研究做好了充分的准备。

3. 做好选题

选题对博士学位论文至关重要，要引导学生面向需求，跟踪学科前沿，结合自己的研究兴趣，做好博士学位论文的选题工作。

先进飞行器是国家的重大需求。多电/全电化是先进飞行器的发展方向，其核心关键技术之一是大功率电力作动器，而如何实现高可靠、高功率密度和高性能这"三高"是制约其广泛应用的核心技术瓶颈，也是电气工程学科的前沿研究热点之一。我根据博士生徐金全的研究兴趣，指导他在深入分析需求和国内外相关问题研究现状和发展趋势的基础上，确定了"机载电力作动器用高可靠永磁同步电机系统关键技术研究"作为博士学位论文的研究题目。这个选题既面向需求，跟踪学科前沿，又契合他的研究兴趣，为其高质量的博士学位论文研究工作奠定了基础。

4. 重视开题

博士学位论文开题是博士学位论文研究工作过程中的重要里程碑节点，可以说，形成一份高质量的开题报告，博士学位论文研究就成功了一半。因此，我在博士生培养过程中，非常重视和强调论文开题工作，在博士学位论文选题工作完成后，指导博士生根据题目方向，进一步查阅文献资料，并从理论、方法、验证和应用等方面进行深入的分析总结，从而围绕创新，确定研究目标和研究内容，凝练出拟解决的关键科学问题，提出可行的研究方法和技术路线。

5. 加强逻辑思维能力的培养，提高分析问题和解决问题的能力

在博士学位论文研究工作过程，必然会碰到问题，培养学生良好的逻辑思维能力对分析问题和解决问题至关重要。我的做法之一是，召开问题研讨会，首先让博士生自己阐述问题、分析问题、提出解决问题的思路，然后，我会从问题的描述、问题的定位、问题的机理分析、解决问题的思路和措施等方面进行点评，逐步培养提高博士生观察、比较、分析、综合、抽象、概括和推理的能力。我的做法之二是，要求博士生定期在课题组内做学术报告，积极参加国内外学术会议进行学术交流，逐步提高博士生准确而有条理地表达自己思维过程的能力。逻辑思维能力的培养，提高了博士生分析问题和解决问题的能力，对学生的博士学位论文研究工作起到了重要作用。

以上是我在博士生培养过程中积累的一些经验和心得体会，分享出来，供大家参考。

关于博士研究生教育理念的思考与认识 ①

赵沁平 ·

计算机学院教授，中国工程院院士。长期在计算机领域从事虚拟现实和人工智能研究。承担并带领团队完成 20 余项国家科技计划项目。发表科技学术论文 180 余篇，教育教学文章 30 余篇，出版学术专著 3 部，获国家发明专利授权 60 余项。获国家科技进步一等奖 1 项、二等奖 2 项、国家技术发明二等奖 1 项、北京市教育教学特等奖 1 项。培养博士 72 名，硕士近百名。

今年是北京航空航天大学建校 70 周年。70 年来，几代北航人秉持空天报国情怀，艰辛探索、立德树人，为国家培养了大批高层次专门人才，形成了具有自身特色和底蕴的办学理念、育人模式与大学文化。

我从事研究生教育 30 余年，已培养博士 72 名。把每一位博士研究生都培养成为所属学科领域的具有民族精神和国际竞争力的领军人才，是我始终探索追求的育人实践。同时，由于多年参与我校研究生教育管理工作，因此不断提高我校博士研究生整体培养质量也是我关注的问题。近年来，我常思考一个重要的质量相关问题，即"博士研究生的教育理念、原则，相对于一般性教育理念应有的独特之处"，形成了若干心得、认识，利用这个机会提出来，抛砖引玉，希望引起同行同事们对研究生教育理念、原则和规律的持续深入研究，广泛讨论，以期逐步形成共识。文中所涉及我国古圣先贤们对教育理念原则的论述大多参考商务印书馆出版的《教育规律读本—育人三十六则》。

---

① 该文发表在《学位与研究生教育》2022 年第 10 期。

教育作为面向人的一种社会活动，必然与人的成长规律和不同成长阶段的特点密切相关，有许多应当遵从的理念和原则，亦有其自身的规律。博士研究生教育是教育的最高层级，博士生群体的特点是：均已成人，都受过高等本科教育或已获得硕士学位，是未来各行业的骨干力量或领军人才。这些特点决定了博士研究生教育理念、原则必须显著有别于其他教育阶段。

1. 依材选育 VS 有教无类

"性相近，习相远"，语出《论语·阳货》。"性相近"指人的天赋秉性相近，实际上含有人人平等的含义。"习相远"指人由于不同成长环境和经历所积久养成的习性在道德、兴趣、知识和才能等方面差异相远。

"有教无类"，语出《论语·卫灵公》，指出对学生进行教育不要分类别、身份、天资禀赋等。孔子之所以提出"有教无类"的教育思想，一方面是他认为"性相近"，人性先天相近，通过后天学习也可以改变。另一方面孔子秉持"泛爱众，而亲仁"的思想，从"仁"的观念出发，主张对所有人都实施教育的原则。

博士生都受过大学本科教育和基本的专业训练，大多已获硕士学位，具有一定独立从事科研的能力。其兴趣爱好、知识领域、专业水平，以及对未来发展目标的追求千差万别，"习相远"。因此，对研究生，特别是博士研究生，要根据学科专业、研究潜力等，进行"依材选育"。

2. 因愿施教 VS 因材施教

因材施教，语出宋代理学家程颐《河南程氏遗书》："孔子教人，各因其材"，意思是要根据受教育者的个性差异和不同特点，采取不同的培养措施。依此教育理念，教育者应当了解教育对象的特点、秉性，知其长短，因人施教，各尽其才。

研究生，特别是博士研究生，皆已是各领域、学科的基本人才，而且对自己的长短、兴趣都有认识，对欲求目标也有自己的意愿，因此导师首先应当尊重研究生对学科和研究方向的选择，最大程度发挥其主动性、积极性，同时根据自己对学生的了解和经验判断给予引导，实施"因愿施教 + 因材施教"。

3. 激发自驱 VS 传道授业解惑

"传道授业解惑"，语出唐代韩愈《师说》："师者，所以传道受业解惑也。"根据这样的教师职责定位，教师须"传道"，即在思想品德、行事风范、事物发展规律、做学问的方法等方面给学生以启示；要"授业"，传授专业领域的知识、方法和技能，并在上述两方面给学生进行正确的答疑解惑。

对于博士生群体，在传道授业解惑的同时，更重要的是激发他们的自驱力和创造力，培养他们的主观能动性和探索精神。

4. 鼓励尝试 VS 长善救失

"长善救失"，语出西汉戴圣《礼记·学记》，意思是教师要对学生因势利导，循循善诱，发扬其优势，强长处，克服其缺点，补短板。

对博士研究生来说，更宜鼓励其亲自尝试。从无知到有知起于尝试，但同时会体味痛苦。尝试后会得到许多经验体会，快乐的、痛苦的、成功的、失败的，全被雕刻在心。从无知、好奇，经尝试、有知，便堆叠起人的成才历程。

受教育者获得教育有两种不同的方式或渠道，一是被动地或主动地接受有知有能者的传道授业解惑；二是通过自己观察、体验、分析、感悟社会和自然事物，从而获得经验和认知。对未成年人的思想品德、专业知识和技能的教育，第一种方式是主渠道，其中学校教育是主体。随着受教育者年龄的增长，分析判断能力的提高，第二种渠道的作用会越来越大，特别是博士生群体，第二种渠道成为主渠道，因此更要鼓励其"尝试"。

5. 正三观端四识 VS 立德树人

"立德"，语出《左传·襄公二十四年》，"树人"，语出《管子·权修》，"立德树人"意为修立高尚之德，培植品学兼优之人。立德树人是教育的根本宗旨和任务。立德教育是有其规律的，因学段而施德教是其中重要的一条。在研究生教育阶段，主要可着力在：科学素养、国情教育、三观教育三个方面。

科学素养：坚持不懈追求真理的科学信念、理性批判探索创新的科学精神、实事求是严谨立说的科学方法。

国情教育：要让研究生了解我国的历史，特别是近现代史和毛泽东思想的创立；了解新中国的发展史，特别是改革开放与邓小平理论的提出；了解我国现状和未来的发展目标，特别是习近平新时代中国特色社会主义思想的内容。

三观教育：正三观端四识。进行生动的人生观、世界观、价值观教育；引导研究生正确认识自己、正确认识他人、正确认识社会、正确认识自然。

6. 科学精神、理性批判思维和计算思维

研究生要有科学精神，科学精神的核心是追求科学真理。追求科学真理就是要发现、揭示自然和社会发展规律，并使我们的行为遵从这些规律，进而发挥人的主观能动性，推动社会的发展。追求真理的道路曲折复杂，唯有理性批判思维才能引导我们客观洞察、冷静思索、脚踏实地，从必然王国走入自由王国。

怀疑是求真的起点，批判是求真的手段。马克思说他的座右铭是"怀疑一切"，孟子说"尽信书，则不如无书"。研究生要尊重前人的研究成果，并在其基础上继续进步，但更要相信自己亲自研究、亲自实践中的发现，要敢于超越前人，突破权威，无论他是中国的还是外国的。

科学家的怀疑和批判应当是理性的。怀疑的目的是求真，批判的结果是揭示真理。博士学位论文是青年学子在其人生求学阶段的学术巅峰之作，都要在其所研究的学术前沿点上有所创新、有所突破，为拓展人类的认知和知识边界做出贡献。这决定了博士生都应当具有理性的批判精神。要使得研究生具有理性批判精神，就必须倡导并使他们具有进行实证的能力和运用逻辑的习惯，成为科学道德高尚的人。

随着社会信息化程度的不断提高，算力成为人类生产力和国家竞争力的重要基础，计算机应用能力成为各学科高层次人才应具有的基本能力。现在各学科、行业领域均有许多计算机应用软件系统，研究生应当能够熟练运用这些软件系统，有效提高自己的科学研究效率和水平。进一步可以掌握一定算法设计和编程方法，自行或与计算机领域专家合作开发本领域的计算机应用软件，为本领域的科学技术研究做出贡献。要做到这点就需要具备一定的计算思维能力和习惯。

"宽严相济" 实现高素质博士生培养

计算机学院教授，指导的学生谷飞学位论文《基于智能设备的移动健康关键技术研究》，被评为 2020 年校级优秀博士学位论文。

2002 年获得博士学位，科技部重点研发计划项目负责人，宝钢优秀教师，入选教育部 2009 年"新世纪优秀人才支持计划"，2012 年获得教育部技术发明一等奖，2019 年获得北京市教学成果一等奖。

自 2014 年我开始独立指导博士生，屈指算来已经有 8 个年头了。在这些年中培养了几位自认为合格的博士研究生，如果说有什么培养经验确实谈不上，下面就谈谈我在指导博士研究生过程中的几点体会吧。

1. 对科研的浓厚兴趣和内生动力是完成高质量研究工作的必要条件

在学生来报考我的博士生时和被录取后，我都会深入地与学生长谈一次，谈话的内容主要包括：

①是不是具备坚定的政治立场、良好的思想觉悟、健全的人格和心理素质。

②是否具备与培养目标相适应的基础理论与专业知识。我首先要详细了解学生的教育背景和工作、实习经历，查阅他的学位论文和已经发表的科研成果（若有），然后判断该生的研究兴趣是否与我的学术方向一致。

③我是否适合指导该生。当前学术研究方向分工越来越细，即使在同一专业领域不同的研究方向也是有很大差别的，因此我只能够在我相对比较熟悉的研究方向上对学生进行专业指导。

④鼓励其对科学研究产生浓厚的兴趣、树立正确的读博动机、培养顽强的拼搏精神。

2. 抓好博士生培养过程中的几个关键点

（1）尽早确定博士期间的研究方向和题目

选好研究方向是完成一篇高质量博士毕业论文的首要环节和重要保障。然而大部分学生在博士入学之初，总是觉得有很多时间来确定自己的研究方向，经常是东看看西看看，没有紧迫感，等到回过神来发现已经是博士二年级或者三年级了，又突然感到时间很紧张甚至不够用了，心里就有点慌了。我一般在博一上学期就开始与学生讨论博士大论文的研究方向、大论文各章节的主要研究点及大论文各章节之间的逻辑关系，一般在博一下学期就基本上把博士期间的主要研究点确定下来。

我对博士生的选题一般有以下几个方面的考虑：

①选题要有创新性。一个好的想法就相当于完成了高质量研究工作的一半。而中国学生由于长期的"应试"人才选拔机制，考试能力都很强，但创新性略显不足，因此在确定具体的研究点时就需要导师给予更多的指导。

②根据学生已有的知识结构、研究基础、兴趣、特长、能力等因素推荐合适的题目，鼓励他们在科研中发挥自己的长处，做出自己的特色。

③博士生选题要面向国际学术前沿、国家战略需求和国民经济发展，应该考虑未来 5 ~ 10 年国家的中长期发展规划，这样可以使研究工作具有长期的生命力。

（2）尽可能给学生创造良好的科研氛围

学术讨论会是研究生培养的重要环节，主要目的是督促检查学生科研进展情况，并及时给予指导，协调解决科研过程中遇到的各种困难。我们实验室组织了一个"博士生学术论坛"，每周举行一次，每次由一名学生主讲，其他学生参加讨论。我也经常邀请国内外小同行的学者或者博士生参加我们的博士论坛，同时也鼓励学生积极参加国内外高水平学术会议。

（3）重视学术论文的质量而不是数量

不少博士生由于着急毕业，急于发表论文，经常是在别人的工作基础上"修修补补"。他们追求的不是研究工作创新性强，而是成功率高。我经常鼓励博士生在学术研究方向上"胆子再大一点、步子再大一点"，要勇于开创原始性的创新。磨刀不误砍柴工，鼓励博士们厚积薄发，不要太急于求成，要重视学术论文质量而不是数量。

3. 博士生培养过程是科研能力和综合素质共同提升的过程

导师是博士研究生培养过程中最重要的因素之一。导师的政治素质和品德、学术水平、科研诚信、敬岗爱业和为人处世都会对学生产生潜移默化的影响。因此，作为学生导师，在博士生的培养过程中，在努力提高学生科研能力和学术水平的同时，在以上其他方面也要尽量起到言传身教的模范作用。

马克思说过，在科学上没有平坦的大道，只有不畏劳苦，沿着陡峭山路攀登的人，才有希望达到光辉的顶点。当前，在计算机学科领域，我们的博士生面临的是全球范围内的激烈竞争，在全世界范围内有着数以万计各类科研人员每天在孜孜不倦地进行科研攻关。一般情况下，容易解决的科研问题早就被别人解决了，因此必须引导博士生树立敢于"打硬仗、啃硬骨头"的决心和信心。我经常和博士生们说，我们做科研，就好比到"西天去取经"，需要历经"九九八十一难"，只有锻炼自己拥有坚强的毅力和不懈的斗志，才能百炼成钢，实现凤凰涅槃。

在科研方面对博士生严格要求的同时，在生活方面也需要给予他们充分的关爱。比如我经常和学生们一块打打球，吃饭聊天，和同学们打成一片，及时了解并解决他们生活中遇到的各种困难。我个人的体会是，如果在生活方面关心关爱学生们，在科研方面对他们进行严格要求的时候，他们在心理上就能够更加容易接受，不反弹、不抵触；只有在平时像对待自己家孩子一样来对待学生们，才会让他们更有勇气克服科研征途中的"九九八十一难"，也能显著降低他们由于巨大科研和竞争压力而产生心理问题的概率。

一名学生攻读博士学位的过程，不仅是其科研能力和学术水平提高的过程，也是其心理历练、心智成熟、抗压能力提高、人格健全的过程，而且可能后者对其以后事业的发展更为重要。我始终认为，一名博士生只有热爱自己的祖国，具备高尚的品德，同时又拥有优异的学术水平和坚韧不拔的科学探索精神，才能够成为一名优秀的博士生，才能够成为未来社会主义建设事业中的优秀接班人。

"教书育人"是一项非常崇高的事业，是值得终生为之奋斗的。尽管自己在培养和指导博士生过程中取得了一些成绩，但与许多优秀的导师相比还存在着不小的差距。我将在今后培养博士生的工作中不断地学习其他导师的成功经验，与指导的研究生共同成长，培养出更多能够为实现中华民族伟大复兴做出贡献的优秀博士生。

言传身教育英才

郝 爱 民

　　计算机学院教授，指导的学生陈程立诏学位论文《基于特征空间低秩和稀疏分析的图像视频处理方法研究》，被评为 2018 年校优秀博士学位论文。

　　国家科技进步一等奖、全国创新争先奖、北航教学成果特等奖获得者，长期从事虚拟现实中的建模理论与绘制方法研究以及成果转化工作。

　　为提高研究生培养质量，建立了包括国际著名学者、本校导师和校外企业家的研究生指导小组，结合国际学术前沿、实验室学术方向和学生个人研究兴趣，区分研究为主和工程为主两大类型，确立学生研究方向和研究内容。采取小组例会、组间交流、百日汇报和年度总结等方式，强化师生以及学生间的互动。创造机会并大力支持学生参加国际和国内学术会议、虚拟现实竞赛以及各类重要项目申报，持续提升学生自驱力。多名研究生获得多项国际国内竞赛一等奖和校级优秀学术论文。

　　作为计算机专业核心基础课"数据结构与程序设计"教师团队和研究型虚拟现实技术专业建设团队的核心成员，自 1994 年留校任教起，我就深耕虚拟现实领域，20 多年来培育指导了超过 100 名研究生。我认为计算机专业的人才首先要以现有水平为基点，为自己的发展做好阶段规划，学会在规定时间内自我驱动地高质量完成规定任务；其次要通过对"发现问题、分析问题、解决问题"这一思维过程的反复严格训练，逐渐掌握广泛适用于处理技术和非技术问题的多种能力，形成支持自身长程创新的优秀品质和良好习惯。毕业博士生陈程立诏 32 岁（2021 年）已晋升正教授职称，成为高等教育系统的优秀青年人才。

在学校和学院党委领导下，我始终坚持立德树人，严把政治方向，深入思考做答"为谁培养人，培养什么样的人"的问题。作为一名基层教工支部书记，我始终把培育家国情怀、服务国家战略、拼搏敬业奉献作为人才思想和品格培养的重要内容，并付诸教学、科研和工程实践全过程。

为不断提高研究生培养质量，我们长期实践并总结出了一套适用于多学科交叉人才培养的"因愿施教、长程创新、培育情怀"的教育教学理念：

①根据研究生群体特点，以学生为中心，尊重其发展目标意愿，为其量身设置培养内容和过程，最大程度激发学生探索创新的自驱力；

②将学生在校创新能力的培养拓展至毕业后，支持帮助毕业生在工作岗位进行创新工作，使其实现持续创新贡献的同时反哺在校生培养；

③探索实践符合研究生特点的立德教育，培养有科学报国情怀的高层次创新人才。

我本人高度重视研究生选题方向，首先要瞄准国家重大需求背景，立足国际业学术前沿，结合实验室研究方向和学生个人兴趣，以目标和问题为导向，确立学术型或工程型选题方向。然后建立包括国际知名学者、本校导师和校外企业家的研究生指导小组，遵循"顶天立地"的原则，侧重关键技术突破或工程集成创新，并努力推动研究成果的示范或实际应用，形成从技术、应用到系统原型的贯通性成果。最后鼓励、要求、支持研究生参加国际国内学术会议、技术竞赛，以及各级各类项目申报，在着重培养学生创新能力的同时，强调培养学生凝练问题、撰写文章、口头表达等综合能力。

近年来，我带领研究生团队持续开展虚拟现实与医学生物工程、医疗手术交叉领域的应用基础研究。在日常工作中，坚持立德树人，言传身教。特别是面对困难和挑战时，能够以战士的身份严以律己，亲力亲为，认真负责，坚持战斗冲锋在难度最大的一线前沿，通过艰苦努力获得进展或成功，为学生在学术创新和工程实践中攻坚克难并取得成功树立了榜样。

我现在的教学课程团组和科研团队中，有我当年在北航读书时的任课老师和本硕博导师，也有我指导毕业的硕士和博士。"德才兼备、知行合一"的北航校训，"爱国奉献、敢为人先"的北航精神，"仰望星空、脚踏实地"的北航传统，代代相传，融入血脉，静静流淌……

因材施教培育创新型人才

计算机学院教授，指导的学生宋文凤学位论文《融合语义关系的影像处理深度网络增强方法研究》，被评为 2021 年校优秀博士学位论文。

青年长江学者；中国仿真学会医疗仿真专委会副主任，中国虚拟现实产业技术创新战略联盟副秘书长、北京计算机学会常务理事；长期从事虚拟现实、医疗仿真、物理建模等方面的研究，创新了内蕴特征空间多模态医学影像高效分析处理方法、建立了数据驱动的个性化人体器官混合建模技术、突破了复杂手术实时交互仿真技术，解决了器官内蕴特征"辨不清"、功能模型"建不准"、复杂手术"仿不精"等难题。

作为教研一线的青年骨干教师，通过积极参加学校和学院组织的"两学一做""不忘初心、牢记使命""师风师德"等专题教育，以及形式多样的常态化、制度化学习活动，我对"立德树人"的内涵有了深入的理解：一是牢固树立"四个意识"，做到"两个维护"，将思想政治工作与教学、科研工作紧密结合，将科研方向与国家重大战略紧密结合；二是守初心、勇担当，踏实践行"立德树人"这一根本任务；三是重传承、勤学习，自觉地努力向"立德树人"的典范学习，向有经验的老教师学习，向同事的好做法学习，不断增强自身担当实干的本领。传承"听党话、跟党走"的北航优秀红色基因，以"爱国奉献、敢为人先"为价值追求，以聚焦国家需求、立足国际前沿、培养德才兼备拔尖人才为育人目标。我注重对学生家国情怀、科研能力、创新能力和协作能力的综合培养，并自觉将"立德树人"融入教学和科研全过程。

作为工程基础类本科核心课"高级语言程序设计"教师团队和虚拟现实技术专

业建设团队的核心成员，我积极探索问题驱动的课堂教学方式、任务驱动的实践训练模式及线上教学互动的课堂延伸方法，注重根据学生所处年级，设计与课程知识密切相关的实际案例，并将课程知识点与科技奥运、航空航天、阅兵辅助决策、转化医学国家重大科技基础设施建设等科研项目所涉及的思政元素相融合，拓展知识外延，激发报国情怀，培养学生敢为人先的奋斗精神。基于上述以"学生为本、教研相长、思教融合"的教学理念，我开设并主讲了"虚拟现实技术""虚拟现实综合实验""VR/AR 创新设计"等课程，形成了贯通理论、技术、实验与前沿的 VR 课程体系，并辐射到北师大、中科院大学、北交大等院校。

作为本科生学业导师，我注重以本科生实践能力培养为出发点，培养学以致用的综合能力。一方面，通过对学生选课、学习方法、学习计划等方面进行个性化指导，帮助学生深入了解专业特点和学习要求，培养学生的学习兴趣，提升专业水平；另一方面，通过寓教于研，引导学生确立成才目标，促进学生知识、能力、素质协调发展。在此过程中，我积极吸纳本科生到实验室参与科研，指导本科生开发的输电线路无人机巡检、证件照自动合成、牙菌斑智能检测、超声图像甲状腺结节智能诊断等多类系统，分别在国家电网、学信网、北大口腔和中日友好医院成功应用，获中国 VR 大赛特等奖、国际虚拟现实技术与应用大赛一等奖等多项科技竞赛奖，并发表高水平论文多篇。

作为研究生指导教师，以为党育人、为国育才为初心，我注重在服务国家/行业需求的产学研创新实践中培养拔尖人才。通过聚焦"健康中国"国家战略、国家科技发展规划，指导研究生确定研究方向、探索学科前沿，带领学生研发了我国首台具有完全自主知识产权的心血管介入手术模拟器，并实际落地转化应用，让研究生在潜心问道、创新突破的同时，增强科技自立自强的使命感和荣誉感。同时，我以重大/重点项目作为科研育人的落脚点，通过因材施教，循序渐进地培养博士生"前沿聚焦、问题凝练、思路设计、方案实现、抽象表达"的体系化自主科研能力。2021 年毕业的博士生宋文凤已获国自然青年基金、北京市自然科学基金等项目资助，并晋升副教授，成为具有发展潜力的优秀青年人才。

随着国家创新驱动发展战略的深入实施，需要培养更多有科学报国情怀和国际竞争力的高层次创新人才。作为一名新时代的科教工作者，我将围绕"培养什么人、怎样培养人、为谁培养人"这一根本问题，踏实践行"因材施教、德才兼备、知行合一"的育人理念，力争为学校的创新人才培养做出更大的贡献。

试谈博士生培养过程的"不变量"

计算机学院教授，指导的学生赵一凡学位论文《基于局部关系学习的物体细粒度解析与识别》，被评为 2022 年校级优秀博士学位论文。

2005 年清华大学学士，2011 年中科院计算所博士，2014 年入职北航 VR 国重。主持 NSFC 重点 / 优青 / 面上等项目 20 余项，发表论文百余篇，授权专利 50 余项，出版英文专著 1 部。入选 IET Fellow 和北京市科技新星，获教育部科技进步一等奖、中国电子学会自然科学二等奖、北京市优博、中科院优博等奖励。

十年前的 2012 年，我的导师将我培养为中科院优博和北京市优博。

十年后的 2022 年，我指导的博士生赵一凡同学获评为北航校优博。

十年时间，计算机视觉领域早已沧海桑田：研究对象从简单、粗略的底层视觉问题变化为更精细、更复杂的高层视觉问题；研究方法从传统学习演化为深度学习；研究目标从实验室内的机理探索转变为真实环境中的实际应用⋯在这些"变量"客观存在的前提下，从十年前被导师培养为优博，到十年后培养学生获得优博，其过程是否存在某些"不变量"？

回想十年前导师的谆谆教诲，琢磨十年后学生的毕业感言，斗胆试言：**不变量者有三，一曰因材施教，二曰丰衣足食，三曰教学相长。**

因材施教者，首重选材，其次选题，即找到合适的学生，给出合适的题目。一般来说，优秀的博士生能够专注于需要求解的问题，既不过分发散，又不钻牛角尖，并且具有较好的主观能动性和学习能力。此外，先有"德才兼备"，才能"知行合一"，也需考察博士生的品德，特别是：是否具有底线思维，是否遵守学术规范，是否追求卓越，是否信心坚定。瞻前顾后，恐惧失败的学生，往往不是好的博士生候选。对于选择出的有潜力博士生，先给一个确定有解的"练习题"开展基本科研训练，学习实验设计、论文撰写等基本科研范式；然后，根据学生展示出的特长和兴趣，选择一个难度高、未必有解的"猜想题"开展科研攻关。让学生"先吃饱，再吃好"，确保博士培养过程能够顺利开展。

丰衣足食者，实其仓廪而始知礼节，足其衣食而始知荣辱。对于具有潜质的博士生，需要从物质、精神、时间和设施等方面提供有力保障。在物质上，需要发放充足的助研津贴并适当给予科研奖励，务必使其在生活上没有后顾之忧。在精神上，鼓励承担一些科研团队管理任务，适当给予压力，使其精神生活充实。在时间上，除了必要节点的讨论外，秉持"最小干扰"原则，给予充足时间开展自由探索。在设施上，尽力保障开展科研所需的计算、存储、耗材等需求。

教学相长者，承认自己和博士生各有优势和不足，优势互补，互相成就。一般来说，导师的优势在于对宏观方向把握较好，在选题方面具有前瞻性，不足之处在于时间有限，难以围绕每个选题开展大规模文献调研分析；博士生的优势在于，在资源充足的情况下，能够沉下心来针对每个选题细致地调研分析，可以掌握领域前沿。因此，培养博士生时，可以作为 Advisor 给出 Advice 进行探讨，而非站在 Supervisor 的角度对其科研过程全程 Supervise。个人认为，作为博士生导师，要勤于、善于、敢于向高水平博士生学习。

在因材施教、丰衣足食、教学相长等三项培养过程的"不变量"保障下，博士生具备成就"优秀"的基本条件。那么，什么样的博士生才足以称为优秀呢？个人认为，发表多篇高水平论文，申请多项发明专利，参与多个科研项目，获得多项奖励，只是优秀博士生的必要条件和表象，而非充分条件和实质。一名优秀的博士生，除了这些必要条件外，还必须要"有个性、有理想、有担当"。有个性，才能"有所为，有所不为"，少一些蝇营狗苟，多一些自信张扬；有理想，才能坚守科研本心，不受凡尘俗事所扰；有担当，才可能做出对国家真正有用的研究，才可能做出真正的创新。欲树其人，必先立德，一点浅见，诸君共勉！

传承永恒的陀螺精神
培养仪器科学与技术学科高层次创新人才

房建成

中国科学院院士，仪器光电学院教授。2009年—2022年，团队培养的博士生共 **17 人次** 获得优秀博士学位论文：指导的学生孙津济学位论文《磁悬浮飞轮用新型永磁偏置主动磁轴承结构与设计方法研究》被评为 2012 年**全国百篇优秀博士学位论文**；指导的学生宁晓琳学位论文《航天器自主天文导航方法研究》被评为 2010 年**全国百篇优秀博士学位论文提名**；指导的 **2 名**学生获北京市优秀博士学位论文：宁晓琳（2009 年），孙津济（2011 年）；指导的 **13 名**学生获北航校优秀博士学位论文。

现任北京航空航天大学学术委员会主任，大科学装置研究院院长，零磁科学中心主任，仪器科学与技术学科带头人，教育部长江学者特聘教授，国家杰出青年科学基金获得者，英国卢瑟福 – 阿普尔顿国家实验室名誉教授；"超高灵敏极弱磁场和惯性测量装置"国家发改委重大科技基础设施首席科学家、总设计师、工程总指挥，"先进惯性仪表与系统技术"国家自然基金创新研究群体带头人，"惯性技术"国防科技重点实验室主任和"中英空间科学与技术"教育部国际合作联合实验室中方主任。2008 年获首届国防科技工业杰出人才奖和何梁何利基金"科学与技术成就奖"。

目前团队共有固定人员 60 多人，**其中院士 1 人、兼职院士 5 人，长江 / 杰青 5 人、四青人才 8 人；博士生导师 38 人（含兼职博导 12 人）**；团队主持于 2018 年获国家教学成果二等奖 1 项，2007 年获国家技术发明一等奖、国家科技进步二等奖各 1 项，分别于 2014 年、2017 年和 2020 年获国家技术发明二等奖各 1 项，2017 年获第十九届中国专利金奖 1 项。

20 多年来，房建成院士带领刘刚教授、韩邦成教授、全伟教授、宁晓琳教授等教学科研团队，始终面向国家重大需求，依托仪器科学与技术国家重点一级学科（2017 年双一流 A+、教育部学科评估排第 1），以一流大学立德树人为根本任务，以培养社会主义事业优秀建设者和可靠接班人为根本使命，将"心怀祖国、勇于创新、甘于奉献"的陀螺精神融入了人才培养的全时空，逐渐形成了以传承和弘扬"陀螺精神"为核心的人才培养理念。守正创新、科教融合、多维并举，探索并创建了"精神育人，大项目育人、大平台育人、大团队育人，课程体系育人"的"五育人"创新人才培养体系。培育出了以宁晓琳、孙津济、李建利、任元、周新秀、彭聪等为代表的优秀博士学位论文获得者（其中：宁晓琳、孙津济已成长为教育部长江学者特聘教授，任元成长为国防国家级青年人才，李建利、周新秀、彭聪成长为国家优秀青年科学基金获得者），以及以秦杰（航天科工集团第三十三研究所副所长，集团专家）、刘百奇（星河动力（北京）空间科技有限公司创始人兼 CEO）等一批高层次创新型、创业型人才。他们在服务国家重大需求和经济社会发展方面做出了重要贡献。

在这 20 多年来的人才培养过程中，团队培养优博的经验本质上是：首先要有精神和文化，那就是传承和发扬永恒的陀螺精神。瞄准国家重大需求和科技前沿，组建大团队，搭建大平台，承担重大任务，多学科交叉、团队式培养、分类卓越，即根据每名博士生的专业知识背景、科研兴趣等有针对性地确定副导师、导师组和科研指导小组，把好开题研讨（博士生的选题立足国家重大需求和科技前沿，首先确定好科研任务、目标和定量的指标，然后分到对应的关键科学或技术问题后，再到对应的单项技术研究所中培养）、中期检查、论文撰写、预答辩和正式答辩等重要环节，最终培养高质量博士生。

人才培养的经验和心得体会主要如下：

1. 传承永恒陀螺精神——精神育人

陀螺精神的内涵本质就是"永恒"——坚持不懈、持之以恒。以弘扬永恒陀螺精神为指针的人才培养指导思想，构建了**立德树人的思政文化体系**。打造课程思政典范，用学科发展涵养家国情怀，用三代仪器人奋斗历程。描绘科学精神特色鲜明的思政品牌。让学生**树立理想信念，甘于寂寞坚守，坚持十年一剑，打造国之重器。**

2. 瞄准国家重大需求——大项目育人

依托深空探测、载人航天、探月工程、高分辨率对地观测等领域国家重大重点科研项目（项目越做越大、任务越来越重、攻关越来越难），从跟踪国外技术到自主探索新机理、开创新技术，推动科教融合，实现科研成果到教学内容的转化，形成特色教学。坚持理论与实践并重、前沿工程兼顾，教学科研相长，**实现人才分类卓越**。通过参与工程型号研制，培养了学生**严谨工程的能力**和**为国奉献的责任感和使命感**。

3. 坚持产学研用联合——大平台育人

建成国家级重点实验室和重大科技基础设施等基础科研平台（从省部级到国家级再到重大科技基础设施），为**培养学生创新能力**提供了科研条件保障。依托空间科学与技术国际联合研究中心等多个国家级和省部级国际交流平台，**为培养学生国际交流能力**提供交流环境。联合地方和行业优势特色的企业搭建实践科教平台，融合高校原始创新和企业技术创新的优势，**培养了学生的综合创新能力、科技转化和创新创业能力**。

4. 加强学科交叉融合——大团队育人

汇聚原子物理、光学、仪器、控制、微电子、光电子等多学科交叉人才，构建大团队（从课题研究小组到省部级团队再到国家级团队），创建了院士及高端人才领衔的**团队式教学科研一体化的高层次创新型人才培养体系**；依托基金委创新群体、科技部创新团队等，建立了院士－教授－青年教师"多层次""传帮带"导师组和科研指导小组。为了加强博士生培养过程管理、提高培养质量、及时发现培养过程中存在的问题，团队制定了特有的博士论文答辩程序，主要分为五个阶段：进入博士学位论文撰写阶段、论文撰写和修改把关阶段、预答辩阶段、论文送审阶段、论文答辩阶段。每个阶段都充分发挥了博导、年青老师，以及团队学术委员会的作用。**培养出了具有战略眼光的学科、行业复合型创新人才**。

5. 推进教材专著建设——课程体系育人

惯性技术是国防高技术，引不进、买不来，**没有现成的教材专著**。团队编著了包括一项国家级图书奖的多本国家及省部级规划出版物或教材等。坚持院士、长江、杰青等学术带头人亲自授课，传授最新科技前沿知识，**将最新科研成果及时融入课堂、教材和系列实验教学装置，引导学生瞄准前沿勇攀高峰。**

助力学生个性成长，培养分类卓越人才。

助力学生个性成长　培养分类卓越人才

樊尚春

仪器科学与光电工程学院教授，首批国家重点学科"精密仪器及机械"责任教授（2003 年—）。指导学生庄海涵的学位论文《一种新型频率输出谐振陀螺理论、仿真与实验研究》，被评为 2012 年校级优秀博士学位论文；指导学生王帅的学位论文《类直管型科氏质量流量计的理论与实验研究》，被评为 2013 年校级优秀博士学位论文。

自 1984 年起，一直开展以谐振式传感器为重点的基础理论、关键技术与工程应用研究。先后获国家科技成果 4 项，其中第一完成人 2 项。现任"量子传感技术"工信部重点实验室主任、校学术委员会副主任、教学指导委员会主任；《仪器仪表学报》编委，《传感技术学报》《测控技术》副主编；发表含 *Nature Communications* 在内的论文近 200 篇；授权发明专利 70 多项；负责并主讲的"传感器技术及应用"是国家精品课程、首批国家精品资源共享课、首批国家级一流本科课程、首批国家级课程思政示范课（团队、名师）。是国务院特殊津贴获得者、教育部"航空航天先进传感技术"创新团队带头人（获滚动支持）、北京市优秀教师、国防科技工业"511"技术学术带头人；获北京市教学名师奖、宝钢优秀教师特等奖、北京航空航天大学首批立德树人卓越奖等。

传感器是信息技术的源头，更是国外一直封锁的"卡脖子"关键技术，在国防建设、国民经济主战场中地位重要。作为著名爱国科学家、我国惯性技术与航空仪表专业创始人、北航创建者之一林士谔先生培养的最后一位博士，我深受导师"心怀祖国、勇于创新、甘于奉献"的陀螺精神熏陶，深刻感悟传感器科研教学与育人真谛，始终以服务国防、解决传感器中重要科学问题、核心关键技术、工程应用难题为宗旨，负责完成了国家自然基金科学仪器专项、面上项目、"863 计划"重点、国防基础预研、民用航天、科技部重大仪器专项子任务等 20 多项，研制成功综合指标位于国内领先的多种谐振式传感器，特别是精度达 0.01%FS 的谐振筒式压力传感器成功装备我国数千架飞机，为我国航空事业作出突出贡献。

传感器具有多学科交叉、测量需求众多、应用情况各异的特点，对该领域高层次人才培养提出更高要求。为满足国家对高层次传感技术领域人才多样化需求和人才成长个性化需要，基于我作为研究生指导教师 29 年，博士生指导教师 24 年的育人实践与研究，提出了"个性成长、分类卓越"的人才培养理念，形成"一传四感"育人方法（以言传身教践行教书育人，感动教师自身，持续感染学生，通过感人案例，引导学生感悟使命担当），紧密结合学生的实际情况、发展定位，为每一位研究生，特别是博士生"量身定制培养方案"，为党和国家培养出了一批分类卓越人才。他们在各自的工作岗位上为祖国建功立业。

1. 筑牢研究生服务国家志向

根据我自身的成长经历与感悟，特别是我的导师林士谔教授、王振均教授、刘广玉教授在"为学、为事、为人"方面的示范，以及他们和其他老前辈、老专家对我的精心指导、悉心教育、热心培养，我深深爱上了教师这个职业，并以导师为楷模与榜样，以他们的"言传身教""经师人师"的品行作为我在人才培养中的行动指针。在与学生交流、研讨中，我总是全身心地投入，首先感动自己，然后实现感染学生，最终达到师生在育人过程中的同频共振；通过深情讲述导师等老前辈、老专家们在传感技术领域解决共性科学问题、突破核心关键技术、服务国家重大需求中的感人案例，结合自己近 40 年的学术研究与实践、传感报国的亲身经历，潜移默化、引导学生感悟使命担当，传承北航人"空天报国"的红色基因、弘扬北航仪器人的"陀螺精神"。通过我的言传身教，让学生紧密围绕国家急需确立学术研究方向；在敢于攻坚克难、勇攀学术高峰，开展自主创新研究的磨砺中，取得一流的学术成果；在获得进步、荣誉和阶段成绩的同时，充分体验、感受服务国家需求带来的自豪感、成就感，也极大提升了自信心、自信力、竞争力和可持续发展动力，在择业中优先考虑到祖国最需要的地方和岗位建功立业。

在研究生培养全过程，我常用导师林士谔先生的品行、人格感染学生。1939 年，正值民族存亡、祖国处于最困难时期，林先生在美国 MIT 获得博士学位后，毅然放弃国外的优越条件回国参加抗战，随后响应党的号召参与创办北航，研制国家急需的航空陀螺填补国内空白，心系祖国航空航天事业培养了大批高级专门人才。林先生的言传身教很好地诠释了"爱国、创新、奉献"。2013 年，在仪器科学与技术国家重点一级学科成立 60 年、仪器科学与光电工程学院成立 10 周年之际，恰逢林先生诞辰百年。我们将林先生及北航三代陀螺人在"空白中开创、困难中坚守、机遇中奋进"的创业史、奋斗史、发展史以及在科研与教学中形成的优良传统，对照经典高速转子式陀螺的"定轴性、章动性、进动性"的技术内涵和陀螺的重要作用，形成为学院、学科"爱国、创新、奉献"的思想觉悟，进一步总结、凝练、升华为"心怀祖国、勇于创新、甘于奉献"的"陀螺精神"。我经常勉励研究生们要学习林先生"爱国、创新、奉献"的高尚品格，传承"陀螺精神"；做到爱专业（从外行变成内行）、爱职业（从内行变成专家）、爱事业（从专家变成大师）。我常讲述导师刘广玉先生在承担国家攻关任务时，面对连续几个月都无法突破的技术瓶颈，在细致全面地研究后终于发现问题的关键所在，提出解决问题的技术方案；于是连夜加工测试，最终获得成功，在大年三十才登上返京列车。他研发的传感器用于我国第一代国产高空无人侦察机上，为国防安全做出了重要贡献。我还常和学生们说，"在遇到困难的时候，不要气馁，一定要像刘先生那样，锲而不舍、攻坚克难，以严谨务实的工作态度对待自己科研和工作，就一定能够做到最好。"

在研究生选题、开题、中期检查、答辩等关键环节，我反复强调一条主线："作为北航的研究生，选题一定要围绕国家急需，以服务航空航天领域、服务国防建设为优先选择"，并通过大量的典型案例说明，让服务国家需求成为学生们进行科学研究的潜意识。

多年来，我以服务国家急需为最高追求，带领研究团队在直接输出频率的谐振式陀螺、谐振式科氏直接质量流量传感器和石墨烯谐振式传感器的研究方向上，踔厉奋发、持续攻关，研究成果一直处于国内领先地位。经过多年的积累以及在服务国家建设中做出的贡献，我以第一完成人先后获得一项国家技术发明二等奖和一项国家科学技术进步二等奖，独立完成两部国家重点出版物（专著）。

2. 助力研究生个性成长需求

在研究生培养全过程中，如何为他们选择具体论文方向，题目类型至关重要。对于每一位学生，我尽可能充分考虑其内在优势与个性化成长的需求。通过与学生反复交流，考察他们的学术兴趣、评估他们的发展潜力、询问他们的未来规划。在充分考虑学生个性成长需求的基础上，量身定制培养方案，并给予热忱指导和关心支持。

在研究题目类型上，我会为学生提供三种可能：侧重于解决共性科学问题的、侧重于攻克核心关键技术的、侧重于服务实际工程应用的。并且为每一种类型的题目制定相应的发展目标：完成高水平学术论文、形成核心发明专利、提出解决问题的系统方案。为了培养学生独立开展科学研究工作的能力，便于学生独立开展论文研究工作，在论文选题研究方向上，我特别注重题目之间的正交化、差异性；从而支持他们走上自主创新、产生个性化学术业绩的发展路径。同时为了培养他们团结协作意识、团队合作精神，尽可能在一定时间段、一个方向上安排不同类型的题目。在核心攻关点方面，既要有必要的联系，又要有足够的区分度。在学位论文的研究内容上，鼓励他们针对实际工程中存在的真实问题开展实实在在的研究；在研究方法上，要敢为人先、敢于突破已有的技术路线，取得创新性研究结果；在研究过程中，要敢于追求卓越，要善于变道开车进而实现超车。

为了提升培养质量，除针对培养过程中的共性问题定期召开全体研究生学术交流会议外，我经常与几个学生，甚至是单独一个学生，在绿园、荷花池边、图书馆广场、主楼广场、新主楼绿地和二楼平台，边散步边进行面对面的个性化交流，了解他们在研究过程中遇到的学术问题、关键技术及其研究进展，进行有针对性的讨论。有时也会针对性地讲解散步中看到场景背后的故事，遇到的教授、学者的学术业绩等；也和他们分享我在攻读博士学位期间的一些小故事，开展创新研究过程中的心得、体会，让他们沉浸在学术的海洋中，激发出研究思路和解决问题的方法。

为了提高学生的国际学术视野和国际交流合作能力，我带着学生前往国内外一流学术机构（包括香港理工大学，日本东京大学、冈山大学、山形大学、立命馆大学，荷兰屯特大学等）开展交流、参与传感器创新创业大赛、参加全国传感器与敏感元件学术会议、参观多国仪器仪表展览，让他们接触学术前沿，培养创新本领、碰撞思想火花、把握应用需求，激励研究生学人所长，大胆创新。

此外，对于有志于从事教师职业的博士生，我为他们提供充分的锻炼机会和平台，让他们从担任传感器相关课程助教开始，逐步参与教学改革研究与实践。并经常和这部分学生交流教学和育人的心得、体会，包括：从国家精品课建设到课程链、课程树、课程林、课程生态的仪器类专业课程体系改革过程；从我形成并秉持"个性成长、分类卓越"人才培养理念与实践的历程；从教学过程的"用行、用形、用心"，到教学内容注重细节、注重学生体验、注重因材施教，再到全方位培养，持续提高他们对教学全过程的认知理解能力和对部分环节的把握能力。同时，特别强调让他们提前进入角色，安排特殊训练环节，与他们一道将科学研究形成的学术成果及时转化为典型教学案例；让他们在攻读博士期间体验科教融合、感悟科学研究与教育教学相长、实现有机互动的内涵。我还常常指导他们撰写教学改革论文，鼓励他们在全国性的教学改革会议上做报告。

在研究生培养全过程中，我始终为他们提灯引路，和他们结伴同行。也根据论文研究进程，积极推荐他们前往有合作关系的一流学术机构去开展合作攻关、学习培训以及联合培养。支持博士生报名参加学生辅导员、鼓励他们参加重大活动志愿服务等。与此同时，近30年的研究生高层次人才培养经历，以及长期持续积累形成的学术专长与能力，让我在学生成长的主要过程中基本上做到"学生走多远，导师陪多远"。

3. 促进研究生分类卓越成才

在"个性成长、分类卓越"的人才培养理念指导下，通过"一传四感"育人方法、量身定制培养方案等举措，我培养出了一批在不同方面取得卓越成绩的研究生。凭借着在读期间取得的学术业绩和实际贡献，学生中有8人次成为我主持的国家科技成果的署名获奖者，已有13人晋升正高职，全部工作于北京大学、北京航空航天大学等国内高校，或国内航空航天领域。他们当中有的成长为国家万人计划领军人才、省部级优秀教师、海外优青、国家重大科学仪器专项负责人、型号副总师等，有的扎根基层为脱贫攻坚、西部支教贡献力量。近年来培养的研究生典型代表，包括：

庄海涵、王帅获校级优秀博士学位论文。其中庄海涵提出了"一种将调频原理应用于直接输出频率量的谐振陀螺敏感结构的设计方法"，解决了谐振梁参数激励特性用于陀螺敏感结构优化设计的工程应用问题，为直接输出频率的谐振陀螺输出信号解调提供了基础，并以学生身份获得中国航空学会二等奖。王帅设计了"一种新型类直管型科氏质量流量传感器结构"，提出了"一种具有强制振动功能的科氏质量流量传感器结构全数字闭环控制系统方案"，成功解决了传感器工作过程中遭遇阻尼突变而产生的停止振荡问题，测量液体流量时含气量可达 12%，超过了当时国际 10% 的最高水平，并以学生身份获国家技术发明二等奖。王帅作为主要合作者共同完成的创新成果发表在 *Nature Communications*，是我们学院在自然子刊上发表的首篇论文。

赵鹏程，北航"研究生十佳"，前往香港理工大学靳伟教授课题组研究"光纤传感"，针对航天领域空间探测的重大需求，提出了"一种新型的基于空芯光纤模式相位差探测的光热干涉气体传感方法"，在通讯波段实现了万亿分之一量级的探测极限，达到国际领先水平。成果的部分内容发表在 *Nature Communications*，评审人高度评价为这一领域"具有里程碑意义的贡献"。这是我们学院以学生为第一作者在自然子刊上发表的首篇论文。该成果受邀参与"2020 年中国光学十大进展"评选，成功入选应用研究类成果。

卢阳、孙颖、田原等积极投身西部贫困地区脱贫和支教服务。其中卢阳作为北航研支团第一批西藏分团团长，代表在藏 2000 余名志愿者前往 7 省市 41 所高校宣传志愿者政策，接受《中国青年报》的采访；2019 年带队参加国庆七十周年志愿活动，获评 2019 年"北航榜样 - 志愿公益之星"称号，在央视新闻联播和中国青年网上报道。田原留校后，积极响应国家脱贫攻坚号召，前往山西省贫困地区中阳县挂职，在中阳县脱贫攻坚战中做出重要贡献。

石福涛获中国（国际）传感器创新创业大赛一等奖，获批中国发明专利和美国发明专利。博士毕业后以中央机关选调生身份进入国家市场监督管理总局工作，2020 年由中组部安排，赴甘肃省陇南市礼县进行为期两年的基层锻炼，为礼县地区脱贫做出积极贡献。

学生孙颖、王子腾等在以林士谔先生为原型，在仪器科学与光电工程学院学生们自发自编自导自演的历史话剧《永恒》中，扮演重要角色，以传承和弘扬陀螺精神，展现林先生的崇高品质。

近 5 年来，李中翔、石福涛、卢阳、张飞杨、景佳奇等多位博士生先后分别担任学院的博士生、硕士生和本科生的半脱产辅导员，累计负责学生 1300 余人。他们中多人次获得北京市、工信部和学校的多项荣誉。

　　总之，正像当年我的导师们和其他老前辈、老专家们给予我指导、教育、帮助、支持，培育我全面健康成长一样，在我成为研究生指导教师，培养研究生的过程中，在我高度关心他们围绕着选定的学术方向独立自主开展深入研究、取得创新成果的同时，高度关注他们的全面发展、个性成长，为他们实现分类卓越、获得自我完善、终身成长、持续进步的能力，提供一切可能的指导、帮助与支持。

　　为党育人、为国育才，永远在路上；促进学生成长为全面发展的人，将他们培养成中国特色社会主义事业的优秀建设者和可靠接班人，永远在路上；伴随着学生成长，我始终牢记着"立德树人"的根本任务，做学生为学、为事、为人的"大先生"更是我不懈的追求，也永远在路上。

育苗的过程，需要生命的陪伴

冯 丽 爽

　　仪器科学与光电工程学院研究员，指导的学生焦洪臣学位论文《谐振式光子晶体光纤陀螺关键技术研究》，被评为 2020 年北京航空航天大学优秀博士学位论文。

　　1996 年于俄罗斯圣彼得堡精密机械与光学学院获得博士学位，主要从事先进光纤传感、微纳光子学与系统、生物光学成像技术研究工作。现任 IEEE 北京分会 WIE 主席、中国微米纳米技术学会理事、中国仪器仪表学会微纳器件与系统常务理事。发表 SCI 论文 80 余篇，获授权发明专利 30 余项。获部级技术发明奖 1 项，技术进步奖 2 项。

　　随着时间的飞逝，已经陆续有 14 名培养的博士研究生毕业了。他们分别在北京大学、中山大学等高校和航天二院、三院、五院等研究院所工作，有的已经成为所在研究领域的国家级专家和工作单位的学术带头人。焦洪臣是最典型的代表人物之一，本硕博毕业于北航，在北航校园度过了十年的时光，2019 年博士毕业后在中国空间技术研究院工作。2020 年获得北航优秀博士学位论文，同期获得国家自然科学基金青年基金资助。

　　培养一名学生，犹如育苗一般，要守护在育苗的旁边，松土、浇水、守候、让阳光照射、等待自然成长。要照射阳光，引导小苗向上生长。要学习忍耐、等候，要掌握小苗的成长规律，不可因着急小苗成长的速度过慢，拔苗助长，伤了元气；更不可不施肥，导致生长速度过慢。浇水要适中，不能缺少，以免干枯；也不能太勤，以免根部烂掉。当有杂草、枝杈出现时，要修剪。要提供合适的土壤和环境，为小苗的顺利成长创造条件。要挖掘小苗的潜力，发挥自己的生命力，使他自我向上成长。等到一定时候，小苗就成为小树，可以自己抵御风寒，随着时间，成为参天大树。

梦想如同阳光，会引导学生的成长，明晰发展愿景。从学生来读研究生的时候起，我们探讨最多的就是你的梦想是什么，你希望你未来成为怎样的人。假如把时间轴拉长，当我们生命结束、墓碑上要镌刻碑志，会写下怎样的一句话。我会引导学生，我想我能写下的文字是"曾是一名教师"，你想写下什么。每个学生都有不同的特质和潜能，在了解自己优势和热情所在之处的前提下，你想书写怎样的一生。有的学生会给出自己的梦想，成为一名航天领域的钱学森或载人航天的技术总师。梦想最好是一幅画面，留在脑海里，贴在床头上，时常提醒自己，督促自己的成长并拉着小组成员一同成长，成就自己的梦想。

使命是成为怎样的参天大树，它会帮助学生建立责任感，挖掘自身的成长潜力。在焦洪臣这一届，一共录取了三名硕博连读的博士研究生。依稀记得他们进入课题组时的情景：我们一起分享我们的想法。我和他们分享我的想法：为什么小组把研究方向定位在微纳光子惯性技术，我们具备哪些先天优势？又有哪些不足之处和可能的未来挑战？我希望 20 年后我们组成为什么样式？我聆听他们的声音：你们攻读博士研究生的初衷是什么？你们的教育背景和学术背景提供了怎样的学术优势？如何弥补自己的技术短板？然后一起讨论，我们一起可以为这个国家在这个领域做些什么？是否我们可以定位我们的使命是"成为国内微纳光子惯性技术的先导者、国际上的前三名？"假如我们可以形成统一的使命认知，我将如何做好一名指导教师并建立学术平台？你们计划如何开展研究课题并做好博士研究生这个角色？最后，明确学生本人是完成学位论文的主体，指导教师是引导者和助力者，必须分工协作，我们形成团队一起为梦想奋斗。这些理念的梳理和统一，不仅保证了团队向同一目标前进，而且加强了学生的自我成长意识，成为主动承担课题挑战、寻求学术合作资源、完成科研任务的发动机。

过程培养就像是为小苗松土和浇水。研究生培养方案和培养过程监控是我们研究生培养过程的重要抓手。以"以终为始"的理念，在入学的时候，我就会告诉学生博士学位的培养要求，将来在学位论文评审书上给出的评语涉及研究生能力培养，包括写作能力、演讲能力和科技实践能力等；我们在培养过程中如何完成这些能力的培养，以及培养过程中会有哪些过程监督环节。学校有很规范的研究生培养大纲、培养流程图和《研究生手册》，导师要使学生明白这些文件资源的重要性和使用方法，养成学习过程中主动遵循培养规范要求和使用学校所提供的宝贵资源、自我监督和反省的习惯。

为学生提供良好的科研课题和学术环境是育苗中的施肥。以课题做中心线，为学生创造良好的理论研究、科技实践、学术交流与合作平台，是学生成长的必备条件。在学生的培养过程中，使学生参与到国家课题的指南申报、申请论证、节点检查、课题验收的全过程。然后以学生为主体，完成至少一项课题的全链路科技实战活动，和老师们一起讨论和完成评审汇报，包括 PPT 撰写和 Word 文档撰写、样机研制和测试，以及项目沟通等，提升学生的写作能力、表达能力和动手实践能力、沟通能力及团队合作能力。在读博期间，焦洪臣、刘丹妮、张宇这三名博士研究生都不止一次独立撰写自然科学基金报告，而且经历了"145"国家计划项目的申请、中期检查和结题验收全过程，接受了完整的科学研究课题训练。这也是他们走向工作岗位后很快进入工作状态、并以项目负责人形式获得课题资助的重要原因。

管教就像小苗长成大树过程中的修剪，尽管会使双方感到不舒服，但必不可少，是成长中的阵痛。在博士研究生刚进实验室时，为了逐渐引导学生进入科研状态，我们接触的时间和频率都比较多。但随着学生对课题的深入了解和掌握，会变成定期举办技术交流会，学生成为课题研究的主体，定期汇报进度和讨论下一步计划。我对学生的要求还是很严厉的，要求学生在博士三年级时要尽量达到和指导教师技术水平不相上下的状态，毕业时在自己课题的研究方向上技术水平一定要超出导师。所以，在培养过程开始时，会制定详细的培养计划，注意引导学生如何做事的同时，把如何做人放在首位。特别是在开题报告环节，会明确对学生的学术要求和考核要求，给出可量化的指标。在课题研究中，勇于管教学生，为了学生的成长，及时指出学生成长中存在的问题、提出建议性成长建议，引导学生成为真正身怀绝技的人，避免可能存在的凑合着有学位的想法。在管教时，最重要的是使学生了解导师管教的原因和目的，使他们意识到是为了他们的成长。管教过程中，注意尺度的把控和循序善进的过程，使学生能够承受这样的变化所带来的影响，在体会到成长的乐趣中逐渐建立学生的学术自信心。

学生就是我们培养过程中结出的果实，优秀博士论文是果实成熟程度的表征方式。育苗人最大的乐趣是享受树苗成长中的每一天，并接受树苗生长中形成的果实。

导师则享受学生的每一步和成长所带来的成就感，并随着时日的增加，看到他们结出丰硕成果，同样成为育新苗的人。因此，用我们的生命陪伴学生的成长，帮助他们成就自己的梦想，是导师给学生最美好的祝福，并会因着学生成为社会的有用人才，成就对社会的贡献。

　　我是一名教师，我愿意像育苗人一样，用我的生命陪伴学生的成长，在盼望中期待着已毕业学生工作岗位的美好消息，在每一天用心陪伴着在校的每一位学生。并祝愿我所在的学校——北京航空航天大学为国家贡献更多的科技领军人才和科技管理综合型人才，成为我国实施科教兴国战略、人才强国战略、创新驱动发展战略的重要支撑力量。

用真心换真情　做学生成长的引路人

刘建伟

　　网络空间安全学院教授，指导的学生冯翰文的博士学位论文《后量子安全的匿名签名及其应用研究》，被评为 2021 年校级优秀博士学位论文。

　　从事网络安全、智能终端安全、密码学及应用研究，研究成果获得国家技术发明一等奖、国防技术发明一等奖、中国指挥与控制学会科技进步一等奖。教学成果获北京市教学成果二等奖，荣获国家网络安全优秀教师、北京教学名师、北京市优秀教师、北航教学名师等称号。现为国务院学位委员会学科评议组成员、教育部高等学校网络空间安全专业教学指导委员会委员、中国密码学会常务理事、中国指挥与控制学会常务理事、中关村智能终端操作系统产业联盟副理事长。享受国务院政府特殊津贴。

　　2005 年的一个寒冷的冬日，我听从了内心的召唤，再次踏入校园，开启了人生中又一段教师生涯。我默默地立下了诺言，既然选择了大学作为自己人生的归宿，就要潜心做好教书育人的工作。当时，为自己设立的最高目标就是能当一名合格的教师，把书教好，把学生带好，把科研做好。其实我也知道，能做到这几点也不是很容易的事。我总是诚惶诚恐，以高度的责任感和一丝不苟的工作态度投入工作。在此，我愿与大家分享做研究生导师的几点粗浅的经验和体会。

1. 加强师生之间的沟通，指导学生找准研究方向

　　我所带的研究生来自不同类型的高校，专业基础差别很大。但是，学生既然选择了我做导师，我就必须对他们一视同仁，不能有半点歧视。学生领进门的第一件事，

我必须要了解学生的所学、所知和所想，也就是要搞清楚学生此前学的是什么专业，目前已经掌握了哪些专业知识，对未来的学习有什么预期和打算，毕业后想从事什么职业。由于学生初来乍到，对网络空间安全领域的研究方向了解得不深入，因此很难说清楚自己对哪个研究方向感兴趣。我的做法是"放养"，即给学生足够的自由度，让学生围绕已成功获批的国家重点研发计划项目、国家自然科学基金课题以及军口的科研项目开展自由探索，让学生查找相关参考文献，并定期召开组会进行交流。一段时间的摸索之后，学生已经对自己感兴趣的科研方向有了初步的认识。此时，导师必须与学生反复沟通，为学生"量体裁衣"，尽可能地让学生所具备的知识和能力与其感兴趣的科研方向"匹配"，否则学生就可能在随后的学术研究中陷入困境，从而导致其毕业困难。因此，研究生导师重要的职责之一就是帮助学生找到正确的研究方向。

2. 充分发挥团队的作用，依靠集体智慧培养优秀学生

学生的选题五花八门，然而一个导师的知识面总是有限的，并不能回答学生在科研中遇到的所有问题。此时，发挥教学和科研团队的作用就显得尤为重要。首先，我会组织团队的全体老师和学生，定期举行学术报告会，每次选 2~4 名教师和学生作报告。举办学术报告会，一方面可以扩大学生的知识面和学术视野，另一方面可以打破学术壁垒，促进课题组成员之间的相互了解。一旦学生遇到科研难题，就可以很方便地找到相关教师进行答疑解惑。例如，某个学生设计了一个轻量级密码协议，但对密码协议的安全性证明不熟悉，他就可以去找懂安全性证明的教师请教；如果学生不会对密码协议的性能进行仿真，他可以去找团队中熟悉密码协议性能仿真的教师寻求帮助。特别是对于做格密码理论研究的同学，需要很强的有限域理论和数论基础，此时就需要数学功底很强的教师协助进行指导。我的学生冯翰文的优博论文，就是在副导师伍前红教授和团队其他教师的共同指导下完成的。总而言之，培养一个优秀的研究生，需要依靠团队的集体智慧，大家共同出谋划策，齐心协力指导学生取得高水平的学术成果。

3. 鼓励学生出国访学交流，拓展学生的国际化视野

北航获批中央网信办、教育部共同授牌的首批"一流网络安全学院建设示范项

目高校"，北航网络空间安全学院也是首批国家网络安全先进集体，担负着为国家培养网络空间安全高层次人才的重任。因此，北航培养的人才必须要具有国际化视野。只要学生想出国访学和参加学术会议，无论是公派还是自费，我都会毫不犹豫地支持他们，并积极地为学生联系国外高校的合作导师，让他们赴国外访学和参加国际学术交流。除个别同学因自身原因没有出国学习之外，几乎所有博士生和部分硕士生都有出国访学和参加国际学术交流的经历。这样做有两个目的，一是让学生了解国外学术研究的前沿动态，让他们了解国外高校研究生的培养过程，并准确把握该领域的前沿研究方向；二是锻炼学生的演讲能力、沟通能力、英文写作能力和独立生活能力。目前已经派 20 多名学生分别赴美国、英国、丹麦、新加坡、以色列、日本、波兰、德国等国家进行访学和参加国际学术会议。在学生完成海外学习和交流之后，我明显感到学生的英语表达和写作能力、学术水平都有一定程度的提高。

4. 把学生当成自己的孩子，关心学生的生活和身心健康

在带学生的过程中，遇到了各种问题。比如，有几名学生因父母生病造成家境困难无钱交学费，我就毫不犹豫地替他们交学费；有个别学生在读博期间因压力过大而产生心理或精神问题，我会耐心地找同学谈心，找到产生问题的源头，极力消除学生的心理和精神障碍，帮助同学渡过难关，顺利毕业；还有学生在恋爱和感情方面遇到问题，我也会像家长一样找学生了解情况，并给学生提出正确的处理方法和建议，从而避免产生严重的后果。此外，还有几名留学生在读书期间向我提出存在生活困难，我也会给他们发生活补贴，帮助他们顺利完成学业。在北航做导师 17 年来，我已培养 23 名博士毕业生（含 5 名留学生）、63 名硕士毕业生（含 2 名留学生）。其中，6 名学生获"国家奖学金"，5 名学生获"国家网络安全奖学金"，3 名学生获"北京市优秀毕业生"，1 名学生获校级优秀博士学位论文，1 名留学生获得北航优秀来华留学毕业生。迄今，尚无一名学生提出更换导师的请求，也无一名学生没有顺利毕业。有些毕业生在与我告别的时候，眼含泪花，依依不舍。我此时也才能真正体会到做一名教师的价值。

5. 结束语

做教师最快乐的事，莫过于将自己的学生从一个稚气未脱的科研新手，培养成

为德智体美劳全面发展的栋梁之材。自从我担任研究生导师以来，能够自觉贯彻党的教育方针，坚持立德树人，始终工作在教书育人第一线，培养学生树立正确的人生观、世界观、价值观，塑造学生优良品格；注重提高每一堂课的含金量，潜心指导学生开展科研并取得优秀成果。每到毕业季，看到自己的学生踌躇满志地走出校门、奔赴新的工作岗位，作为导师的我，心中便油然升起了无与伦比的幸福感和成就感。此时此刻，我最想说：做一名大学教师，是我无悔的选择。

因材施教、量体裁衣，
为优秀博士生的成长创造条件

伍 前 红

网络空间安全学院教授，指导的学生冯翰文学位论文《后量子安全的匿名签名及其应用研究》被评为2021年校级优秀博士学位论文。

从事密码学与区块链研究，承担国家自然科学基金重点项目、国家重点研发计划等项目10余项；发表论文200余篇，最佳论文4篇，专译著4部；授权40余项，转化近10项；制订国际/国家标准3项，牵头国家标准研究2项；获2021年度麒麟科学技术奖。

见证学生在自己的指导下逐步成为一名学识渊博、内心强大的独立科研人员，是我职业生涯最大的成就感和幸福感来源，也是我选择成为一名大学教师的初心。我一直努力探索和反思如何能够充分地发掘学生潜力，帮助他们成为更优秀的科研人才。

1. 为高水平博士生确定正确的科研方向

为博士生确定科研方向是头等重要的事情，需要博士生导师同时根据本学科领域和教育学两种不同视角来谨慎抉择。本学科领域视角是基本要求：导师有义务确保研究方向的科学性和前沿性，且能够服务于国家和社会的中长期发展规划。教育学的视角则需要导师充分尊重学生的个体差异，评估选题和博士生个人素质以及长期职业规划的匹配程度，让选题对学生而言"够得着"且"愿意做"。这也是博士生和导师能够形成合力并在既定方向上取得优秀成果的基本条件。

相比于科学性和前沿性，确保选题和博士生匹配是一项更为挑战的工作。其挑战性一方面来源于培养早期导师和博士生缺乏双向了解，另一方面来源于部分博士生对自身科研兴趣缺乏清晰认知，这一点在未经过硕士阶段培养的直博生身上尤为突出。根据以往经验的来看，通常经过半年的培养后才能形成有实质意义的双向沟通，实现导学共建。然而，博士生第一年课程通常较为繁重，能够投入到科研工作并和导师密切沟通的时间相对较少，导致明确科研方向时间节点延后，可能形成对博士生发展的阶段性不利因素。

结合客观条件和从教经验制定初步方向，再在培养早期与博士生及时充分地沟通，是我近几年为博士生确定方向的主要方法。以冯翰文同学为例，他由刘建伟教授与共同指导。他本科毕业于北航华罗庚班，接受了北航最高水平的数学教育且取得了不错的成绩，所以我们有充分理由相信他具备研究理论密码学所必须的数学基础。通过保研前后我们多次深入的沟通，判断他具有足够的定力静下心来从事理论研究工作。同时，学校的本研一体化培养体系也为我们早期的方向探索创造了绝佳条件。我们充分利用本科毕设开展科研训练，不受限于短期目标，而是引导冯翰文同学理解科研工作的方式方法，同时尽可能广地了解本学科领域的基本研究方向及其所需的知识技能，帮助他选择合适的科研方向，大大节省了我们正式培养环节的探索成本。

2. 从教育指引到平等合作，当好不同环节的多面手

博士期间是学生成长的重要阶段。在学科专业方面上逐步成长为某个细分领域的专家的同时，也成长为思想和行为上都更加成熟和独立的社会个体。在这个过程中，导师需要及时转变角色，与学生成长阶段相匹配，帮助学生更好地成长。

在培养早期，学生还处在学习阶段，通过阅读教材和经典论文，了解本学科的基本理论和方法。我认为这个阶段导师最重要的任务是帮助学生在一个具体方向上形成完善的知识体系，避免学生过于陷入细节，只见树木不见森林。在这方面，我一直坚持的观点是应该创造机会让学生主动输出学习内容，以输出倒逼输入，建立知识体系。以冯翰文同学为例，在我们确定后量子密码学为主要研究方向后，就要求他在一段时间后在我执教的"现代密码学"选修课上做两节课左右的学术报告，向全班所有同学讲述后量子密码学的基本理论和现状。为了准备课件，冯翰文同学查阅大量资料，并通过反复思考不同内容的内在逻辑关联，最终体系化地输出到课

件上，同时完成了自身知识体系的构造。后来讲课效果非常好，形成的相关课件至今仍然是实验室学习后量子密码学的主要资料。

在建立了相对完善的知识体系以后，学生需要找寻该方向的科学问题，予以解决，并撰写成论文发表。这一环节是学生从学习者到研究者的关键转变，也通常是学生最迷茫最痛苦的阶段。在这一阶段，导师应该把握好尺度，在关键节点给予充分支持的同时，也要留给学生自己探索试错的空间和时间，培养他成为一名独立的科研人员。在找寻科学问题阶段，我通常首先选择大胆放手，让学生主动挖掘，然后再由我进行价值评估，并和学生仔细沟通，清楚地告诉他为什么这个问题成立或者不成立，为什么值得做或者不值得做。在解决问题阶段，导师最大的优势是拥有更宽广的视角，能够找到不同问题之前的联系。我通常选择在学生真正面临困难的时候，引导学生去思考这些问题的关联性，从而找到可能的解决途径。最重要的阶段是第一篇论文撰写，需要导师的大量投入，手把手教会学生论文撰写的一般方法和规范，明白一些无法从公开资料中学到的论文撰写规则，尽早扫清学生的写作障碍。

有了在高水平刊物发表论文经历后，学生已经渐渐成为某个细分领域的专家，在该细分领域的研究水平可能已经超过了导师。可以将学生视为一个熟悉可靠的合作者，充分尊重他的研究兴趣和意见，鼓励其积极探索前沿领域，给予所需要的支持。

3. 发挥平台效应，营造平等互助、包容开放的学术环境

导师是学生成长为独立科研人员过程中最重要的平台。作为平台，不仅是从专业角度给予学术指导，也综合提供学生成长所需的多种外部条件。

首先是平等互助的实验室团队建设。科研从来不是孤军作战，和其他研究人员的沟通必不可少。对于博士生来说接触最多的研究人员就是本实验室的师兄弟姐妹。作为导师，首先需要建立起风清气正的团队氛围，坚守学术道德，体现学生研究方向的差异化，反对恶性竞争，鼓励交流合作。我们团队一直反复强调学术道德建设，每学期都开展专项会议，要求大家签署学术道德承诺书。每周举办学术研讨会，由专门的同学记录大家的贡献点，及时明确贡献归属，为高质量的学术合作扫清障碍。

其次是大力支持学生和国际同行科研人员沟通，支持参加专题培训和国际会议，并邀请相关领域的国际知名学者来北航访问，和学生面对面沟通并建立长期合作。以冯翰文同学为例，团队先后支持他参加后量子密码专题培训，参加国际会议4次；

支持他同来访的学者深入交流，并通过留学基金委项目到曾来访的唐强教授处联合培养。这些平台支持对他的成长产生了很大帮助。

4. 砥砺前行，不负使命，培养网络空间安全优秀人才

培养学生尤其是博士生是一项长期的工作。它既是一个因材施教的过程，也是量体裁衣的过程，需要博士生导师根据学科特色、平台条件、自身精力和学生特点开展多元化个性化的培养，帮助学生成长为独立自主的科研人员，为祖国的网络空间安全事业输送高水平人才！

激发无限潜能，
培养世界一流的科技创新领军人才

赵 巍 胜

集成电路科学与工程学院教授，指导的学生张学莹学位论文《多层磁性薄膜中的界面效应及应用》、张博宇学位论文《自旋极化电流和全光翻转协同作用的磁畴壁运动研究》、周家琦学位论文《基于第一性原理的自旋输运特性研究》分别被评为 2019 年、2020 年、2021 年校级优秀博士学位论文，其中周家琦学位论文还荣获 2021 年中国电子学会优秀博士论文。

IEEE Fellow（2018 年），IEEE TCAS-I :Regular Paper 总主编（2020—2023 年），中国科协第十届委员会常务委员（2021—2026 年），教育部第八届科技委员会委员（2021—2026 年），北航集成电路科学与工程学院院长（2018—2021 年），工信部空天信自旋电子重点实验室主任（2019 年一），教育部长江学者（2020 年），科学探索奖（2021 年）。长期从事自旋电子学、新型信息器件、非易失存储器等领域的交叉研究。近五年以第一或通讯作者已在 *Nature Electronics*、*Proceedings of the IEEE* 等期刊发表论文 200 余篇，其中 ESI 高被引论文 10 篇，总索引超过 14 000 次，H 因子 63。目前主持国家自然科学基金重大仪器项目、国家重大专项核高基研发计划等项目。

转眼间从教 14 年，带过的博后加研究生人数突破了一百大关，不仅有"桃李满天下"的欣慰和自豪，更是感到身上肩负着"得天下英才而育之"的责任。尤其对于来到北航集成电路学院学习的每一位博士生同学，我都充满了期待，希望他们毕业后在集成电路领域能堪当重任，引领技术变革，解决"卡脖子"技术。在指导博士生的过程中，我总结了以下四点心得，与其他博导们共同交流学习。

1. 传播成长性思维，挖掘每个学生的全面潜力

培养高质量的博士生是一个系统性工程，很重要的第一步是挑选有天赋又勤奋的好苗子。我会专门安排出时间去宣传自己的课题组和研究方向。在上课和参加各类活动时，经常有本科生会主动询问我科研相关的事宜和学业规划，我都非常愿意给出建议并欢迎他们加入我的课题组提前学习，并安排高年级博士生先带他们做一些简单的课题和旁听组会。这样的互动让我发现了很多潜在的优秀学生，他们直博后也能很快进入科研状态，甚至是在本科时就发表了很好的成果。每个北航的学生都是有足够的天赋和潜力去做好研究的，但是否能够成功需要导师们不断去帮助他们挖掘潜力。

在培养学生研究能力的过程中，给学生定课题、指导其具体的科研过程是一方面，另一方面是要传播好的思维模式，其中最重要的是成长性思维。每一年我都会组织年终总结组会，让大家进行总结和未来计划，并对上一年的目标进行回顾反思。在大家互相点评的过程中，能非常清晰看到谁进步快、谁的学习能力明显增强，我也能对学生们进行不同层次、不同方面的鼓励和要求。不同的学生有不同的性格和学习基础，如果能针对性地去激发他们的主观能动性、内在驱动力则事半功倍。对于有想法、执行力强的学生，要尽量放手；而有的学生会阶段性懈怠迷茫，主要是对于所在的领域不擅长或者进展缓慢，就及时帮助他们调整研究方向"错位竞争"，或是让他们去做一些擅长的事，比如管理实验室、搭建设备、学生工作等，再慢慢建立自信。

对于博士生的发展，我希望他们不仅能持续提高学术造诣和品味，而且在情商、逆商、口才等综合能力上有全面的进步。因此我十分鼓励他们去申请各项荣誉和项目。周家琦博士就是一个非常好的例子，她在刚入学时会经常给我打电话咨询一些小事和细节，在申请研究生十佳、创新团队等荣誉时还需要我帮忙逐字修改演讲稿等等。等到她毕业时已经能十分独立地去做研究、对于学术生涯的规划也很清晰，现在她在比利时做博士后，成为活跃在学术圈的知名青年学者。

2. 鼓励国际化交流，创造合作共赢的研究氛围

在我的课题组里，国际化交流是必不可少的部分。第一是每个人都要通过 CSC 或学校的奖学金出国访问一年到一年半。我会帮他们积极联系慕尼黑工业大学、斯坦福大学等国外知名高校的导师。我们还与法国巴黎萨克雷大学、荷兰埃因霍温大学、法国洛林大学等建立了博士双学位的项目。发达国家的博士生培养模式中有很多值得借鉴的地方，比如德国坚持"教学与科研相结合"的原则，博士生要深度参与到导师的教学任务中；法国的"培养组"模式，发挥多位导师资源互补、学科交叉的优势。同学们经历过中外多元化的学术文化浸润后，全都大幅度地提高了国际竞争力、扩宽视野和格局。第二是让学生们多参加口头报告，积极资助他们去国际会议上与同行们交流。疫情前最大规模的一次是课题组有近 30 位师生参加了新加坡的 INTERMAG 会议，在每次会议结束后我会集合大家一起开讨论会，让学生们迅速头脑风暴、跟进最新进展、学习社交方法。第三是积极组织和承办国际会议，例如每年都坚持举办的 111 引智国际会议。我会让学生们都参与到会务组事务中，循序渐进地训练沟通组织能力，让他们快速链接到同领域的顶尖学者，向前辈请教经验和洞见。经过近几年的努力后，北航人在自旋电子领域越来越有影响力，同学们也充分了解了国际上知名教授和课题组都是什么风格、优势，对于他们未来找博士后和教职有很大帮助。

对于学生们与其他国内外课题组的日常沟通，我也保持开放心态，让学生当"主角"去联系教授、开展实验、组织会议等，我发现最后常常能超出我的预期，很多重要的研究成果都是学生自己去联系合作的；对于课题组内部，每一个博士生都有自己的特定方向以避免竞争，但在具体开展研究时，我会让他们组成不同的小团队，多学科交叉，在理论分析、材料生长、微纳加工、器件测试等方面各取所长，培养他们"一个人带一支队伍"的能力，提高科研效率、少走弯路。

3. 聚焦"真"问题，坚持做有原创价值的学术研究

我对于博士同学的要求是，他们在毕业时能达到小领域世界上最前沿的水平，这就需要在一开始就引导他们建立研究兴趣、打下牢固基础、养成好的研究习惯。第一是博士第一年不着急定方向，要多读文章，至少读够 100 篇论文，了解亟需解

决的问题、基本研究方法体系、不同课题组的最新进展等，培养快速抓取关键信息的能力。第二是在入门后，尽量参与到师兄师姐的不同课题中，在合作撰写论文时学习到英文写作、科技画图、逻辑框架、怎么讲故事等，慢慢找到科研感觉，学会提问题。第三是在博士中后期和他们一起找到对国家有意义，值得深耕研究的"真"问题，鼓励他们有解决关键问题的勇气，着重强调"发文章不是目的，是过程"的理念。当学生进展不顺利时，我们作为老师首先要有耐心和信心。张博宇博士在法国交流时，我希望他能挑战"如何结合光学和电学去共同调控磁畴运动"的世界难题。由于在国内从未接触过这一领域，实验一直没有获得预期结果，他非常着急。于是我利用在巴黎转机的短暂时间，与他在机场进行了面对面讨论，对实验方向、制备材料等提出了一些具体思路建议。最终，在法方导师和我的鼓励下，他非常成功地完成了实验测试，并基于这些结果相继以第一作者发表 3 篇高水平论文，为后续我们实验室在超快光学领域的建设和研究贡献了重要力量，把光电学与自旋电子学交叉开辟了光自旋电子学方向，在此基础上解决了一直困扰我国通信领域的 100GHz 以上信号芯片难题，为 6G 信息技术的发展提供了重要支撑。第四是要求学生们持续做真正有创新、被同行认可的特色工作，论文发表只是第一步，更多的是要让别人了解、引用再拓展，鼓励学生们多走出实验室去线上线下宣传，定期跟专家学者介绍自己的最新科研成果。许多学生在毕业时都有了 ESI 高被引论文，为他们的未来发展打下了坚实基础。

4. 激发拼劲与担当，培养追求卓越的领军人才

"内卷"与"躺平"是当下年轻人不得不面对的课题，尤其是博士生的许多同龄人都已进入社会工作拿着高薪，他们不免会有落差，对于前途的不确定性感到迷茫。此时，简单的开导很难真正起作用，需要帮他们建立健康的职业发展观念。我时常鼓励他们"一个优秀的博士生具备了解决问题的能力，在各行各业都能做到顶尖""职业生涯是马拉松，不是短跑，博士学习给予了同学们高起点及持续提升的能力"。首先是无论我多忙，都坚持每周组织至少一次组会，从自身做起，不把做学术当作"苦差事"而是有意义、有乐趣的事，认真倾听大家的问题和工作总结，及时提出建议。对于学生们的复杂问题，我也会单独约时间一对一交流，传递乐观和热情来帮他们树立"迎难而上"的信念。其次是在团队里创造见贤思齐、追求卓越的氛围，让同

学们之间互相带动。比如张学莹博士就发挥了强大的榜样力量，他自主研发了我国首套商用高分辨率磁光克尔综合测试系统，打破了欧美在该领域长达一个世纪的垄断，激励起师弟师妹们对于攻克"卡脖子"的关键核心技术、尤其是先进设备的创新性研发更多兴趣和勇气。再者，从工作细节中建立追求卓越的态度，小到PPT的字体统一、论文中的标点准确等都严格要求。最后，充分发挥"北航人帮北航人"的校友文化。我非常重视与企业、研究所的合作，积极提供学生们去企业实践交流的机会，培养学生产业化的战略性思维，鼓励他们申请华为等企业的研究基金，创造服务国家重大战略的研究氛围，搭建平台让同学们到最需要的地方建功立业，推动产教融合、校企合作，与产业界共同努力去培养集成电路领域的高质量人才。

伴随北航获批"集成电路科学与工程"一级学科博士学位授权点的重要契机，高层次博士的培养也越发迫切。我也会继续探索博士生培养的新模式，努力为我国集成电路领域输送更多具有国际视野、敢于担当、善于作为的卓越工程师及领军领导人才。

培养全面发展的高层次创新人才

人工智能研究院教授，指导的学生胡海苗学位论文《基于区域率失真优化的自适应码率控制算法研究》，被评为 2013 年北京市优秀博士学位论文；指导的学生姜东学位论文《视频容错处理与传输技术研究》，被评为 2008 年校级优秀博士学位论文。

计算机学院长江学者特聘教授、杰青，北航人工智能研究院常务副院长。兼任国务院学位委员会软件工程学科评议组成员、教育部人工智能科技创新专家组工作组副组长、军委装备发展部人工智能装备应用基础技术专家组成员。

当前主要研究方向为计算机视觉、机器学习、知识推理、嵌入式智能系统，是国家重点研发计划项目"公共安全监控视频安全共享与特征分析关键技术研究"项目负责人、国家 973 计划项目"数字媒体理解的理论与方法研究"首席科学家，原总装"十五""十二五"某边海防视频系统型号总设计师。在本领域重要期刊和国际学术会议发表学术论文 100 余篇，有国内外发明专利 80 余项，获国家技术发明二等奖 1 项、国家科技进步二等奖 1 项。

研究生教育肩负着为国家培养高层次创新人才的使命。当前我国正处于建设科技强国的历史征途中，中国要强大，中国人民生活要美好，必须有强大的科技支撑。正如习近平总书记在两院院士大会上指出："我们比历史上任何时期都更接近中华民族伟大复兴的目标，我们比历史上任何时期都更需要建设世界科技强国！"

为了培养满足科技强国建设需要的高层次创新人才，在博士生的培养中，我们团队注重以下方面。

1. 把握好论文选题方向

紧密围绕面向世界科技前沿、面向国家重大需求、面向经济主战场、面向人民生命健康，凝练核心关键科技问题，既为学生长期从事重要、价值大的工作奠定基础，又有助于他们取得更好的成果、做出更大的贡献，把个人事业、集体成就和国家发展有机结合起来。

2. 积极引导学生求实创新

从实验实践中发现当前科技解决不了或解决不好的难题，为寻找潜在重大／重要价值的研究工作指明方向。常言道，找到问题的关键，就已经解决了一半，所以分析产生实际问题的科技原因十分重要。究竟是由于理论缺失？还是因为技术空白？……通过分析研究，揭开表明现象，找准真正的科技问题。在设计解决思路和方案时，针对产生问题的科技原因，力争寻求机理原理突破，从而找准解决思路，做到对症下药。按照这种思维模式，有助于加强学生分析问题、解决问题能力的培养。

3. 注重培养全面发展的人才

研究生毕业将走向社会，独立承担工作，因此需要进行综合性的全面培养，特别是对知识、能力和素质的培养。应该要求学生按照培养方案的要求，认真学习相关课程知识，同时根据论文选题方向，拓展相关的基础知识和专业知识。科技创新能力是博士生培养的核心，需要结合有难度的实际科研项目锻炼其分析、解决问题能力，同时自学能力、写作能力、表达能力等也都需要培养。在科研素质方面，作为高层次人才需要树立正确的人生观、价值观和世界观，具有严谨求实的科学作风，不畏艰难、勇于探索的科学精神。

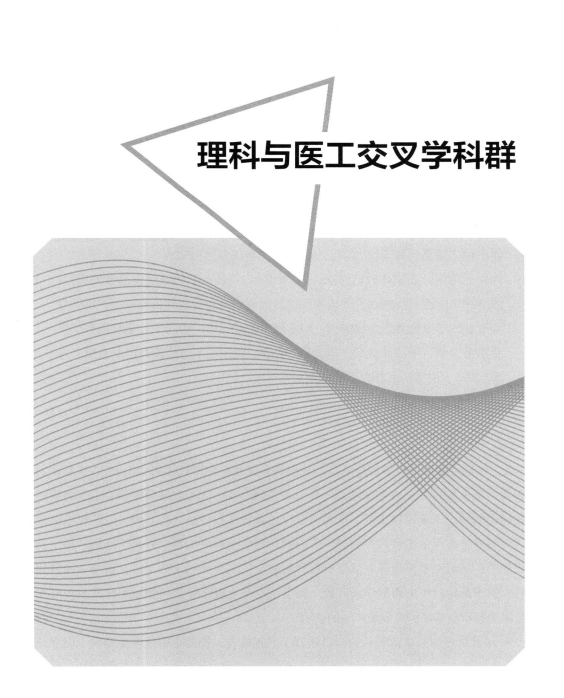

理科与医工交叉学科群

做落地的应用数学

刘铁钢

　　数学科学学院教授，研究生院副院长兼培养处处长，指导的学生张帆学位论文《高雷诺数 Navier-Stokes 方程物面边界层解的表示空间及其数值应用》，被评为 2020 年校级优秀博士学位论文。

　　教育部"数学、信息与行为"重点实验室主任，获得北京大学数学系理学学士和硕士，新加坡国立大学机械工程系计算流体力学工学博士。主要研究方向为可压缩多介质流体数值方法、气动优化与设计、空化流建模及数值模拟、爆炸冲击中流－固耦合及动边界问题数值模拟等。曾任教育部高等教育数学类专业教学指导委员会秘书长，中国数学学会理事，中国工业与应用数学学会常务理事，中国计算数学学会常务理事；现任北京市计算数学学会常务理事，多个国内期刊和国际期刊编委。

　　"北航是做应用数学的好地方，我们的脚正站在应用数学的宝山上"。这是我回国第一年（2007 年）在数学学院（那时还是理学院）的年底教师座谈会上作为新进教师讲的话。十五年过去了，这句话至今还萦绕在我耳边。我之所以说这样的话是因为海外十多年的工科与工程经历告诉我，数学对解决工科中的科学问题、做出高质量的工科研究有多重要。航空航天和信息学科是北航的优势工科，这两个领域能够天然不断地产生应用数学大问题。数学与这些北航优势工科领域的交叉碰撞必然会成为高质量基础研究成果产生的土壤。

　　尽管决定回国之前我认为自己做好了心理准备，提前也做过实地调研，但在北航做应用数学研究的难度仍然超出了我的想象。当时面临的环境是：①理学院数学系就是一个教学单位，几乎没有科研，或者说科研和专业建设在郑志明副校长的带领下才刚刚起步，更没有做应用数学研究的环境、氛围和文化。②好的和有经验的老师都把精力放在教授学校本科生和研究生公共课。学校对数学系的期待就是教好公共课。③培养方案陈旧，支撑不了现代应用数学人才培养。④学生动手能力训练严重不够，学生数学核心课程知识和前沿应用数学知识储备不足。⑤没有科研经费，即使有个别老师与工科老师合作做一些小项目研究，但这些研究一般都是由工科学院老师拟好了数学问题找数学系老师来解决，是一种被动的应用数学研究。抱怨环境是没有用的，只有充分利用已有资源、做好自己、主动出击、交叉合作、培养好学生才是唯一出路。多年的努力得到了回报，我培养的研究生得到了用人单位的好评，多人多次获得北航、北京市优秀毕业生，北航优秀博士论文，三人获得北京市计算数学学会优秀论文。我因此获得了北航优秀指导教师，我们应用数学拔尖人才的培养模式也得到了同行的认可，获得了 2022 年度北京市教学成果一等奖。十来年北航研究生的培养使我对怎样培养好研究生深有感触。

首先要做好自己。我非常认同导师是立德树人和研究生培养的第一责任人。相比我在国外带研究生，国内学生对导师有很强的依赖性。导师只有身体力行、以身作则作为学生的表率才能带动学生的积极性，为学生科研攻关带来动力。导师需要努力为学生提供好的学习和研究环境，让每一个学生融入一个研究团队。

开放式课程学习。我国数学学科人才科培养方案和课程体系是封闭式的，主要是在数学学科内部循环，而应用数学的课程和学习本质应该是开放式的。为了很好地解决实际问题，学生必须掌握与所要解决的工程问题相关的背景知识。由于数学应用的广泛性，这些背景知识往往不可能在数学学院课程体系中得到。为了解决学生工程背景知识匮乏的问题，除了我自己在每周的讨论班中介绍部分知识外，逼学生自学，到工科学院甚至校外选修相关课程是我对每一名研究生的基本要求之一。

把学生带入真问题环境。转型自己的科研方向，把自己的科研与北航的优势工科特色结合起来，把学生领入到真问题环境、做落地的应用数学。我国的应用数学人才培养方式主要是沿着传统的基础数学人才培养模式，注重理论推导，算法应用只是针对模型问题，很少亲自动手解决工程中的复杂问题。让学生只做工程实际中遇到的科学问题是我对研究生和博士生选论文题目的要求，同时也是对我自己的要求。为了让学生更好地了解问题背景、抓住问题的数学本质，我经常要求学生与工程人员接触、讨论，甚至入驻场所一段时间。帮学生建立跨学院、跨学科、跨学校的学术交流网络。

提升学生综合能力。成为编程能手是我对我的研究生培养的另外一个基本要求。我的学生必须掌握 C++ 编程和高性能并行计算编程，所有的做研究用的程序必须要用 C++ 实现而不是用 Matlib 或 Python。建立实验室图书资料室，从课题经费中支持学生购买相关书籍和参加短期培训。要求每一个博士生必须参加至少一个项目的项目申请书编写，提升学生从工程问题中提炼数学问题的能力。同时，我要求每个学生每学期至少要在讨论班上做一次正式的学术报告，锻炼学生的学术报告能力。

衷心关爱学生成长。营造良好的实验室环境、关注学生家庭和个人感情出现的变化、经常和学生讨论人生规划了解学生的对前途的计划，努力帮学生实现在北航的学习与研究计划、实现出国留学愿望。这些都成为了我培养学生中的一个重要组成部分，使我成为了学生们的衷心朋友、维系了非常融洽的师生关系。

经过大家十来年的努力和艰苦奋斗，北航应用数学取得了巨大的进展，已经进入了全国的先进行列，北航数学由十年前的一个只具备纯教学能力的学科迈入 A- 学科，取得了巨大的飞跃。随着国家对基础科学的投入与重视，应用数学的发展正处在风口和历史最好时期，我深信北航的应用数学发展将进入一个新的飞速发展期。北航是一个做应用数学的好地方！

数学专业博士生培养的"竹石图"

夏 勇

数学科学学院教授，指导的学生杨美佳学位论文《非凸二次相关问题的全局解》，被评为 2021 年校级优秀博士学位论文。

研究方向为非凸全局优化。2018 年获批国家自然科学基金优秀青年科学基金项目。在 Math.Program. 及 SIAM J.Opt. 等期刊发表 SCI 论文 50 多篇。代表作：对诺贝尔经济学奖得主 Koopmans1957 年提出的经典二次指派问题提出的模型在国际上被称为 Xia-Yuan 线性化。

> 咬定青山不放松，立根原在破岩中。
> 千磨万击还坚劲，任尔东西南北风。
>
> ——清·郑燮《竹石》

数学是一门理性思维和想象完美结合的艺术，以一种独特的方式诠释美学。探索数学本质的研究则是一场智力的劳动。在我看来，培养数学专业博士生是一幅内蕴德智体美劳浑然天成的"竹石图"。

首先，选择读数学博士是一场漫长而孤独的探险，在满是泥泞和黑暗的洞穴中以星星之火探窥虚无缥缈的瑰丽壁画。在学生，一定需要具备一颗矢志不渝的决心；在导师，作为探路者、过来人、引路人，要能指引一个通向光明的研究方向，当然更多的时候，导师自己便是一座灯塔。我的做法通常是提供数学专业领域中一个预估中长期能够（或部分）攻关的基本难题，让学生坚持几年花大力气去攻克，在持续啃硬骨头过程中度过苦闷期，学会坐冷板凳，培养科研创造性和独立性，锻炼学术研究真本领，真正做到有的放矢。"咬定青山不放松"正是讲要有这么一个主观的决心和客观的目标。

其次，为配合学生攻关学术大难题需要提供足够的装备。一是自身的数学基础。依托学院顶层设计的培养方案和持续打造的专业精品课程提供武器弹药，并通过博士生资格考试检验。这就是讲要"立根原在破岩中"。二是外在的访问交流。借助博士生联合培养平台推荐出国交流访问，积极参加国际国内学术会议，邀请国内外同行来校交流指导，借鉴同行思想打开研究思路，借助"他山之石"碰撞思想。唐代大诗人孟郊有诗云"击石乃有火，不击元无烟。"

更主要的，在攻关漫漫长途中需要"千磨万击还坚劲，任尔东西南北风。"数学探索之路尤其山峦叠嶂、迷雾重重，处处"欲渡黄河冰塞川，将登太行雪满山"，要取得任何一点突破，都必须付出巨大的代价，所以尤其需要百折不挠的毅力和顽强拼搏的决心，需要永不退缩和敢于面对失败的勇气。成功只是无数个失败经验的积分。作为导师，我的经验是，无妨"以身作则"，在与学生共同讨论中还原一个"跌跌撞撞、磕磕碰碰"的真实研究常态，以"随风潜入夜，润物细无声"的方式授人以渔。

最后，"任尔东西南北风"还有一层意思是做研究不跟风，不能急功近利什么热做什么，不追求短平快。坚持自己的研究方向和研究目标，冷板凳一坐十年冷，坚持把问题做透，把冷门捂热，不鸣则已，一鸣惊人。科研和人生是长跑，不是很多个百米冲刺的简单积分，锻炼独立的科研能力、坚持原创的学术品味是最重要的。

点亮学生的闪光点　助力其成为"金子"

陈 子 瑜

物理学院教授，指导的学生谢勇学位论文《棒状金纳米颗粒自组装及其模板辅助图案化研究》，被评为2013年校级优秀博士学位论文。

开展磁学与磁性材料等凝聚态领域的研究工作。在开展前沿研究的实际工作中培养硕士、博士和博士后高层次人才。

我在 2005 年组建"微纳物理与应用"研究室。该研究室的教师和研究生创建形成了和谐、进取、互助的良好氛围。我们要求每一个进入研究室工作的人，包括教师和学生，都要将创造和谐的氛围放在第一位，努力用现代文明的规则要求自己，团结合作，各得其所。多年来的经历证明，我们已经做到了这一点。从这里离开的学生，都对实验室的氛围给予了高的评价。当然，我们深知，这些评价是对我们的鼓励；要保持我们的传统，仍需每个人的进一步努力。每个为此努力过的人，立足于五彩纷呈的社会，也都多了一份平和的心态。

科学研究与其他行业一样，都是人类生存与发展所必须的工作。我们选择了科学研究作为自己的事业，就一心一意地做好我们的事。我们在实验室倡导"潇洒地做人，踏实地做事"。我们认为，科学的本质在于创造和求新。我们奋斗的目标是让实验室的工作做到：不是第一，就是最好。尽管我们距这一目标仍有距离，但我们总在不懈地去做。既然是创造，就不拘一格。我们在实验室鼓励大家尽情挥洒自己，实现各自的梦想。天道酬勤。有不少人已体会了历尽艰辛，最后获得成功所带来的那一份快乐。

每项工作的成功，都需要从一点一滴做起，从每一个人做起。虽然我们普通得像大海中的一滴水，像苍穹中的一颗星，但我们都愿意且已在为科学和教育事业的发展而尽力。我们研究室成员的资历尚且浅薄，成果也在丰富，资金不算雄厚，但我们是一个充满自信又不自傲，充满朝气又不乏沉稳的集体。我们愿为科学而不懈努力。

谢勇作为从研究室走出来的优秀博士毕业生，他的初步成功也代表了该研究室从初始的砥砺前行至后来的蓬勃发展的历程。当然，谢勇的成功也和他自身的努力分不开。我作为研究室的带头人除了尽可能地给学生提供科研、学习及生活上的帮助外，更多的是给予包括他在内的课题组成员前行的鼓励，使他们在遇到挫折时能够从容面对，积极地调整好状态，自信地投入到科研工作中；在取得一定成绩时，不骄傲，时刻保持一颗平常心，努力做到不卑不亢。通过这些年的教学及培养研究生的工作，我的体会是每个学生都有他自身的闪光点，这些闪光点需要导师及时地去发现，帮助他们将之发展、放大，从而使每个孜孜求学的学生快速地发展起来。谢勇的成功固然有吃苦肯干的共性因素，但他最大的个性是保持着好奇心，正如许多人所说，具有一点科研的"灵气"。

与优秀的学生同行是一种幸福

耿立升

物理学院长聘教授，指导的学生刘明珠学位论文《多重态强子分子态的研究》，被评为 2021 年校级优秀博士学位论文。

兰州大学本科（2001 年），日本大阪大学（2005年）和北京大学（2007 年）博士，2007—2011 年先后在西班牙瓦伦西亚大学和德国慕尼黑工业大学（洪堡学者）从事博士后研究，2011 年入职北京航空航天大学物理学院。2015 年获国家自然科学基金委优秀青年科学基金资助，2016 年获中国核物理学会第六届胡济民教育科学奖，2017 年入选教育部长江学者奖励计划"青年学者"项目。主要从事粒子物理与原子核物理理论研究，近期的研究兴趣包括：构建高精度相对论手征核力，理论解释和预言奇特强子态（特别是多强子分子态），轻子普适性破缺中的新物理效应，机器学习在核物理及医学物理中的应用等。发表 SCI 论文 180 余篇，引用 6000 余次。主持国家自然科学基金重点、面上等省部级项目 10 余项。担任 *Science Bulletin*、*Chinese Physics C*、*Frontiers of Physics*、*International Journal of Modern Physics E* 等杂志（执行）编委、中国物理学会核物理分会、高能物理物理分会委员。

子曰："**三人行，必有我师焉**。择其善者而从之，其不善者而改之。"在高校，特别是北航这样的中国的顶级大学当老师的一大益处就是能遇到优秀的学生。他们不仅天资聪颖、勤奋好学，而且目标远大、阳光向上。与这样的学生，特别是研究生同学朝夕相处，会给老师很大的压力，让我们更加追求卓越，成为更好的自己。来到北航工作的十余年间，我遇到了许许多多这样的同学，而刘明珠同学就是他们之中的优秀代表。

刘明珠同学本科毕业于兰州大学，专业为力学。但他对粒子物理与原子核物理研究有着浓厚的兴趣，考研时选择了兰州大学的理论物理专业。然而，由于本科专业的差异，考研成绩并不理想，所以被调剂到了西北师范大学，跟随贾多杰老师学习。在一次会议上的偶遇，我拜托贾老师推荐优秀的学生到北航读博。2016 年秋，明珠同学与我邮件联系，希望来北航读博，我答应了。随后他通过了北航的申请考核制考试，被录取为博士研究生。

2017 年我招了三位学生，一位博士生，两位硕士生。还记得 9 月入学后的一个阳光明媚的下午，我在海棠咖啡请三位同学喝咖啡谈心，主要是想告诉大家，如何更快地适应北航的研究生生活。因为同学们刚到北航，我并没有强调如何做科研。但从谈话中，我明显地感觉到了刘明珠同学想尽快开始科研，做出好工作的迫切心情。

我所从事的研究为强子物理唯象学。最近 20 年来，这个方向的一个重要前沿是关于奇特强子态的研究。每年，实验上都会发现若干这样的强子态。奇特强子态指的是不能或者很难归类为传统夸克模型中的普通重子或者介子的强子（它们由三个夸克或者一对正反夸克组成）。刘明珠同学很快掌握了单玻色子交换模型及有效场论方法，可以在分子态框架下对这些奇特强子态进行研究。所谓的分子态框架就是认为新发现的奇特强子态是由两个普通强子通过剩余强相互作用形成的弱束缚态，就如氘核是由质子和中子形成的束缚态一样。在我的指导下，刘明珠同学很快就在这些方向做出了一些有意义的工作，这些工作都发表在国际主流杂志如 *Physical Review D* 上。而且他还努力学习新的理论方法，如协变手征微扰理论、有效拉氏量方法，并基于它们研究了重子的磁矩、奇特强子态的衰变等。

我对组内同学的一个要求是：每天早晨来到办公室后，第一件事就是上预印本网站，浏览当天最新的文章。2019 年春季的一天，他正在日本大阪大学访问。由于日本的时间比北京时间早一个小时，所以当天他比我更早地浏览了发表在预印本网站的文章。当我来到办公室时，他在微信上兴奋地告诉我，欧洲核子中心大强子对撞机上的 LHCb 合作组发现了新的五夸克态。2015 年 LHCb 合作组就发现了五夸克态，当时只有两个，质量分别为 4 450 MeV/c^2 和 4 380 MeV/c^2，被称为 Pc(4450) 和 Pc(4380)。这两个态吸引了物理学家的极大关注。当时有研究认为 Pc(4450) 的自旋宇称为 5/2$^+$，因而是 P 波态，而一般的分子态理论并不支持存在这样的 P 波分子态。所以我们正在指导一名本科生，潘亚文，在他的毕设中研究这种可能性所带来的后果，从而检验这种图像。而 LHCb 的新发现表明 Pc(4450) 分裂成了两个态 Pc(4440) 和 Pc（4457），并且新发现了一个态 Pc（4312）。我立刻意识到，这些态正对应着通过 S 波相互作用形成的束缚态，因为如果重夸克自旋对称性近似成立，在阈下就应该有两个态，一个自旋为 1/2，一个自旋为 3/2，对应 Pc(4440) 和 Pc(4457)，而在阈下也应该有一个态，正好对应 Pc(4312)。由于当时我要去上课，便让明珠和亚文说一下，抓紧时间验证我的想法，等我上完课后继续讨论。上完课后，他们已经验证了我们的想法，和实验数据符合地很好。于是我们开始写文章，以便下午和此时还在法国的合作者讨论（由于时差原因，北京的上午是法国的后半夜）。等到北京时间下午，我们已经完成了初稿，与法国和日本的合作者商量后，决定继续完善草稿，以便当天能完成论文初稿。后来这篇文章顺利发表在 PRL 上，受到了 Science 新闻的关注，并入选 ESI 高被引论文。还有一个有趣的小插曲，当我在美国匹兹堡开会时，Science 新闻的撰稿人采访我，第一个问题就问我们是否事先就知道实验结果，否则为什么工作完成得这么快？我告诉他：我们真的不知道，但我们一直在思考这个问题，并已经做了很多计算。这些相关的结果后来在潘亚文同学的本科毕设里都有所体现。受到这个工作的启发，我们意识到寻找已知强子态的对称性伙伴态（多重态）可能是检验奇特强子态夸克组成的重要方法。这便是刘明珠同学博士论文题目的来源。在此之后，我们在这个方向上继续耕耘，取得了很多有意思的结果。这件事验证了我长期以来向同学们传输的一个观点：良好的科研习惯及敏锐的洞察力以及平时的坚实基础是做出创新成果的必要条件。

刘明珠同学不仅在自己的科研上孜孜不倦，而且热心指导、帮助组内的低年级同学，成立互助小组，带领他们一起攀登科学的高峰。平时，还经常组织一些联谊活动，如打篮球等，丰富了组内同学的业余生活，创造了一个和谐奋进的学术氛围。2020 年博士毕业后，他成功入选北航卓百博士后计划，在科研的道路上继续攀登。2021 年他的学位论文《多重态强子分子态的研究》被评为校级优秀博士学位论文。2022 年他获得国家自然科学基金青年基金资助，在成为一名优秀的科研工作者的道路上不断取得标志性成果。

在到北航工作的十余年间，我有幸遇到了很多像刘明珠同学一样优秀的青年学子。他们有的本科毕业于北航，有的来自外校。他们的性格各有不同，但他们身上都展现出青春的活力和孜孜不倦、勤奋好学的优良品质。人生三万日，青春有几何？与这些优秀的青年人同行，在他们璀璨人生的重要节点上助力他们成长，我想这就是一位博士生导师最引以为豪的事情，也是一名普通的科研工作者在中华民族伟大复兴的历史进程中所能做出的最大贡献吧。让我们最好的年华在最好的时代共同结出最好的果实！

Importance of Real Education for Future Scientists

Isao Tanihata，物理学院教授，指导的学生于蕾学位论文《探究原子核中的张量相互作用—高动量转移下 (p,dN) 反应的同位旋相关性》，被评为 2019 年校级优秀博士学位论文。

My main research subject is experimental nuclear physics. The discoveries include neutron halo, skin and the invention is Radioactive Ion Beams. Working at Beihang university since 2010.

Since starting the work at Beihang university, I have made 6 students to acquire PhD in the field of experimental nuclear physics. Because the university has no accelerator facility for the world leading research, we had to use the facilities at other research institutes such as the Accelerator facility at Institute of Modern Physics in Lanzhou, or even International facilities such as Research Center for Nuclear Physics in Osaka University (Japan) or GSI in Germany.

This condition makes the research process complicated. First of all, nuclear physics experiment is complicated very much. For example one can never buy the complete experimental system because the experimental system is complicated and different for each experiment. One has to start to construct, for example, radiation detectors specific to the experiment. This is the part that we proceed at Beihang university. After deciding the subject of his experiment, the student has to design and construct the experimental system that would be used at the accelerator facility. After the construction of the experimental system one goes to an accelerator facility to acquire the data. For that the experimental proposal has to be submitted and approved by the program advisory committee of the facility. Usually data taking run takes one week of 24 hour continuous days. Then acquired data are taken back to Beihang university and be analyzed. Since the data are taken as it's specific format data analysis programs also have to be also developed.

Those are long and many processes from the start to the end of the project and a lot of knowledges are required on hardware, software, and also, of course, nuclear physics.

Because of such complications, recent researches are made by large collaboration with many scientists. Collaborators share the work for the research and thus each scientist tend to work on his own specialized part. It is advantageous to make the quick progress of the project. In fact many PhD are grown by this kind of conditions. In the worst case, in my opinion, is a phD student take care of a part of the data analysis for example. Although thesis paper can be written based on the results, he(she) does not know how to design the experiment nor how to proceed the experiment. These days, it is the fact that many student write PhD thesis in that way.

I consider that the PhD time is the most important period to become a real scientist. When one starts a research by oneself, he/she has to know all the processes of the experimental research. If he/she want do an original and the first type of research, of course, no experimental system exists. He has to start from design the experimental system. Therefore I consider that it is most important to learn how to proceed with an experiment from the beginning to the end in the earliest stage of ones research life. This way would require longer time for making thesis than just contribute to the part of an experiment and write. However it will make really much stronger person for the future research when he becomes independent researcher. It is my belief that this way of learning will grow a real leading scientist.

Yu Lei's case was exactly like that. She constructed the new type of neutron detector, which itself became a paper in SCI publication. The experiment was performed at Osaka

University and all data analysis was also made by herself. Unfortunately, for me, she did not stay in nuclear physics field but she found a job in the hospital for radiation medicine but I believe that her PhD work has made a confidence for her work now and for the future. Among 6 PhD students, two of them are now working in the world leading accelerator facility GSI in Germany. I am hoping that they will be a leading nuclear physicist in near future.

苔花如米小　也学牡丹开

胜 献 雷

物理学院教授，指导的学生陈聪学位论文《高阶拓扑量子态及其材料的第一性原理研究》，被评为2021年校级优秀博士学位论文。

中国科学院大学博士，2015年入职北航，主讲固体物理、基础物理学等课程，在 *Nature* 子刊、PRL、PRB 等期刊发表学术论文 50 余篇，2021年入选国家级青年拔尖人才。

我曾在办公室养过两棵绿萝，一棵是标准的盆景，另一棵是从上一棵剪下一段随手插在了一个盛满水的瓶子里。之后由于疫情三个月后才回到学校，看到盆栽的绿植已经枯萎，而瓶子里的无心插柳已经成荫，根系布满了整个瓶子，里面蓄的水也没有干涸。后来我在学院研究生会做报告，讲如何做研究，附上了这张照片，并配上了清代诗人袁枚的一首诗《苔》：白日不到处，青春恰自来。苔花如米小，也学牡丹开。做研究就要有这种精神。从此，我的学生都背会了这首诗，尤其是陈聪，由于是第一个学生，跟我相处时间最长，理解最深刻。

陈聪 2015 年硕士入学，最初面临的挑战是，**如何度过新手村？** 对于学生来说，读博之前，只需要学习前人已经精心包装好的理论和知识。在没有深入地理解一个领域前，总觉得什么东西都是这么的美，这么的高大上。这往往是读博的最初阶段，学生们满怀期待，抱着几篇大牛写的论文满怀壮志，立志要向大牛学习，做最有价值、改变世界的科研工作。正如校歌里唱的，"我仰望星空，它是那样寥廓而深邃"，这是梦想最开始的阶段。然而，美好只是暂时的。很快学生就会发现，想要看得更清楚些，甚至直接到达遥远的星球，还需要一些重要的交通工具。他们之前学过的那些理论知识，看起来就像是明朝时期的"神火飞鸦"，连大气层都无法冲破，永远被地球的引力所束缚。陈聪同学刚入学的时候，我们一起定的研究方向是，拓扑材料的第一性原理研究。拓扑量子态与拓扑材料是二十年来凝聚态物理领域的一个研究热点，是一个新兴而又庞杂的研究方向。在浏览了一些综述文献之后，陈聪同学非常诚实地反馈说，看不懂。这也是大多数刚开始科研的学生最常遇见的问题，各种概念、花样层出不穷，很容易就迷失在了新奇概念的汪洋大海中。在碰见这样的问题之后，我给了陈聪同学几点建议，一是夯实基础知识：拓扑材料计算领域需要一些晶体结构、能带理论、群论等方面的知识。有很多内容需要在做研究时回炉学习。二是在学习理论知识的同时，直接着手进行一些比较简单的科研项目，帮助其熟悉科研的步骤，建立信心。我们这个研究领域，很多的技术细节都是琐碎的，由于他是第一个学生，我常常手把手教，每一行代码、每一个操作、每一个软件、软件里哪个按键能实现什么功能，事无巨细，都会仔细过一遍（后面就可以"传帮带"了）。这些琐碎的技术细节，展示一遍再学习其实很简单，但如果让学生抱着厚厚的一大本说明书开始学习的话，会浪费大量的时间。先教会其一些操作的方法，实现具体的功能，再培养其看说明书进行自我探索的能力，极大提高了学习的效率。

下一个阶段就是，**如何进阶？**我给学生的建议是，挑一两篇经典的文献，重复其主要结论，形成自己的理解，然后再对比文献的写作，体会作者在这项工作创作中的思考和处理方式，照虎画猫。有了新手村的技术训练，这一步不难达到，在这个阶段可以稳定地发两篇保毕业的文章。

如果展开讲，可以用两句诗概括，苔花如米小，也学牡丹开。这两句诗对于研究生科研工作的启发有三层含义。第一层是，帮助学生建立信心。这个世界并不完全属于那些少数的天才与英雄，即便如米粒般渺小的苔花，通过自己的努力，也可以焕发青春的风采。第二层是，提醒学生注意细节。在科研工作中，细节决定成败，一个小小参数的不同，往往会产生完全不同的结论。保持足够的耐心与细心是科研工作者的基本素养。第三层是，提示学生科研的方法。这里的苔花怎么开放的，自然是学的牡丹，这与科研工作有着异曲同工之妙。在科研的最初阶段，导师要求学生多看一些大家、名家的论文，并尝试去重复他们的结果，在重复和模仿的过程中去学习思考，往往会有更深的体会。科学研究工作最重要的是创新，然而创新大都不是凭空产生的，大多数的情况都是"站在巨人的肩膀上"。而想要站到巨人的肩膀上，就必须先去了解巨人。

有了上述积累，下一个阶段是，**如何做创造性的工作？** 这也是最困难的。这不仅对博士生是一个重大的挑战，对博士后和青年教师也不容易，都需要反复尝试，深入思考，努力奋进。这里不再有具体的方法，也没有明确的目标，只有一种精神，它是"弄潮儿向涛头立"的进取精神，也是"板凳甘坐十年冷"的坚毅精神。碰到困难不放弃，遇到挫折不气馁，艰难困苦，玉汝于成。

最后，仍以袁枚的这首诗收尾：白日不到处，青春恰自来。苔花如米小，也学牡丹开。

如何培养学生独立开展科研工作的能力

化学学院教授，指导的学生周苇学位论文《镍及其化合物纳米材料的湿化学合成与性能研究》，被评为2012年全国百篇优秀博士学位论文。

研究了 Ni 及其化合物纳米材料从简单结构（颗粒）到复杂结构（一维核壳结构、多级结构）、单一成分到异质成分的转变，并研究了样品尺寸、成分、结构的变化对磁学性质、催化性质及电化学性质的影响。

我们在博士生毕业的评价上都会写上一条：该生具备独立开展科研工作的能力。这一行短短的字，却有着千斤的重量。它既是对学生科研能力的综合性肯定，也是我们导师对自己这一阶段培育、指导学生的方法和效果的综合考核。

教师这个职业是学生前进路上的明灯，而同时，传承是我们作为科研导师必须肩负的责任。我觉得作为一个教师，最大的快乐就是看到自己的学生能够在某些方面超越自己。而这个前提，我认为就是在我们护送学生毕业的时候，他能够而且必须具备独立开展科研工作的能力，为后续各个岗位的工作打下基础。这一点是我们作为导师，为国家和社会培养人才的责任所在。

从2009年至今的13年里，我指导的学生中有一人获全国百篇优博，二人获北京市优博，9人获北航校优博，6名博士生的论文获北航十佳论文。学生们常说，自己的目标就是要留下人生的足迹，而留下足迹，就要始终一步一个脚印地往前走。这点看起来好像很容易，但是在当前这种快节奏的社会氛围中，学生们往往容易在急功近利环境下迷失了自己。看到别人好像很简单地在顶刊上发表了自己相关方向的好文章，却不知道别人的工作在成文之前失败了几十甚至几百次，别人的文章在投稿之前打磨了十几甚至是上百遍。一个好的工作，就像一把锋利的刀，想要去获得和享受最后万众瞩目的光辉时刻，必然是从仔细筛选矿石，多步炼钢，一锤一锤地锻造，淬火，开锋等等一步一步走来。这个繁琐的过程真的是很难，但是最艰难的时候，可能也就是我们离成功不远的时候。耐得住寂寞，坚持、坚持、再坚持，我觉得是作为一名研究生最为基础的素质。实验技能、逻辑思维、创新能力等等这些都是一个优秀的科研工作者，一个具备独立开展科研工作的能力的科研人应该具备的能力，但这些都是可以在导师的教导和自己勤奋的学习中逐渐获得的，唯独努力工作的态度和耐得住寂寞的心境是要靠自己的意志去维持的。"世界上最美好的东西，都是由人们用心付出创造出来的，劳动是一切幸福的不竭源泉"。习近平总书记的这句话值得我们老师和学生们一起去仔细体会。

其次，我觉得学生们要能够学会思考，想要少走人生弯路，一方面是靠导师的指引，但更关键的是必须三思而行。在科研中，这种三思更多体现在多看文献，多阅读，多思考。我们有很多学生，非常地勤奋，你布置完实验任务，他很快就完成了，然后过来问你，老师我下一步怎么做？我认为不能培养这样的学生，这样的工作以后可能机器人就可以完成，不是我们要培养的具备独立开展科研工作的能力的科研人。学生们要能够紧跟自己方向的国内外发展动态，时刻清晰地知道自己目前的科研进度和科研定位，然后尝试思考如何调整之后工作的方向。在学生临毕业的时候，应该要做到在自己的研究方向内是一个小专家，比导师更系统、清晰地了解国内外的发展现状。这是我上面提到的，学生能够超越自己的一个关键的前提。这就要求学生在科研学习中能够严格做到每周进行文献精读、跟导师汇报交流。导师在这个过程中，对学生文献选取、文献理解等方面进行修正，保证学生对知识的汲取过程是循序渐进而健康的。培养学生的思考能力是一个长期而缓慢的过程，是同时对学生和导师的高要求。

在科研中，另外一个需要我们着重向学生们强调的点就是，科研不仅是加法，要多做实验，多阅读，多思考；同时还需要我们做好减法，如何合理地舍弃一些工作，这可能是比上面两点更困难的事情。人生似树，只有删除了遗憾与悔恨的繁枝蔓节，才有属于自己的天空。我们在科研工作中经常会在我们既定的目标之外，获得很多意料不到的结果。这些意料不到的结果在某些情况下是更有意义的，在科研的历史上也曾经多次推进了学术发展的历程。但是，在更多情况下，这些结果的意义并不如我们的既定目标。我们需要面临一个抉择，是继续埋头深挖我们的目标，还是妥协于已经出现的，和我们既定目标不一致的结果？到了这一步才是真正考验一个人是否真正具备独立开展科研工作的能力。科研人要能够理智地舍得，一棵参天大树的生长总要经历一次又一次地对枝丫的修剪才能站得住脚。

最后，需要培养学生们接受批评的能力。这个世界并不是掌握在那些批评者的手中，而恰恰掌握在能够经受得住批评不断往前走的人手中。研究生阶段是学生科研历程中最重要的一段时期，是提升最迅速的时期，在这段过程中要培养出正确的实验技能、逻辑思维，创新能力等等。这是一个反复捶打的过程，需要学生时刻能够正确地评价自己，需要学生们在一次次失败，一次次犯错中逐渐认清自我和提升自我。一方面不去否定自己的进步，不妄自菲薄；另一方面，不去忽视自己的缺点，不好高骛远。我们应该培养学生锻炼出一颗强大的内心，经得起失败，受得住批评，虽然科研的历程可能很辛苦，但是始终能够能笑着往前走。

我从 2004 年获聘博导已经有 18 年的时间，培养了几十名博士，但如何能够更好地教导学生，把学生培养出具备独立开展科研工作的能力，仍然是我在时刻思考的问题。新的学生们总是会有新的思维方式，也让我时刻提醒自己不断更新自己的教导方式，时刻反思是不是有更好的指导方法。教导过的学生分布在天南海北，甚至是远在地球的另一边。自己教导的学生获得累累硕果，是作为教师最开心的事情。能够看到学生们在各个领域为国家和社会做着自己的贡献，觉得自己切实履行了自己教书育人的职责。

祝各位老师们桃李满天下！

孜孜不倦为师路　春风化雨润新苗

化学学院院长，指导的学生黄金学位论文《高阻尼聚合物流体凝胶的构筑及其性能研究》，被评为2022年北航校级优秀博士学位论文。

长江学者特聘教授，国家杰出青年科学基金获得者，国家重点研发计划青年项目负责人，化学学院院长。致力于高分子化学与物理的基础和应用研究，通过纳米限域空间内高分子聚合、结晶及链运动调控，开发了系列全新功能化的高分子复合材料体系，实现了宽温域下高强韧、高阻尼、形状可编辑等特性，并应用于软体机器人等领域。

本人于2015年3月入职北京航空航天大学化学学院，历时7载，由一名"新人"教师成长为深受学生尊重、喜欢和肯定的优秀青年导师。回首过往对研究生的培养历程，我收获丰富，感触良多。常言道，千秋基业，人才为本。高校作为人才的摇篮和载体，是培养高质量人才的中坚力量。学生的培养任重道远，作为导师，我们需要肩负党和国家赋予的重任，接力新时代教书育人的使命，做到非为已往，非为现在，而专为将来。下面，我从四个方面与大家一起分享自身的体会与心得。

1. 要始终坚持学术知识的自我更新

古语云："师者，所以传道受业解惑也"。作为青年导师，必须要有深厚的学识方可胜任本职工作。因此，我们要不断提升自身的学识深度、眼界广度，更新专业储备，掌握前沿科研动态，做到常学常新，常思常悟，以对专业知识的深造，提升教书育人的本领。只有这样，在研究生培养过程中，我们才能利用自身知识的广度、看待问题的深度及科研的敏锐度对研究生的课题进行精准把控，在与研究生交流讨论过程中才能有底气激励学生的兴趣和想法，才能帮助他们不断地凝练科学问题进而升华课题。

2. 要始终坚持国家需求的导向创新

习近平总书记曾在科学家座谈会上指出，科技创新是破解增长瓶颈的关键。实验室是真正支持创新的地方。我们搞科研不能一直跟在别人的后面简单重复，而是要瞄准国家需求，力求解决"卡脖子"的关键问题，努力把"命门"掌握在自己的手里。创新思维需要后天培养和引导，所以我经常鼓励学生要勤于思考，敢于突破，能够提出标新立异的实验观点，设计独一无二的实验方案，拥有纵横驰骋的实验气魄。得益于此，我先后培养指导的 20 余名硕士研究生，10 余名博士研究生都能够走在工作和科研岗位的前沿，其中 3 名博士生和 1 名硕士生荣获"校级优秀学位论文"，4 名博士生荣获"校级优秀毕业生"称号，1 名硕士生荣获"北京市优秀毕业生"称号。接下来，我将继续脚踏实地，立德立身，立言立行，于言传身教中为学生的成长成才，为"立德树人"的伟大事业贡献力量。

3. 要始终坚持教学方式的综合运用

首先，及时交流是培养研究生的重要法宝。在研究生培养过程中，导师一定要不失时机地与学生进行交流讨论，给予学生及时的帮助和反馈。当学生在实验过程中有所突破时，导师应当敏锐地捕捉到实验数据细节中的科学问题，这往往是取得创新性工作的开端。其次，不断总结是培养研究生的秘诀所在。每个研究生的研究课题从提出到完成都需要一个漫长而艰辛的过程，并非一蹴而就。导师要善于引导学生及时总结每一阶段的工作，发扬成绩，纠正错误，让学生能够不断取得阶段性胜利，树立科研自信，在将来能够以更大的勇气、更强的信心挑战更高难度的课题。最后，要尊重个体差异，平衡指导与放手的关系。每个学生都有自己的天赋和优势，我会允许学生在导师布置的重要课题方向之外，根据自己的兴趣开展科研工作。这种主副业交替模式下的科研实践有利于呵护每一位研究生的创造灵感，提高他们科研工作的能力和水平。

4. 要始终坚持身心健康的有力保障

作为研究生导师，不仅要关注学生的科研，还要兼顾学生的身心健康，发展大家的兴趣爱好，营造一个团结紧张、严肃活泼的实验氛围。在实验室定期组织开展一些文娱活动，让学生在繁忙而紧张的工作中放松身心；要定期和学生谈心，通过聊人生、聊家庭、聊工作、聊生活，及时了解他们的思想动态，以自身的阅历给出建议和帮助，缩短师生距离、增进师生情谊。

百年大计，教育为本；教育大计，教师为本。教育是一门"仁而爱人"的事业。于自身，我希望自己能够努力成为"经师"和"人师"的统一者，让每一位学生健康成长，让每一个孩子都有人生出彩的机会。于学生，我希望他们不论在任何工作岗位，都能够利用好自己的专业和技术，将敢为人先的精神在科研实践中不断传承，能够真正做到为天地立心，为生民立命，为往圣继绝学，为万事开太平，真正成为一名"德才兼备，知行合一"的北航人。

十年一剑的坚持：从 0 到 1 的虫子吃塑料研究

化学学院教授，指导的学生杨宇学位论文《啮食塑料昆虫幼虫及其肠道细菌完全生物降解石油基塑料的研究》，被评为北京航空航天大学 2016 年校级优秀博士学位论文。

清华大学博士、北京大学博士后和牛津大学访问学者，2000 年任教北航。主要从事塑料生物降解、环境生物技术和水处理技术等研究，师法自然，开创了利用昆虫及其肠道微生物降解石油基塑料的研究方向。主持并完成国家自然科学基金和载人航天预研等项目，组织完成国家中长期科技发展规划（2006—2020 年）"大型飞机"等重大专项论证。

回顾总结培养博士生的心得体会，当年师生同心同德、协同攻关、十年一剑的往事情景依然历历在目。

2004 年春节，作为秘书组组长，组织"大型飞机"国家科技重大专项紧张论证的间歇，在家做饭时发现米虫咬破塑料袋这一过去熟视无睹现象时"灵光一现"的突发奇想；2006 年初春，在中科院微生物研究所电镜分析室，当亲眼看到聚乙烯塑料降解试样上穿透的孔洞时，我和硕士生秦小燕、宋怡玲老师激动拥抱的欢庆场景；2007-2008 年访学牛津一年，造访名家、暴听讲座、参观实验室、偷学基础研究理念方法的"西天取经"之路。2008 年 12 月，化学与环境学院成立第一年的全院年终大会上，当我汇报印度谷螟啮食降解聚乙烯前期研究结果时，得到了江雷院长当场的点评表扬和充分肯定。

2010 年暑夏，与硕士生杨宇多次彻夜交谈、动之以情、晓之以理，鼓励硕转博，携手合作、坚持不懈攻克塑料降解的世界难题；2010年初秋，时任院长、江雷院士一以贯之、鼎力支持我们的研究方向，曾经就虫子吃塑料工作求教时任北京大学校长、高分子化学专家周其凤院士，得到"world class effort"的评价，此时更是慷慨允诺、合作指导博士生杨宇，拉开了师生协同、攻坚克难、合作共赢的大幕；2011年初夏，清华师兄、斯坦福大学土木与环境工程系高级研究员吴唯民，在网络电话中得知我们在做虫子吃塑料研究时，流露出极大的惊喜和浓厚的兴趣，激动表示要全力聚焦、全面深入、精诚合作，一年多次争取机会回国，面对面交流指导，在斯坦福开辟第二战场，带领博士生博士后拓展研究领域，自始至终与我们奋战在一起；2011年仲夏，兼任华大基因公司微生物平台主任、病原微生物国家重点实验室主任、军事医学科学院微生物流行病所杨瑞馥教授，从我们2007年发表在《环境科学》上的一篇塑料生物降解小综述，挖掘到肠道微生物降解塑料污染物的前沿"金矿"，专程来到北航我们的实验室、办公室进行深度交流，大家惺惺相惜、自诩三"杨"开泰，协作开启了与华大基因的项目合作。

2010—2014年，我们奋战在主北506实验室，不断讨论修改实验方案、设计调试实验装置和日夜实验获取数据，奔走在核工业北京地质研究院分析测试研究中心、北京理工大学国家阻燃材料工程技术研究中心、中国农科院加工所、中科院化学所等高水平实验室，开展同位素标记等"金标准"分析测试项目；2013—2015年，江院士领导我们敢为人先、不气馁不放弃、接续投稿Nature、Science、PNAS等顶尖期刊，在中科院化学所江院士办公室，在烟雾缭绕的午夜，我们经常一起热烈讨论修改论文稿件，确定增补实验内容，回答评阅人意见，较真一个字一句话。

2014—2015年，在环境学科顶刊"*Environmental Science & Technology*"连续发表3篇论文后，*Science*、*ACS PressPac*（美国化学会新闻周刊）、*Chemical & Engineering News*（2次）、*Newsweek*（美国新闻周刊，2次）、*Scientific American*、*Nature Materials*等进行了同步专文或深度采访报道，数百家媒体和网站作了大量及时的转载；2014年和2015年两年年初的全校科技工作会上，应现任教育部部长、时任校长怀进鹏院士特别邀请，江院士分别作了"如何凝练科学问题做出原创研究"和"如何做好基础研究"的大会报告，在演讲开头都展示和表扬了我们的原创性工作；2015年5月，再次访问斯坦福大学土木与环境工程系，并作学术报告，得到了环境生物技术学科奠基人、美国工程院和艺术与科学院院士Perry McCarty教授的积极肯定；2016 年 9 月，杨宇同学的论文"啮食塑料昆虫幼虫及其肠道细菌完全生物降解石油基塑料的研究"获评北航优秀博士学位论文，江院士和我也得以获得优博导师的荣誉，我们一起在研究生开学典礼上分享这一美好时刻。

2016 年 12 月，我们积极推动、组织召开了"中国微生物组计划"香山科学会议，有力促成了将"微生物组"列入《"十三五"生物技术创新专项规划》重点任务；2017 年 10 月，在国家自然科学基金委与欧盟召开的环境生物技术国际合作研讨会上，作为塑料生物降解领域中方唯一报告人汇报了我们的工作，得到了与会专家的充分肯定，也最终促成了超过一亿元的"塑料生物降解"国际重点合作项目的立项；2017 年 12 月，在"颠覆性技术发展前沿和热点研讨"香山科学会议上，江院士重点推荐了我们利用昆虫快速降解塑料的颠覆性技术，之后被列入科技部"变革性技术关键科学问题"重点专项；2017 年 12 月，我在类似 TED 演讲的 CC 讲坛所作 18 分钟演讲《挑战不可能：虫子吃塑料》，一个月内播放量达到 317.3 万，创 CC 讲坛演讲播放量最高记录。

2018 年 6 月，国际人类微生物组科学共同体（International Human Microbiome Consortium, IHMC）在爱尔兰召开第 19 次大会，设立 World Microbiome Day（世界微生物组日），成立大会的背景板选用了我们论文发表的黄粉虫啮食聚苯乙烯泡沫的实验照片；2018 年 6 月，在希腊召开的第 7 届欧洲环境修复会议和第 11 届国际环境生物技术学会年会的联合大会上，我作为第一个大会主旨报告人演讲 1 小时。

2018 年 9 月，北航研究生开学典礼上，徐惠彬校长在阐述要求"做敢为人先的北航人，要有创新引领的智慧"时，表扬我们"面对塑料难以降解的世界难题，奇思妙想创新思路请虫子帮忙，发现黄粉虫能够咀嚼和进食聚乙烯薄膜，被国际环境科学与技术领域权威期刊报道，引起社会广泛关注"；2018—2020 年，跟随曹淑敏书记，在吕梁市中阳县产业扶贫，尽心尽力指导企业发展，推动黄粉虫养殖技术落地产业化，负责人宋艳军也获评山西省劳动模范。

2020 年 9 月，习近平总书记在科学家座谈会上强调，我们必须走出适合国情的创新路子，特别是要把原始创新能力提升摆在更加突出的位置，努力实现更多"从 0 到 1"的突破。2020 年 1 月，李克强总理在国家科学技术奖励大会上指出，我们要聚焦基础研究，筑牢科技创新的根基。要支持科研人员心无旁骛、潜心钻研，创造更多"从 0 到 1"的原创成果，让"板凳甘坐十年冷"的专注得到更多尊重和褒奖。

回忆我们奋斗十多年的种种情景，看到国家对"从 0 到 1"原创成果的强烈渴望，浮想联翩，感悟万分，欣然命笔记之。

国家发展新时代，自主创新新理念。降塑研究多感悟，心潮澎湃直抒怀。
最忆国家论证时，大型飞机加探月。科技规划中长期，重大专项铸重器。
零四发现虫吃塑，面壁十年除塑害。江雷院士同指导，一六荣评校优博。
十年无钱无论文，全赖战略科学家。师兄初闻即合作，花开香溢斯坦福。
原创突破惊寰宇，科学自然好评潮。香山论剑英雄会，微生物组立专项。
敢为人先北航人，开学典礼校长赞。世界微生物组日，咱家虫图挂中央。
学习自然好奇心，突发奇想灵光现。学科交叉真不易，厚积薄发也快意。
同心同德价值观，合作共赢是真理。师生协同共成长，指引激励正能量。
静心枯坐冷板凳，笠翁独钓寒江雪。知行合一环保情，不忘初心做科学。
中美科技忧脱钩，中国科研去泡沫。自立自强高科技，吾辈担当敢作为。
全球环境难题多，塑料污染居其二。塑味可餐成新论，中国力量大贡献。
今日屠塑刀在手，缚住苍龙白污染。长风破浪正当时，直挂云帆济世宇。

师承：博士生培养心得

衡利苹

化学学院研究员，指导的学生郭天祺学位论文《特殊粘附材料的制备与调控》，被评为北京航空航天大学 2019 年校级优秀博士学位论文。

曾获得国家自然科学基金委优秀青年基金（2019 年），北京航空航天大学研究生创新团队指导教师（2020 年），北京航空航天大学优秀教学成果奖（2020 年，2021 年）等荣誉。

在我刚加入北航工作的时候，非常幸运地作为副导师联合指导了江雷老师的博士生。这是我第一次指导博士生，深感责任重大，又担心自己能力不足，耽误了优秀学生的成长。所幸，学生非常争气，获得了北航优秀博士论文。回顾第一次博士生指导经历，谈点心得与大家共同探讨。

1. 博士生培养理念和方法的师承

江老师的信任激发了我对学生的责任感。我时常思考如何才能协助江老师把学生带好，不辜负老师对我的信任。我跟随江老师学习工作很多年，他的育人思想和方法潜移默化我，对于博士生指导经验尚不足的我，最好的方法是传承江老师的育人思想和方法，让更多的学生从中受益。著名数学家华罗庚先生曾经这样比喻导师与研究生之间的关系：导师负责给研究生指出兔子在哪里，并指导学生学会打兔子的本领；反之，研究生则是从导师那里了解到兔子的位置、大小、肥瘦，并采用从导师那里学到的打兔子本领擒获一只兔子。江老师的育人过程中无不体现这一理念，研究生导师不能越俎代庖，做学生的科研保姆，要在学生学习和科研过程中花心思去引导学生，激发学生研究热情和创新思维，培养他们发现问题和解决问题的能力。

2. 导师团队的整体协作

江老师自身的成就、影响力、个人魅力、对研究方向的准确判断及对科研工作的极大热情无形地影响着每个学生，激发学生产生极大内驱动力和科研自信。在具体工作中，江老师作为首席导师负责学生研究方向的指引和把握，副导师负责和学生一起制定具体的研究方案及确保方案的贯彻实施，过程中遇到测试或实验细节上的困难，副导师和学生一起前线攻关。在学生培养的各个关键环节，江老师听取进展汇报，分析问题，指明方向，使学生能够有的放矢。创新从来不是一帆风顺，在江老师的鼓励和指引下，学生遇到困难不轻言放弃，勇于攻坚克难，顺利完成各阶段培养目标。

3. 构建和谐的研究组氛围

环境塑造人才，只有拥有健康和谐的研究组氛围，学生们才能更加有效地工作学习。作为导师，我们要鼓励研究组内的合作和交流。这些合作有助于学生之间建立长期的伙伴关系，从而在研究组内创造一个合作而非竞争的关系。构建一个和谐的研究组氛围不仅有助于激发每个学生的动力和创造力，而且有助于防止研究组内不必要的内卷、矛盾等问题。

4. 建立良好的师生关系

师生之间的交流能推动科研工作更好进行，学生与老师之间的互信关系十分重要。作为导师，我们可以利用传统节日等契机跟学生们建立良好互信的关系，聊一聊科研以外的生活，聊一聊对未来生活的规划，可以用自己过来人的经验引导学生们树立自己的人生目标，让学生与老师建立互相信任的关系，从而在愉快和谐的氛围中快乐学习、快乐科研。

5. 合理制定和执行研究计划

俗话说："凡事预则立，不预则废。"一个完备研究计划的制订，既能保证研究生的研究工作有条不紊，也能使学生们正确面对日后遇到的困难和挫折，在挫折中仍能保持自觉和自信，因此导师与学生应当共同制定合理的研究和学习计划。导师首先要做的工作是了解学生的基本状况。不同的学生所具有的背景知识、能力特长和发展意愿也会有所差异，因此在制定科研规划前要了解学生的知识储备、科研兴趣等基本状况，因势利导帮助学生补齐短板，进而找到感兴趣的研究方向。其次，将科研任务划分成几个小阶段，明确每个阶段的目标，待一个阶段结束时，将这一阶段的成果分类整理，这样才能保证科研任务有条不紊地进行。最后需要注意的是，研究计划不能天马行空，否则完不成会有挫败感；也不能很容易，让年轻人觉得没挑战，而是要利用不同学生的天分和性格，执行合理的研究计划和进度。要在研究计划的每个关键环节，对计划的执行进行指导和督促检查。

6. 科研上的并肩作战

科研工作中，学生们可能会不断地面临实验失败、论文被拒等事情，这些问题会给研究生带来许多压力。当他们的实验失败、文章被拒绝时，通常会增加他们的沮丧和焦虑程度。这时需要导师跟学生一起解决实验和论文中的困难，而不是让学生自己孤立奋战。遇到困难时，学生想放弃的时候，老师应该带头攻克难题，及时利用自己的科研经验给予学生指导与帮助，排解学生的无助、孤独和悲观。

7. 做学生坚实的后盾

导师在生活和学业上要做学生坚实的依靠，学生尽管岁数不小了，但内心还是很单纯的没被社会磨炼的、没经历过挫折的孩子，在家父母是他们的依靠，在学校老师是他们学业上的精神依靠。将心比心，我们应当像培养自己的孩子那样培养学生。作为导师，我们应该了解研究生学习生活中的困难，把握他们面对挫折时的心理状态，疏解他们的压力和郁闷，使学生能正确对待压力和挫折，能在压力和挫折中成长，逐渐成熟。

培养学生"享受科研"

程 群 峰

化学学院教授，指导的学生周天柱学位论文《仿生二维纳米片复合材料的力学及其功能化研究》，被评为 2021 年北航校级优秀博士学位论文、2021 年中国复合材料学会优秀博士学位论文。

北京航空航天大学化学学院副院长，教授，博士生导师，国家杰出青年科学基金获得者。从事高分子纳米复合材料的研究工作，针对高分子纳米复合材料存在的孔隙缺陷，提出了降低孔隙率、提高力学性能的普适性策略，制备了一系列轻质高强纳米复合材料。获茅以升北京青年科技奖、中国复合材料学会青年科学家奖、中国化学会青年化学奖，入选教育部青年长江学者。

自 2010 年元月进入北京航空航天大学以来，已经培养博士和硕士研究生 20 余人，其中一部分毕业生进入高校从事教学和科研工作。每位同学具有不同的经历和研究课题，因此培养方式也有所不同，总的宗旨是培养学生"享受科研"。我想从以下五个方面谈一下培养学生的感想：

1. 培养学生学会用"发展的观点"看问题

我的课题组主要从事基础科学研究，基础研究的魅力所在是发现新现象、探索新问题，存在很多不确定性。因此要求我们必须培养学生用"发展的观点"去分析问题、解决问题，才能在基础研究过程中有所收获。

例如，我们在探索高分子纳米复合材料的过程中，尝试了不同类型的纳米材料，包括一维碳纳米管、二维纳米粘土、氧化石墨烯、过渡金属碳氮化合物等。这些材料本征的特性决定了它们和高分子的组装结构、界面作用是不同的。因此，在同学们做实验的时候，不能照搬照抄之前发表的研究论文，必须要根据新材料的特点制定相关的研究方案，而这个研究方案必须要发挥自己的聪明才智思考、探索。在这个过程中，教导同学们思想和行动上不能偷懒，因为对于基础科学研究，尤其是发表论文而言，只有第一没有第二，所以我和同学们都要不停地去学习新知识，才能有所创新。这个过程不仅是对同学们的培养，也是对我自己的鞭策。

因此，开展基础研究犹如"打仗"，必须培养同学们学会在"运动"中寻找"战机"，不能等和靠。一旦发现"战机"，必须全力以赴，一鼓作气抓住并解决。

2. 培养学生享受科研"不确定性"的魅力

在我培养研究生的过程中，非常注重培养同学们对数据和实验现象的认真客观地记录和保存。因为我们从事的很多基础研究都是以前没有的，而科学研究尤其是基础科学研究的魅力就是"不确定性"。

正是这些不确定性才促使了很多重大发现、发明和创造，因此，我要求课题组同学们在开展实验的过程，必须要认真客观记录数据。通过每周的组会讨论，分析这些现象和问题，哪些是由于实验误操作出现的假象，哪些是新的现象，只有这样持之以恒的坚持，才能有所发现，有所突破。例如，我们在研究过渡金属碳氮化合物纳米复合材料的时候，实验过程中发现纳米材料存在很多微纳米尺寸的孔隙，这些现象之前没有引起研究人员的注意。我们首次发现，并通过一系列实验验证了我们的猜想，提出了简单而有效消除高分子纳米复合材料孔隙率的策略，研究成果很快发表在国际顶级期刊 *Science* 上。

因此，培养学生享受科研"不确定性"的魅力，鼓励他们大胆推测和猜想，并开展实验验证，才能更多地发现新现象、解决新问题、获得新方法和新原理。

3. 培养学生具有"承受压力"的韧劲

对于基础科学研究而言，取得研究突破是非常艰辛的，99% 的时间都是在压力、失败中度过，成功的喜悦可能只有 1% 的时间，因此，必须要从精神和行动上，培养学生具有承受压力的韧劲。

我们开展的高分子纳米复合材料研究，在国内外有很多课题组都在开展相关的研究工作，你追我赶，研究论文发表速度非常快。因此，当和同学们一起选择研究方向之后，必须全力以赴，从文献调研到实验的开展，每一步都要仔细认真，不能有任何懈怠。在这个过程中，一个好的"点子"往往需要成百上千次的实验才能获得理想结果，大部分时间都在尝试中失败，在失败中总结教训，然后再充满热情去进行新一轮的尝试。如果同学们没有这种屡败屡战的韧劲，是不可能取得最终成功的。

因此，必须培养同学们"承受压力"的韧劲，学会面对压力，始终保持热情，坚持不懈才能迎来最终的胜利。

4. 培养学生养成"交叉合作"的习惯

基础科学研究在知识爆炸式的发展背景下，要求我们必须学会"交叉合作"才能产出更新、更原始的研究成果。因此，在我的课题组，培养同学们"交叉合作"的习惯是其中一项重要的工作。

我们课题组的研究工作几乎都是在交叉合作中产生，交叉合作不仅锻炼同学们和不同专业的老师和同学交流沟通，同时也锻炼同学们沟通交流的能力，对于未来走向工作岗位非常有帮助。例如，从课题组毕业的几位进入高校从事教学和科研的同学，在交叉合作方面的能力相对比较突出，很快融入所在团队中，并取得优异的成绩。

因此，培养同学们交叉合作的习惯，对于同学们未来的成长非常关键，而且必要。

5. 培养学生参与申请"基金、项目"的热情

基础科学研究主要是探索新现象、发现新问题、揭示新原理，在这个过程中需要对相关领域的研究进行总结归纳并分析，这也是课题组申请基金项目的基础，因此需要培养学生参与申请"基金、项目"的热情，对于他们未来的发展大有裨益。

课题组发展离不开同学们的辛勤努力，因为课题组的研究方向是基金项目支持的，所以我们在申请基金项目中，一定要培养同学们参与进来。这样做既可以让同学们了解基金项目申请的整个过程，锻炼他们以后独立从事科学研究的能力；同时也可以让他们以主人翁的姿态开展科研活动，清楚基金项目的目标和任务，形成一个良性循环，是一个双赢的过程。

自从 2010 年元月进入北航以来，我也在不断学习中提升自己，在培养学生的过程中培养自己带领团队的能力。以上是我自己培养学生的一些体会和感悟，只是一家之言，不妥之处，还请海涵。

愿你岁月静好　我来负重前行

空间与环境学院教授，指导的学生陈祖政学位论文《磁层中的瞬态磁场结构及其引起的能量耗散》，被评为2022年校级优秀博士学位论文。

现为国家杰出青年科学基金获得者、空间环境监测与信息处理工信部重点实验室副主任。主要从事空间科学和行星科学的研究，以第一作者发表SCI论文29篇，其中引用次数大于100次的有8篇，入选爱思唯尔2020、2021中国高被引学者，入选"全球顶尖前10万科学家"榜单；研究成果7次被评为欧洲空间局、美国地球物理学会和国际空间卫星计划的"亮点成果"，并因此获得了欧洲空间局颁发的"Cluster卫星计划杰出贡献奖"。

今年（2022年）是北京航空航天大学70周年华诞。至此特别时刻，借学校研究生院提供的宝贵平台，回顾一下这些年来我培养博士生的一些经历、经验和感悟，以期和博导共勉，供博士生参考。

博士生是人才培养体系的最后一个环节。对于创新型国家（例如我国）来说，这也是最关键的一个环节。博士生代表着国家的创新潜力、是建设创新型国家的中坚力量，因而具有光荣的使命和神圣的光环。博士生导师——博士生的引路人和授业者，因而倍感责任重大和任务艰巨。正因如此，我国自1978年设立研究生制度以来，对博导的遴选程序一直非常严格（包括师风师德、学术创新、同行评议等诸多环节），对博导的资格审查也从不间断（我校至今一直保持着博士生导师资格年审的优良传统）。

我本人于2014年获批成为"航空宇航科学与技术"的博士生导师。在初始的欣慰与欢喜之后，感受到的更是责任的重大和任务的艰巨。我时刻告诫自己，一定要为人师表、一定不能误人子弟。自 2015 年招收第一个博士生以来，至今我已经带毕业三届博士生，分别是：徐印（2015 年入学 2019 年毕业）、刘成明（2017 年入学 2020 年毕业）、陈祖政（2018 年入学 2021 年毕业）。其中，徐印获"全国空间物理学研讨会优秀论文奖"并已留校任教（聘为新体制助理教授）、刘成明获"中国地球物理学会杰出博士论文"并留校任教（聘为副教授）、陈祖政获"北京航空航天大学优秀博士论文"并到中山大学开展博士后研究。回头看来，这些学生在博士期间都学到了扎实的基本功和前沿的专业知识、在同年龄层次中处于领先地位，可以说是一片"**岁月静好**"。在庆幸自己没有误人子弟的同时，我不免陷入了沉思：

我们学院（空间与环境学院）是北航于 2016 年成立的新学院，同时我们的专业（空间科学）是北航开设的新方向。在一个传统工科强校成立一个理科学院并开设一个"虚无缥缈"的"星辰大海"专业，博士招生是一个令人头疼的问题，且是我们专业每一位老师萦绕至今的恐惧。我本人的博士生来源也不尽如人意，以毕业的三位博士为例：徐印本科来自于信阳师范学院，陈祖政本科来自于中国民航大学、且是调剂生，刘成明本科虽然来自于西安交通大学，但专业为能源动力（缺乏基本的数理基础）。将如此的生源培养成三名优秀的博士，其中的辛酸不言而喻！总结下来，这些年我的博士生培养经历包括：给每一位博士生的每一个工作提供 idea（思想）、手把手教会每一位博士生编写代码和处理数据、引导基础好的博士生开发新算法和设计新方法、提供尽可能多的机会让博士生参加国际会议和进行国际学术交流（至今已有 3 名博士生到国外著名大学联合培养、5 名博士生到国外参加国际学术会议）、帮每一位博士生重写他的前两篇文章（甚至重写了部分博士生的前 5 篇文章）、帮每一位博士生修改文章和回复审稿意见（曾经熬夜工作到凌晨 5 点帮博士生回复审稿意见）、教会每一位博士生投稿的经验和审稿的基本技能。回头看这 7 年的博士生培养经历，我一直在"**负重前行**"。

有时候我也反思：也许太多的"**负重前行**"造就的"**岁月静好**"不过是温室中的花朵？也许容易得到的东西就不会被珍惜？也许路途太顺了人就会认为是理所当然？也许不经历挫折人就不会懂得感恩？或许我们应该践行习近平总书记的格言"幸福都是靠自己奋斗出来的"？在以后的博士生培养过程中，我会总结过去的经验，并在培养方式上尝试做一些改变。

最后，关于"导学关系"和研究生招生制度谈一点我自己的看法。很多人发现欧美很少有"导学纠纷"，而我国"导学纠纷"却频繁发生。这是由我国的研究生招生制度与欧美的制度不一样造成的。在欧美，研究生是申请入学制；导师拥有很高的自主权，可以决定招什么样的学生甚至可以决定招谁。在这个制度下，不可能存在"导学纠纷"，因为潜在的"导学纠纷"在招生的时候就已经回避了。因此，在欧美，导师可以招到满意的学生，可以招到志同道合和想干实事的学生。然而在我国，研究生招生采用"闭卷考试＋面试"的形式，且很大一部分学生读研的目的不是学术研究（注：导师的目的是学术研究）。在生源充足的情况下，面试环节可以淘汰那些不以学术研究为目的的学生（志不同道不合）；而在生源不足的情况下，导师没有选择，只能招那些不以学术研究为目的的学生（志不同道不合）。俗话说，酒逢知己千杯少、话不投机半句多。既然志不同道不合，发生"导学纠纷"便不足为奇！另一方面，当导师的能力和学生能力不匹配(match)的时候，也会发生"导学纠纷"。例如，当专业能力差的导师去指导优秀学生时，必然会发生"导学纠纷"；反过来，当专业能力很强的导师去指导调剂生时，必然也会发生"导学纠纷"。因此，在我国现行的招生制度下，人们对"导学纠纷"应该理性看待，不应该从众或"同情弱者"。

传道解惑、因材施教培养医工交叉一流人才

生物与医学工程学院、医学科学与工程学院教授，医工交叉创新研究院院长，生物力学与力学生物学教育部重点实验室主任、北京生物医学工程高精尖中心主任。长江学者，杰青，国家自然科学基金创新群体带头人，科技部重点领域创新团队带头人。美国医学生物工程院（AIMBE）、国际医学与生物工程科学院（IAMBE）、国际医学物理与工程科学联盟 (IUPESM)、世界生物材料学会 (FBSE) 会士。国务院学位委生物医学工程学科评议组成员（共同召集人）。医工整合联盟理事长，中国生物医学工程学会前理事长、世界华人生物工程联合会（WACBE）前主席；曾担任民政部国家康复辅具研究中心主任、附属康复医院院长。从事生物力学、生物材料、康复工程、损伤与防护等领域研究，Elsevier 生物医学工程高被引学者，H 指数 67。

习近平在中国科学院第十九次院士大会、中国工程院第十四次院士大会上的讲话中提到，"人才市场第一资源""功以才成，业由才广"。教育部怀进鹏部长在传承"两弹一星"精神中国青年英才论坛上寄语青年学子"一代人才，一代事业"。古今中外，一部人类的发展史、一部国家的发展史也是一部人才辈出的历史。道之所存、师之所存也。孟子讲，"君子有三乐，而王天下不与存焉⋯⋯得天下英才而教育之，三乐也"（《孟子 尽心上》）。导师之于学生，进而对科技、社会、国家和时代的影响是重要的。作为教师是光荣的，作为培养高端人才的研究生导师更是责任重大使命光荣。我作为导师，传道授业解惑近 30 载，始终坚持履行教师的神圣使命与责任，在医工交

叉融合领域为国家培养了一批博硕士研究生。他们中不乏已成为国际一流大学的学者、三甲医院院长、知名高校院长、知名医疗器械企业负责人、政府部门的管理者等；在校学生也多人获"北航优秀博士论文奖""教育部学术新人奖""北航博创基金""北航十佳研究生""北航十佳学术论文奖"等。在培养人才的实践中有一些粗浅的心得体会与同仁们分享。

人才培养的首要问题是培养、塑造什么样的人才。过去孔子讲做人"五常"，即"仁义礼智信"；今天讲"德才兼备，以德为先"。过去，一个人才须具备"仁、义、礼、智、信"，这在今天仍有重要的指导意义。作为做人的首要基本素质"仁义"二字自不必说，"智"不易被忽略，"礼与信"有时可能会被忘记。在学术上"信"是最基本的素质之一，科学研究首先需要具备这个"信"，学术一定要诚信、忌浮躁、更不能弄虚作假。即便这个"礼"字在今天也有新的含义，要学会在国内外学术交流、学术大会、各种场合有得体表现、从容表达、沟通流畅的能力。我们不能丢掉"礼仪之邦"这个祖先高贵的遗传基因。**我们希望把研究生培养成德才兼备、爱国敬业、胸怀大志、勤于思考、勇于创新、善于开拓的国家栋梁。**

作导师的，总是希望研究生同学能够在几年的学习研究中成为导师科研团队的新生力量。研究生历来是科学研究的生力军，是技术创新、科学发现的主力。**北航生物医学工程学科是伴随着生物医学工程学科博硕士研究生的培养成才而发展起来的。**作导师的都有这样的期望和梦想，就是唯恐自己的学生不能成为国家、社会有用之才；都盼望自己的弟子青出于蓝而胜于蓝，成为大才。然而如何才能为国家培育合格的、一流的人才，却不是简单而容易的，是需要在学校一流育人环境下导师和学生共同努力才能达到的目标。

研究生阶段是不同于大学本科阶段的。本科阶段以打基础为主要特征，教材上说的、课堂上讲的往往都是人类知识的结晶，同学们往往需要做的是绞尽脑汁去理解、接受这些真理。研究生阶段则不然，同学们阅读文献、学术交流中，往往需要判断是否正确、有无局限性。我们如何改进、突破和创新，往往需要同学们批判性地学习、怀疑性地思考。博士研究生阶段则更是创造知识的阶段，需要同学们学会独立从事创造性科学研究和技术创新的能力。因此需要同学们尽快完成从本科生到研究生的转化，尽快完成从硕士生到博士生的转变。

研究生阶段是人的一生中成就事业的最佳季节，至少是为成就事业做能力、素质、知识准备的最重要时机。著名科学家钱学森、钱伟长、郭永怀先生，北航著名的流体力学教授、杰出的女科学家陆士嘉先生，国学大师胡适、季羡林先生在研究生阶段就做出了伟大的发现，奠定了一生的事业基础。这样的事例很多，不胜枚举。**但首先需要先定下心来。**世界生物力学之父冯元桢先生常说"定定心心做事"，古人云"宁静致远、淡泊明志"都是说的这种境界，这是古今中外学习、研究、创新的不二境界。因此应该让学生们首先能尽快在北航定下心来想想，为自己在北航的这几年定下目标、想想如何实现目标，学会管理自己的时间、生活、学习、研究，学会经营自己的时间、生活、事业和理想，教会学生科学素养、人文精神、专业技能、健康心理、管理禀赋。

　　学高为师、身正为范。"立德树人"是人民教师应当铭记的第一要义。学生是老师的镜子，作为导师应该始终坚守教学第一线，积极承担教学任务；应该崇尚科学精神，勇于创新，严谨笃学，潜心钻研，热爱学习、善于学习、终身学习做学生的楷模，培养学生独立研究和创新的能力；应该视野开阔，学识渊博，思维敏捷，勤勉认真，深入浅出地指导学生。孜孜以求，学高为师，身正为范，以优秀的人格魅力和学识魅力感染学生。

　　因材施教，亦师亦友。作为学生健康成长的指导者和引路人，注重学生独立科研能力及创新能力的培养的同时开阔学生国际化视野、学科交叉境界，培养学生全面发展，引导并帮助学生人生起航。因材施教，引导学生根据自己的兴趣爱好、专业背景和能力特征选择研究方向和课题，尊重学生意愿，真正让学生精于所学、乐于所学；授之以渔，培养学生独立发现问题、分析问题、解决问题的能力；为学生建立一流的实验和研究条件，使学生能够从事一流的医工交叉前沿探索；为学生建立与医院、医疗器械企业广泛的合作关系，为课题研究提供充足资源和广阔的产学研医交叉平台，而且邀请国际生物医学工程领域的著名专家学者来访讲学，创造各种机会送学生出国（境）交流学习，开阔学生国际视野。做学生的良师益友，将学生放在第一位，学生在学习、工作、生活中遇到困难时，即使再忙，也应及时提供帮助，为学生提供了良好的科研平台的同时，也提供了宽松的心理成长环境，成为学生的坚强后盾。在开发学生潜力方面，力所能及地为学生创造实习和工作机会，尽力为学生人生起航助力，真正地做到学生健康成长的指导者和引路人。

　　培养德才兼备、崇尚学术、专业精湛、国际视野、勤于学习、善于交叉、勇于创新的国家栋梁是我们的追求。学无涯、知无涯。在育才的同时，与学生同成长共发展是导师的最大幸福。

位卑未敢忘忧国

生物与医学工程学院教授，指导的学生杨朝阳学位论文《应用生物材料支架修复成年大鼠脊髓损伤的实验研究》，被评为 2011 年校级优秀博士学位论文、2011 年北京市优秀博士学位论文、2012 年全国优秀博士学位论文；指导的学生段红梅学位论文《生物活性材料激活内源性神经发生修复脊髓损伤的机理研究》，被评为 2017 年校级优秀博士学位论文。

1984 年毕业于白求恩医科大学，1991—1994 年，日本京都大学再生医学科学研究所留学，1994—1997 年，中国中医科学院获博士学位。国家自然科学基金委员会生命科学部咨询专家，国家重点研发计划等项目首席专家。主要从事中枢神经再生和临床转化研究。首次破解了成年哺乳类中枢神经再生的关键科学问题——神经元再生，并在应用组织工程调控内源性神经发生修复灵长类脑和脊髓损伤研究领域居世界领先水平。颠覆了一百多年前，神经科学大师 Cajal "中枢神经不能再生" 的论断。2013 年诺奖获得者 ThomasC.S ü DHOF 给予高度评价。在国际著名期刊 PNAS、Biomaterials 等发表论文多篇，获国家发明专利多项。获 "2012 年全国百篇优秀博士学位论文指导老师"、获 "2018 年高等学校科学研究优秀成果 - 自然科学一等奖" 等荣誉。

我从 2007 年开始指导博士研究生，到现在已经有 15 年了，先后培养了二十余名博士生。回顾这十几年指导博士生的过程，感受颇多，这里主要谈几点自己的体会：

1. 鼓励学生多阅读，建立自己的知识体系，培养发现问题的能力

阅读，是学生完成学业的重要环节，这不仅是知识储备的路径，也是发现问题和积累问题的路径之一。而发现问题是研究的起点，是独立培养研究能力的重要步骤。科研阅读分为两类，其中一类是经典的著作。每年新生入学后，我会给他们推荐一些基础理论和专业理论的经典著作与文献，要求他们必须精读，在夯实自己专业基石的同时也要深入理解自己研究领域的发展脉络，从而建立属于自己的"知识树"。而科研阅读的另一类，则是本领域的前沿文献。我们课题组一直有一个传统，就是每周要安排三到四名学生给大家分享一篇自己课题相关的前沿文献，组织大家一起学习，要让学生搞明白"当前最新的科研动态是什么样的，解决了什么样的科学问题，如何解决的，是否已经讲清楚了，给我们的启发是什么，还存在什么科学问题。"以此来进一步拓宽他们的知识体系，学习如何讲好一个科研故事，并最终能够讲好自己的科研故事。

2. 培养学生各方面的科研素养，使之成为一名合格的科研人员

我们经常跟学生说"不是会做实验或会写论文就叫做科研了。"我们培养博士生要培养全套，不仅要会做实验、会写论文，还要会发现问题、会解决问题。每年新生入组后，我们会让学生尽快掌握课题相关的各类主要技术，学习数据分析、论文撰写等等，我们要确保每一名博士生都能独立完成自己的科研工作。但作为一个医工交叉的课题组，教会学生科研协作也是必不可少的。我们会根据课题安排学生之间进行合作，我们的很多文章也都是大家通力合作的结果。我们也经常组织各类研讨会，让学生给业界顶尖专家介绍自己的工作，拓宽学生的眼界，同时锻炼学生的科研表达。此外，我们还会让学生参与标书撰写、科技报告编写等工作，力图让学生熟悉各类科研事务。如果未来学生毕业后依旧从事科研工作，我相信这些经历能让他更好地适应自己的工作。

研究生导师的使命担当

刘　红

生物与医学工程学院教授，指导的学生王敏娟学位论文《高 CO_2 浓度与模拟微重力对紫背天葵光合特性及抗氧化系统的影响》，被评为 2018 年校级优秀博士学位论文。

南京理工大学（原华东工学院）学士，莫斯科大学博士，先后任教于中国矿业大学、中国农业大学、北京师范大学，2004 年起任职于北京航空航天大学，"月宫一号"总设计师、首席科学家。2010 年当选俄罗斯自然科学院外籍院士，2015 年当选国际宇航科学院院士。荣获 2015 年北京市师德标兵、北京市先进工作者，2017 年北京市优秀教师，2019 年全国优秀教师、全国五一巾帼奖章、北京市有突出贡献科技人才、北航立德树人卓越奖。所领衔的"月宫一号"团队荣获 2019 年"中国青年五四奖章集体"。

研究生导师的使命是什么？

研究生导师肩负着为国家发展、社会进步培育高层次人才的重要使命。

在研究生阶段，学生要实现从自主学习的本科学习方式过渡到能够独立承担相应的科研工作的一个转折。研究生导师要培养学生运用学得的知识理论联系实践解决问题的能力，抽丝剥茧解决复杂问题的能力。同时，导师还要通过自身的表率作用对研究生的为人处世产生影响。

总之，导师应教育引导学生：养成严谨的科研作风，形成严于律己的态度，训练多方面综合素质，塑造完整完善的人格。

在努力践行作为研究生导师的使命担当的过程中有如下几点体会，在此与大家分享。

1. 倡导和践行"六有"精神

注重言传身教和引导启发示范，倡导和践行"有梦想、有热情、有豪情、有勇气、有干劲、有担当"的"六有"精神，用仁爱之心滋润学生心田，将爱国教育和理想教育融入创新人才培养过程中。

2. 提出并实施"理想引领兴趣，国合助力创新"的培养模式

通过对研究生进行正能量熏陶、爱国教育，帮助研究生树立远大理想，在践行梦想的过程中，通过密切国际合作与交流助力研究生创新能力培养。点燃了团队学生们的激情与梦想，他们将这种热烈而执着的情感全部投入到了缜密科研之中。

3. 帮助学生确定自己感兴趣且有意义的课题

研究生培养过程是任务驱动的学习、训练过程。"兴趣"是最大的动力，"有意义"是最大的激励。研究生新生一入学，就首先和他们一对一交流，了解学生的特点，让他们充分了解团队的细分方向和课题，让他们根据自己的兴趣选择，与他们分析这些研究的重要意义。找出学生兴趣、专业基础和研究需求三者的结合点，确定学位论文研究课题。

4. 帮助学生规范行为举止做受欢迎的人

做个受欢迎的人，受欢迎才容易成功。抓住各种机会跟他们说，并让他们自己琢磨，相互之间还展开过讨论，如何在不同的场合成为受欢迎的人。团队年终还评选过最受欢迎的人。每个人都要规范自己的行为举止，注意礼仪，穿戴要适合场合。例如：告诉他们哪些是正式场合，正式场合应着正装。鉴于团队国际合作交流较多，新生入学后给每位新生发放正装补贴，并要求正式场合必须穿着正装。相信他们能够从中体会到，尊重别人，才会受到欢迎。

5. 帮助学生建立克服困难的决心和意志

没有过不去的火焰山，每一个苦难都将是人生的财富。学生有困难导师与学生站在一起，一起去面对，一起去解决。让他们明白，现在看上去是过不去的坎，过些日子再看，可能根本都不是问题。学生多了，什么家庭背景的都会碰上，什么心理问题也都能遇上。鼓励学生心中有事情找导师谈心，设身处地给他们出主意想办法。并为他们保守秘密，建立信任。导师在及时解决学生心理问题上应发挥重要作用，防患于未然，把心理问题扼杀在摇篮里。

6. 培养学生的责任心和公益心

团队的研究生，每人都负责一个方面的事情，有文娱委员、卫生委员、实验室安全助理、外事助理、设备管理助理、科研档案管理助理、组会协调助理、实验试剂管理助理等等，你为大家服务，大家为你服务，已经是共识。并带动学生业余时间做科普。每人都很认真负责地做好自己该做的事情，这对于培养学生的责任心和公益心很有益处。

7. 你哪样，学生就哪样

我体会到，你真诚对待学生，学生会学会真诚；你认真做事，学生会学会认真；你追求着梦想，学生也会有梦想；你爱国，学生会对爱国有新的认识。学生跟着导师久了，旁观者能看出来，他/她越来越像你。因此，作为研究生导师责任重大，不敢怠慢，不能松懈！

月宫一号研究生党支部荣获全国首批"百个研究生样板党支部"、北京高校先进党组织。

附：

几位博士毕业生代表对导师的感受

2013 年博士毕业生贾伯阳，现任长江生态环保集团上游区域公司总工程师："第一，刘老师非常擅长发现学生的特点，并根据学生的特点针对性地培养。比如我读博第二年才发觉自己更感兴趣的是与工程实践结合的科研，而非基础研究，刘老师非常及时地做出了调整，让我的科研工作和工程实践更加紧密的结合。正是因为这些调整，我日后的工作才能发挥个人所长，在工程建设领域立足。第二，刘老师非常重视创新，重视培养学生的独立思考能力，不盲从。这些能力使我在日后工作中敢于发表自己的独立见解，能够脱颖而出。第三，刘老师非常鼓励学生实践，要敢想敢干，想好了就要坚持干下去。在月宫一号的建设中，刘老师给我很大的信任，让我大胆去做，极大地给予了我实践方面的信心。第四，刘老师为人正直，勇于斗争，平时的言行深刻影响周边的学生，学生都很敬佩。在她的影响下我也始终保持正直善良的心，这成为我立足社会的根本。"

2017 年博士毕业生董琛（月一号第一次密闭生存实验志愿者），现任山东体育学院 / 健康服务与管理教研室主任、副教授："刘老师针对我们博士生学科背景，注重整体化、综合化和情境化教育，跳出分科知识的思维框架，对博士生尝试大跨度、大综合的新方式、新手段的交叉融合教育。我作为博士生的感受：刘老师作为我们博士生成长成才过程中的指导者和引路人，给我提供了能力所及的最大的机会，送我出国学习，给我介绍工作。而且注重教诲终生学习的意识，关注学生一生的职业发展，让我感觉永远都有'家'，有'家'有'家长'，能够一辈子'亲其师'并'信其道'。"

2019 年博士毕业生刘光辉（月宫一号密闭生存实验"月宫 365"志愿者），现为北航航空科学与工程学院博士后："刘红老师对每名博士生都进行了全方位培养，不仅不遗余力地指导学生的学习和科研，更是在为人处世上言传身教。刘老师平日总是关心到我们学习生活的方方面面。除了一周一次的组会交流，刘老师都会定期与我们每个人促膝谈心，如同朋友般的聆听和中肯的建议，让我们感到如同母亲般的呵护。刘老师一直都以'六有'精神严格要求我们，更是以身作则，总是保持严谨的科研态度和积极向上的生活方式，耳濡目染之下也使我们树立了远大的理想，形成了正确的人生观和价值观。刘老师的课程总是生动有趣，结合课件、视频、课堂讨论和交流展示等多种方式，使我们不知不觉中将知识牢牢掌握的同时，学会了辩证思考。在我们学习和科研遇到困难时，刘老师的循循善诱总是以启发的方式帮助我们找到解决办法，提高了我们独立思考和解决问题的能力。"

2017 年博士毕业生王敏娟（月宫一号密闭生存实验"月宫 365"志愿者），现任中国农业大学副教授、优秀人才："2017 年 5 月博士论文暂告收尾，而于我的人生来说却仅仅只是一个逗号，我将面对新的征程的开始。我的博士研究及论文是在我的导师刘红教授的亲切关怀和耐心的指导下完成的。至此毕业近5年，回望博士生涯，我的心情仍无法保持平静。伟人、名人固然为我所崇拜，可是我更迫切地想要把我的敬意献我的导师刘红老师。刘老师治学严谨，思想深刻，用心为我们营造良好的学术氛围，从开始选择课题到论文的顺利答辩，给了我无数的帮助，让我的论文更加严谨。毕业后这5年刘老师仍对我进行学术发展和工作上的指导，自始至终都尽心尽力、无微不至地帮助我。刘老师的深切教诲是我一生的宝贵财富。对老师的感激之情不能言表，惟愿在今后以勤奋和努力来报答师恩。"

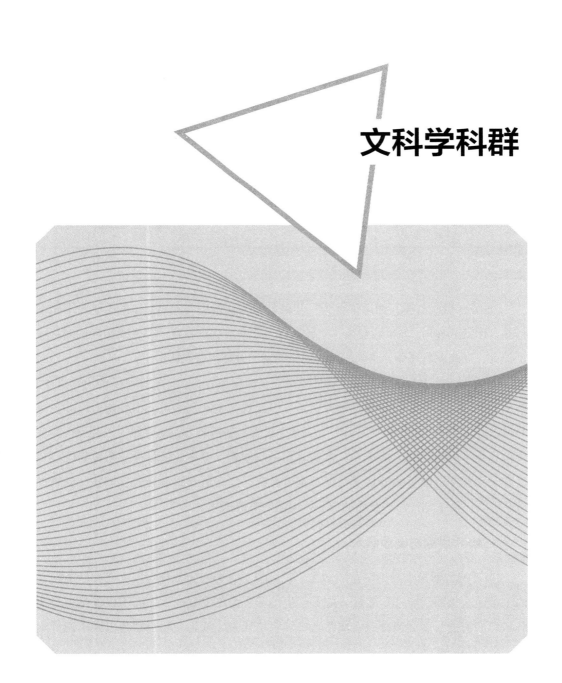

文科学科群

新一代博士研究生的培养与实践初探

邱菀华

经济管理学院教授，指导的刘树林、刘善存两位博士研究生之博士学位论文《多属性决策理论方法与应用研究》《证券组合投资的风险决策模型及其应用研究》，分别于 2001 年和 2004 年荣获全国优秀博士学位论文。它们还分别在 1999 年、2003 年被评为北航优秀博士学位论文。

中国有句谚语说，如果你要为一年做打算，你就去种稻谷；如果你要为十年做打算，你就去种树；如果你要为一生做打算，你就去从事教育。非常幸运我们同从业于教育，为此欣然从命，将久积感慨发注笔端，并期待着抛砖引玉。

培养博士生要根据学科特点和性质树立全面质量观念，实行"知识、能力和素质"的全面教育，宏观管理与微观管理相结合以宏观为主缺一不可，内外能力培养齐头并进以外为主事半功倍；注重研究生的综合素质、创新能力、动手能力以及外语和现代信息技术的应用能力的培养。在新时期崇尚创新、提高质量将进一步成为就业和生存的关键。下面具体分培养目标与素质教育、提高培养质量和激发创新性的管理机制、自己动手创造简约精彩的博士生生活三方面阐述。

1. 培养目标与素质教育

当下的大学是个颇为沉重的话题。我们担心它会因为教育实用主义和功利主义的流窜而变得面目全非。怎样才能把学生培养成全面发展的人，而不仅仅是一个装载知识的容器？著名教育家、前北大校长蔡培元先生认为"政治家是以谋求现世幸福为目的，教育家以人类的'终极关怀'为其追求，故而前者常常顾及现实，而后者往往关注久远"。爱因斯坦说，"学校应该永远以此为目标，学生离开学校时是一个和谐的人，而不仅仅是一个专家"。博士生亦然。

我们以培养具有高尚公德与责任心、国际化发展眼光和开拓主流学派潜能的中国企业家及高级决策者为主目标，要求师生共同认认真真做人、认认真真从学、认认真真为师，才能直面人生、灵魂和情感力量，才能取得持续成功和拥有一个完美的人生，而持续成功，取决于你99分努力和1分机遇。

每个博士生的发展需要自由的空气和开放的心态来滋养。如何充分发挥其个性和能力？导师应以身作则循循诱导为攻研者提供一流多方位任鸟飞的广阔发展空间，教给学生一杯水，必须自己拥有一条流动的溪，及时掌握学科前沿动向。当然，更多的培养是一种情感的联系，才能多方位帮助他们少走弯路全面提升。

新生入学必学习"把理想变为现实""学术交流与实验室管理"等多个文件和励志故事，精雕细刻地帮助他们从思想上理清读博士要不断地创新进取、甘于寂寞和刻苦钻研才能真正融入我们团结向上的集体并产出高水平成果。我们建立定期监督、激励之机制，以帮助新生信心百倍严阵以待地下决心苦干三年。

2. 提高培养质量和激发创新性的管理机制

研究生的显性质量因素有创新水平、学习程度和学习水平的提高程度；隐性质量因素为管理组织能力、适用性和为社会服务的能力等。为推动教育的良性健康发展，提高研究生的"两性"质量，我们非常重视以下几项工作：

DRP(我团队名称决策风险项目的缩写)建立了新老交叉个性化培养制；充分尊重个性和保护少数方正当权利，及时发现学生的不同之处悉心呵护助其成长；用科技带动教学和整体国际竞争能力的培养等。具体归结为"五个环节"精益管理。它指的是培养方案、开题报告、中期检查、毕业答辩和毕业后一年的跟踪。对每一环节实施新老结合链式管理并填写关键点结果链表以善后提升。

兴趣与爱好是第一生产力，培养的质量与创新性密切相关。因此，激发创新点首先要善于发现和高度尊重博士生研究兴趣，鼓励他们"开门造车"促成美妙的新思路发生。我们重点掌控以下几个方面：

①导师对每位学生的个性和特长了如指掌并实时对症下药，以提高不迷信权威

勇于探索主动出击和进行批判性分析的能力，并鼓励敢为人先之革命精神。

②我们优先为博士生创造派出引进的环境和机遇：一起撰写评审中外期刊、项目成果，请博士生主持 DRP 主创的北京价值工程学会、中国项目管委会两大学术团体及其国内外会议、合作工作组织协调等，极大提高了其素质水平与能力。

③我们建立管理和创新思维之激励机制，每年至少开评议会一次，对评议分在前 10%～20% 者给予奖励。它既调动了锻铸 DRP 特有文化硬软件之积极性，又是博士生自我制胜的重要途径。

评议会的发言大都很激烈、务实和生动，助我们把严在当严处，爱在细微中落到实处。记得 1997 年在审查刘树林学位论文初稿时，我感觉他的某新稀有属性可加一些推论及例子，同时告诉他不加并不会影响论文成绩。谁知第二天蒙蒙亮就接到刘的电话，结果比我期望值更高。

在培养过程中，还请注意以下几点：

①尽早提出各人科研领域需要补充的专门基础知识及英文写作之具体高严要求，建立机制严把质量关以完善其知识结构和提高创新力。我的博士生李广川学位论文就是用全中、英两文撰写，至今在北航乃至全国都是第一份。

②师生保持一种和谐、愉悦的心境来共度三年学习生活。导师应尽力实施苏格拉底阿波罗神话中的"希腊智慧"教学法，即以"虚教"获"实学"。请分析导师指导学生攻博与书记带员工参观天坛两项工作。抽去物理和经济意义，从管理角度而言两者有通用公（模）式可套。例如他们目标分别是三年内拿到学位和 3 小时内达到天坛；导师用多种方法指导攻博，而书记有多条路线和不同工具抵达天坛：可要辆车统一坐去，也可规定 14 点各人自己到天坛集合。显然，后者虚的教风险大却能给人更多自由空间和收获更多实的学。我们培养学生可以用一种方法去教育 10 个学生，也可以用十种方法去指导 10 个学生！培养得法能充分发挥学生积极性和创造性，凝聚力和竞争力也将随之大为提高。

3. 自己动手创造简约精彩的博士生生活

我们一届届博士生共同精心培育了一个绚丽的大舞台。它是师生争相参与的大战场。大家都期待着在这个战场上大显身手传道、授业、解惑。它也为我们造就了一个可持续发展的梯队，人人都得到成长个个都有收获。

当生活多姿多彩时，才能提高研究生的主动性、参与度和学习与工作效率。在这一点上，我们更尊重个人选择。逐渐地，大多数人都能很快地由参与变为自己动手。凝聚力也就这样在无形之中被增强了。

每年元旦，我们和已毕业的同门们都争取聚会或旅游一次。此活动由学生主持、组织与资助。它为紧张的学习生活增添精彩。另外，为提高博士生的身体素质和创造简约安全精彩的生活，我们要求每人坚持每天一小时锻炼制。它既是自己动手创造的多彩生活之一，又为锤炼自身增加了一个多姿而快乐的窗口。

我的博士生李广川在其博士学位论文致谢的首段里写道："2009年大年初一给我的导师邱菀华教授电话拜年的时候，年过花甲之年的她和我说，自己在一字一句地修改一份材料。此时，四年前我亲手打印的那张印有老师希冀之语"从来就没有所谓'失败'，除非你放弃追求"在我脑海里闪亮。这些身教言传是我一生的财富"。教育家陶行知说："千教万教教人求真"。我们的每句话都必须要求真。只有德厚才能载物，导师的行为和标准会影响学生的人生。

2019年习近平总书记主持的中央全面深化改革委第九次会议通过了《国家产教融合建设试点实施方案》这一理论创新成果，推动我国产业、教育和经济之产校融合项目的快速深入发展。为此，DRP实时组织了"产学研用"一体化深入创新绩效评价理论与应用等专题研究。当我们树立理论的高度信念后，用坚定心态助力时代信仰，DRP团队开拓高校产学研用成果的美好明天已经不遥远了。

未来的科技和产业，要保证人类生活必需和不断创造改善质量的相对需求，还要为保护和扩展生存空间开辟道路。它激励我们时时刻刻不忘初心砥砺前行。我实现了为每一个博士生而自豪的梦想，借此机会至深感恩大家，不当之处敬请多多指教。

因材施教　助生成长

赵秋红

　　经济管理学院教授，指导的学生林琪的学位论文《考虑信息价值的医疗供应链管理优化策略研究》，被评为 2022 年校优秀博士学位论文。

　　2002 年起在经济管理学院工作，2009 年被聘为博士生导师。指导的博士生毕业后多数在高校从事教学科研工作，一些在国企从事管理实践工作。

　　我 2010 年起在经济管理学院指导管理科学与工程学科的博士研究生，已经毕业的博士研究生共 11 名。到高校工作的 9 名博士毕业生中，有 5 名在双一流高校工作，有 3 名学生毕业两年内被聘为副教授，各位学生在自己的教学科研岗位发挥着重要的作用；到企业工作的 2 名博士毕业生均在企业核心岗位担任领导职务，为企业发展做出积极贡献。

　　我指导的博士研究生生源差异较大，既有双一流高校本科或硕士毕业的，也有普通高校毕业的，还有工作多年后重新返回学校的学生。学生们的理论和科研基础不同，性格、为人、学习习惯等也各不相同。我对学生的培养遵循因材施教的原则，从德智体美劳多个方面，助学生成长，努力把学生培养成对社会有用的高级专业人才。

　　林琪是经济管理学院 2011 级工业工程专业本科生，2015 年保送攻读管理科学与工程学科硕士研究生，2016 年转博攻读管理科学与工程学科博士研究生。该生自大二开始就担任我的科研小助手，我对她有比较深刻的了解。林琪思维敏捷、做事认真负责、学习刻苦努力、理论基础扎实，但有的时候在时间管理方面做得不够好。

此外，由于缺乏社会实践经验，她对实际问题背后科学问题的领悟不够深刻。针对林琪的这些特点，我协助她明确勇攀科研高峰目标的同时，为她制定较为详细的科研计划，与她一起进行深度科研攻关。此外，我经常带领她和其他学生进行企业和社会调研，以增强学生们的理论与实践相结合的能力。林琪攻读博士学位期间，在国内外高水平学生期刊上发表4篇论文，包括ABS四星期刊EJOR上发表2篇，管理科学学报和管理评论期刊各发表1篇，成绩斐然，其所提出的应急医疗供应链管理策略填补了国际上相关领域的研究空白，并对实际管理决策具有重要的指导价值。

随着社会经济的快速发展，管理科学与工程学科的内涵和外延在不断变化，另外，现在的学生大多是95后或者00后，面临的成长环境与导师同龄时所处的时代大不相同。因此，我在因材施教、助生成长的同时，保持不断学习的心态，与学生一起迎接新时代赋给我们的机遇，努力为国家培养一批又一批优秀的人才。

从细微之处研究高等教育

——浅谈教育经济与管理学科博士学位论文选题

人文社会科学学院高等教育研究院副院长、研究员。主要研究方向：工程教育，高等教育管理。兼任校学术委员会委员、教学指导委员会委员，中国高等教育学会学术委员会委员，中国学位与研究生教育学会学术委员会委员等职务。曾获国家级教学成果二等奖、北京市教学成果一等奖，校级优秀博士学位论文、中国高教学会优秀博士学位论文指导教师。主持完成多项国家社会科学基金、国家自然科学基金和教育部、中国工程院委托的课题。

我校教育经济与管理学科始建于 1985 年，原属于教育学门类，2003 年学科目录调整时被划入管理学门类。在长期建设和发展过程中，本学科始终以高等教育为主要领域，并形成了工程教育、研究生教育等特色研究方向。

1. 我国高等教育研究的初衷和现状

新中国成立初期，我国高等教育研究紧紧围绕高校管理和教学实践，大学校长、著名科学家发表有关教学的文章很普遍。1953 年，高等教育部创办了内部刊物《高等教育通讯》，强调"以教学改革为中心内容"。1956 年，时任厦门大学教育学教研组主任的潘懋元开始意识到高等教育与基础教育的不同，倡议"建立一门称为'高等专业教育学'或'高等学校教育学'的教育科学。"1978 年以后，包括我校在内的许多高校陆续成立高等教育研究机构，围绕教学工作开展研究，有些学校的高教研究机构直接被命名为教学研究室。① 作为高等教育学学科创立的标志，创办于 1980 年的《高等教育研究》杂志和 1984 年、1985 年出版的《高等教育学》教材，都把高校教学作为主要内容之一。最早也是最积极倡导建立高等教育学学科的潘懋元后来说："我国高等教育学的研究，开始时，既不是宏观的理论，也不是宏观政策的研究，而是开始于微观的教学过程的研究"②。

  然而，我国的高等教育研究在走上学科化发展道路以后，研究重点发生了变化。有研究者借鉴英国《高等教育研究》（*Studies in Higher Education*）主编 Malcom Tight 构建的分析框架，研究我国高等教育学博士学位论文。结果表明，研究主题处于个体、课程、系和院校等微观层面的论文，2000-2009 年仅占 3.19%③，2009-2018 年占 15.41%④，大多数论文都是研究宏观问题。而 Tight 对 17 种英文高等教育期刊 2000 年发表的 406 篇论文所做的统计分析显示，微观层面的研究超过 40%。⑤ 另据一项比较研究，国内顶级期刊《高等教育研究》1980-2019 年发表的论文中，涉及政策、系统等宏观领域的占 68%，属于教与学等微观领域的占 32%；而国际顶级期刊《高等教育》（*Higher Education*）同期发表的论文正好相反，宏观和微观主题分别占 31% 和 69%。⑥ 从中外比较来看，我国高等教育研究关注宏观政策、战略较多，而对高校教学研究不足。潘懋元对此也感到无奈，他说，由于适应形势，追逐课题，差不多放弃了微观的高等学校教学过程的理论研究和课程、教材、教学方法等等方面的应用研究。⑦

---

① 李均. 中国高等教育研究史 [M]. 广东高等教育出版社, 2005: 69-70, 75-81, 106-108.

② 潘懋元. 高等教育研究要更加重视微观教学研究 [J]. 中国高教研究, 2015 (7): 1.

③ 高瑞，安心. 近十年高等教育学博士学位论文选题分析——以 2000-2009 年高等教育学博士点的 282 篇学位论文为样本 [J]. 中国高教研究, 2010 (9): 43-46.

④ 雷舒淇，马翠军. 我国高等教育学博士学位论文选题分析——以 2009-2018 年高等教育学专业博士的 331 篇学位论文为样本 [J]. 牡丹江大学学报, 2019, 18 (11): 128-132, 144.

⑤ TIGHT M. Research into higher education: an a-theoretical community of practice? [J]. Higher Education Research & Development, 2004, 23 (4): 395-411.

⑥ 李均，周奕. 论高等教育研究的"中国模式" [J]. 高等教育研究, 2020, 41 (3): 61-67.

⑦ 潘懋元. 高等教育研究要更加重视微观教学研究 [J]. 中国高教研究, 2015 (7): 1.

2. 本学科博士生的特点

我校教育经济与管理学科获得博士学位授权以来，共招收博士生 252 人，其中非定向（全日制）博士生占 40% 左右，在职（定向或非全日制）博士生约 60%。非定向博士生不少人为本、硕、博连读，部分学生有短暂的工作经历。在职博士生大多数从事学校内部管理工作，少数人从事教学工作，或在政府机关、企事业单位工作。我本人共招收博士生 33 人，除 1 名外国留学生外，非定向和在职博士生各占一半。非定向博士绝大多数是本、硕、博连读，在职博士生也主要在高校工作。

由此可见，本学科在职博士生大多负责高校内部某一方面的管理工作，有的博士生虽然在多个部门工作过，但仍缺少宏观管理的经验；而非定向博士生几乎没有高等教育或高校管理的实践经历。因此，博士生整体上不具备开展宏观层面教育问题研究的基础，只有个别综合能力较强的博士生适合开展宏观政策、发展战略等问题的研究。而博士生作为在校园里学习、生活时间最长的群体，经过本科和硕士阶段以后，对高校的管理、教学等工作有一定体验，从学校内部管理、教学中发现问题，展开深入研究，则具有较强的可行性。

3. 倡导博士生开展微观研究

如上所述，我国高等教育研究的初衷是解决高校教学、管理的现实问题，而且高校的教学和管理中也有许多问题急待研究、解决。同时，博士生已有的经历、基础更有利于他们理解和把握微观问题。所以，从需要和可能两个角度来说，我比较倾向博士生在微观层面上开展研究。在过去近 20 年指导博士生的实践中，我注意把握好以下几点。

第一，把博士学位论文选题与导师的科研课题分开。在高等教育研究偏重宏观的大背景下，很多基金课题都研究战略、政策、模式等大问题。同时，本学科承担了较多来自中央部门的课题，主要研究高等教育领域的共性问题，为领导机关决策提供咨询意见。博士生参与宏观层面的研究，对开拓视野、了解国内外高等教育改革发展全局、培养综合能力有很大帮助，但这些课题并不适合作为博士学位论文的选题。除了博士生难以把握宏观问题外，这些课题都是"命题作文"，有明确的目标和较多的约束，限制了博士生独立思考；而且，这些课题重在解决实际问题，并不强调学术性，不利于对博士生进行严格规范的学术训练。因此，我指导的博士生虽然参加了我负责的许多课题，但基本没有人依托这些课题做学位论文。反倒是博士生的学位论文给我很多启发，有些成果用到我的课题中。

第二，给博士生指点一些有新意、有价值的研究方向。在日常学习、研究，以及与同事、学生的交流中，我有时会产生一些自认为有意思的想法，但限于时间和精力，顾不上进一步思考。我就把这些想法讲给博士生，鼓励他们查阅文献，深入研究。虽然，博士生经过多次迭代确定的学位论文题目可能已不是我最初的想法，但我开始给他们点出的研究方向确实有启发意义。例如，国外许多大学都有荣誉计划，我国高校很早就设立了实验班，后来又有了实验学院。国内外高校培养优秀学生的理念、做法有何异同？多年前，我把这个问题提给了一位博士生，他在这个基础上完成了学位论文《本科阶段工程领导教育研究》，并获得学校优秀博士学位论文。再比如，跨学科培养人才是工程教育的热点问题，而我国的相关研究和实践还比较少，我和博士生经过反复研讨，确定了学位论文选题"基于高影响力教育活动的工科本科生跨学科能力研究"。后来我们又在此基础上申报并获批了国家自然科学基金面上项目。还有一些博士生的论文选题，也是源自我的想法。如"大学文化特征与工科生创新人格发展的关系研究""工科大学生在企业实习期间的身份研究""学科竞赛对工科本科生培养的作用研究"等。

第三，支持博士生自主选择学位论文题目。有些博士生有自己感兴趣或具有一定研究基础的领域，我也十分乐意他们自己确定学位论文题目。对于在职博士生，我更是主张他们结合自己的实践经验选题。我相信，兴趣和经验是做研究最强大的动力。有一位博士生曾参与教育部本科教学评估的相关工作，他选择从利益相关者的视角分析高等教育评估制度，我非常支持他的想法。后来，他的论文被评为中国高等教育学会优秀博士学位论文。另一位在职博士生曾负责学校的校园文化建设，打算在这个方向上开展研究，并提出几个备选的论文题目。我们反复比较、筛选后，她最终确定以高校的专业博物馆为研究对象，完成了博士论文。还有几位非定向博士生，在到国外联合培养时，自主选择工程教育中的具体问题，开展国内外比较研究。如"本科阶段工程设计类课程研究""工科新生工程课程学习对专业成长的影响研究""高校工程伦理教育课程模式及其效果分析"等。

第四，引导博士生不断聚焦研究问题。对博士生来说，论文选题是一个非常痛苦的过程。我经常对学生说，论文选题是博士阶段最难的一件事，也是必须经历的过程。选题成功了，论文就完成了一半。我这样说，是要打消一些学生想走捷径的念头，或一些学生可能产生的焦虑，激发他们的勇气，提振他们的信心。另一方面，在我和博士生交流的过程中，花在讨论研究问题上的时间最多。我在审阅博士论文时，也重点关注对研究问题的表述。我给博士生提出好的论文题目的标准，一是听起来有点意外，二是不会产生歧义。意外就是有新意，没有歧义说明研究问题表述清楚，研究范围界定清晰。尽管不少博士生在开题时还达不到这个要求，但也他们有了初步的问题意识。再经过仔细斟酌和反复打磨，研究问题也能够逐步聚焦。

千锤万凿出深山

——研究生培养漫谈

　　外国语学院教授，指导的学生滕雄学位论文《布迪厄社会学视角下＜诗经＞英译本的副文本研究》，被评为 2021 年校级优秀博士学位论文。

　　1988 年破格晋升为副教授，1995 年特评为教授。1996—1997 年作为高级访问学者在美国得克萨斯大学学习研究。现为全国翻译资格考试专家委员会委员、北京市英语群专家委员会委员，国家社科及北京市社科基金评审专家、教育部人文社科基金通讯评审专家;《上海翻译》编委、《外国语文》特约编委、《外语教育研究》编委、《翻译界》编委；西南大学兼职博士生导师，重庆大学等高校兼职教授等。曾任 2007-2018 年教育部英语专业教学指导分委员会委员。

　　研究方向为翻译学、英语课程与教学。已在国际国内各类外语期刊上发表论文 100 余篇；出版了《剑桥美国英语词典》等译著 13 部；编著及主编了《翻译批评论》《翻译标准论》《比较翻译学导论》《翻译：调查与研究》《翻译课程模式研究》《科学翻译批评导论》《杜甫诗歌英译研究》《汉语古诗英译策略体系案例研究》等 20 余部。迄今已主持完成了国家社科基金、教育部、北京市及其他省部级课题 10 余项，其中包括国家社科重点项目 1 项、北京社科重点项目 2 项，获省部级社科奖 2 项。

翻译的历史源远流长，但作为一门学科，翻译学的建立却是近几十年的事。改革开放以后，国际交流的广度和深度前所未有，这也为翻译学在我国的发展提供了巨大的契机。翻译学学科体系得以建立，人才培养也全方位地展开。谈到研究生培养，不由想起明代诗人于谦的《石灰吟》，其中的"千锤万凿出深山"一句，而研究生的培养就是一个"锤"和"凿"的过程，其做法可能因人而异，但其核心就是如何指导出高质量的人才。我们近些年的做法大致可以归纳为：培养学生厚实的功底、具有广博的学术视野、进行扎实的研究和产生多样化的成果。

1. 厚植基础

这里的"基础"，主要包含三方面的内容：首先是与翻译学相关的理论和知识。由于翻译涉及至少两种语言，翻译学的跨学科特色非常鲜明，对之的研究，常常与语言学、文学、美学、传播学等密切相关。旁及相关学科的主要内容，对于研究生的长远发展颇为重要。其次是翻译学学科的理论、流派和方法等，这些是翻译研究的本体，需要条分缕析，系统钻研。最后是学生选题后对相关领域文献的梳理、现状的把握，为进一步研究奠定扎实的研究基础。

为使学生达到"厚植基础"的目标，我们的具体做法大致如下：其一是"开列书单"，学生补充。"开列书单"主要针对相关学科和翻译学的本体研究，教师会开列一份涉及百余种的阅读书单。这份书单是开放性的，其中会有必读书目，同时学生也可根据自己的方向和兴趣增加阅读的著作。其二是撰写书评与综述。在学生基本确定具体的研究方向（翻译理论、翻译史、翻译教学、翻译批评等）之后（或同时），会鼓励和要求他们撰写与研究主题相关的书评和综述。撰写书评，其对象通常是国外学界该领域近两年的专著，它们往往代表了该领域的国际最新进展。书评不仅要求写作者，全面了解作者的观点和方法，同时还需对同类著作进行对比，做出恰当的评价。这一过程对于提高学生的批评性思维能力确有裨益，而这些书评在国际期刊的发表（如 *Babel, Perspectives, Meta: Journal des traducteurs/Meta: Translators' Journal, Interpreter and Translator Trainer* 等 ），对于增加学生的在学术上的自信心也颇有帮助。综述的写作，对于学生了解和把握某一领域或某一主题的研究现状是必不可少的一环，不少也成为大论文"文献综述"的基础，如"翻译策略的国际研究进展"（《中国外语》）、"国外翻译教学研究：热点、趋势与启示"（《外语界》）、"国外诗歌翻译研究的科学知识图谱分析"(《外语学刊》)等。

2. 拓展视野

如果说前面"厚植基础"主要涉及相对静态的活动，那么这里的"拓展视野"则指参与各种学术活动、参加各类专业学术会议等动态活动。

近些年，随着国家经济的发展和学科建设的加强，各类学术活动和学术会议内容丰富、几乎涉及翻译学研究的方方面面。就学术活动而言，翻译由于其自身特性，往往包含两个方面的活动：一是与翻译实践相关的各种比赛，如"韩素音国际翻译大赛"《英语世界》杯翻译大赛"等；二是由不同学校举办的研究生论坛，如北京外国语大学、南开大学、中山大学等举办的博士生论坛已有很多年，影响大、效果好。参与这类论坛，对于提高学生的综合能力（如演讲能力、应变能力等）、学术能力等都颇有益处。而参加学术会议，尤其是线下学术会议，学生能身临其境、与师长和同仁有效沟通，开拓学术视野；疫情以后，线上学术会议方便快捷，同学们也有了更多向国内外学者学习的机会。

在上述方面，近些年我们引导和指导学生参与了各类翻译大赛并多次获奖；另外作为主旨发言人参与了各类高校的博士生论坛。我们还有意识组织研究生团队，参加了"第八届全国英语翻译高端论坛"全国翻译理论与方法研讨会""翻译史研究高层论坛"等。

3. 深入研究

翻译学的学科领域较为宽广，涉及的分支学科众多。在研究生培养中，我们本着"遵循学科规律、推崇学术创新、尊重学生选择、适度加以引导"的方法来决定学生小论文和大论文的写作。

这里重点谈谈"适度加以引导"。研究生，尤其是博士生，大论文的写作是一项漫长的工程，从选题到写作到最后答辩，环环相扣，需要付出巨大的劳动。而其中最基础也最为重要的是论文的选题。在这方面，由于近二十年我国文化战略由"请进来"为主转变为"走出去"，"中国文化走出去"成为国家战略，因此如何呼应国家文化战略的发展，展开有深度的研究，是我们这些年的尝试。近年来，依托获批的一项国家社科基金重点项目和两项北京市社科重点项目，我们有意识引导学生围绕汉语古诗英译史、译者研究、译本研究、英译策略与运作机制等进行了一系列研究，并产出了：数篇博士论文和 50 余篇期刊论文；博士论文如白居易诗歌英译、《唐诗三百首》英译研究、汉语古诗英译史研究、《诗经》英译研究、李清照诗歌英译研究等博士论文等；发表期刊论文的期刊如：American Journal of Translation Studies, Translatio, Interpretation and Translation, FORUM,《中国翻译》《中国外语》《外语与外语教学》等。

4. 丰富成果

学术论文是学术研究的主要呈现方式，但学术成果还可以有多样化的体现，如专著、译著、教材等。

参与专著的撰写，可以让学生对某一专题一边进行部分内容的写作，另一边可以对这一专题进行系统的领悟与了解，继而为后面的大论文撰写奠定良好的认知基础；而在专著修改、校对过程中，各位作者的协作也锻炼了学生的基本技能。如已经出版的《杜甫诗歌英译研究》（中国社会科学出版社）、《汉语古诗英译策略体系案例研究》（中国社会科学出版社），学生在后期修改中，仅术语的统一、参考文献排版的一致就花费了不少功夫，但大家都认为对图书编辑、出版要求有了新的了解，收获颇丰。

而译文和译著，对于学生而言，一方面可以夯实双语基础、提高双语能力，同时还能训练翻译技巧，是非常接地气的实训项目。如《剑桥美国英语词典》（上海外语教育出版社）、"The Girl Student"（ABC Garden LLC），前者是英译汉、后者是汉译英，翻译方向不同；同时，前者是信息型文本、后者是文学文本，文本类型有异，仅这些差异对翻译策略、翻译方法等会造成巨大的影响。

由于本方向的博士生毕业后基本都进入高校，因此教材编写对他们而言既可从知识的角度系统阐述翻译理论，也可通过教材的练习编写等提前熟悉教学环节。如近年我们出版了《英汉科技翻译教程》（上海外语教育出版社）、《翻译概论》（清华大学出版社）、《翻译学概论》（商务印书馆），三本教材从翻译实践到翻译知识再到翻译理论，构成了一个较为完整的体系。目前我们正启动航空航天翻译系列教材的编写，希望在构建突显航空航天特色的翻译教材体系上能有所建树。

除论文、专著、译文、译著、教材等学术成果的形式，基金申报也对学生的学术发展颇有帮助。我们积极鼓励学生参与校内各类项目和奖励的申报，如各类学业奖学金、工信创新创业奖学金、宝钢优秀学生奖、北航卓越学术基金等，同时还敦促符合条件的博士生申请省部级基金，如本次获校优秀博士论文奖的滕雄关于《诗经》副文本的研究，就获得过北京社科基金、教育部人文社科基金青年项目的资助，这既是对这一研究的肯定，同时也是对学生高质量完成博士论文的激励。

人才培养事关国家的兴盛、学校的声誉以及教师与学生的发展，值得高度重视。"千锤万凿"可以使学生成为学术研究的"璞玉"，而要在学术上获得大的发展，还需"烈火焚烧"，乃至"粉骨碎身"的磨练；只要具备"若等闲""全不怕"的精神，产出创新性成果的"清白"则未来可期。

以上仅仅就一己之见，谈了谈研究生培养的一些感想，所谈未必全面，不当之处，恳请斧正。

历尽千帆　方拾一贝

外国语学院教授，指导的学生杜静的博士学位论文《汉语"破"类动词的概念变异：历时语义学视角》，被评为 2020 年校级优秀博士学位论文。

在我本人的求学及学术生涯中，我深深地得益于国际化和广泛的国际交流。因此，我在研究生指导中，更是全方位实践国际化理念，探索以国际化的方式指导学生及做学问的路子。

先讲两个经历，也可以说是两个"惊讶"。1997 年 7 月，我以教育部留学基金委公派普通访问学者的身份来到新西兰的坎特伯雷大学留学，访学 1 年。当时在国内的身份是中国海洋大学外国语学院的副教授，此前在吉林大学获得学术硕士学位。能有这次访学机会，在国内同行算是佼佼者。同年获得基金委资助赴新西兰访学的所有专业的人员总共 5 人。结果发现，以国内所学，我在这里的语言学系所选的课程，竟然基本听不懂。在和当地人的日常交流中，发现自己的英语口语，也是困难重重。这个发现让我感到十分"惊讶"。

2010 年 3 月我来到了美国加州大学伯克利分校语言学系访学，身份是基金委公派的高级访问学者。伯克利大学给中国来的访问学者专门开设了一种英语提高班，阅读当地报纸。我此时已经博士毕业，在国内身份为北京航空航天大学外国语学院教授。更没有想到的是，我阅读当地英文报纸困难重重，生词很多，背后的文化现象更是一时难以彻底了解。这可谓我留学经历中的第二次让我感到的"惊讶"。

以上经历，尤其是我们的专业为"外国语言学"这一事实，让我十分清醒地意识到我们的学术水平和西方学术的差距。研究外国语言学，必须首先能够和英语母语者准确无障碍交流，这是彻底弄懂专业问题，进而进入前沿研究的第一步。

自 2003 年 3 月，我加入北京航空航天大学，开始指导研究生，至今指导研究生70 余名，其中博士 14 名，已经毕业 7 名。我始终贯彻的重要理念就是全方位的国际化。把国际化融入教学、科研以及指导的方方面面。这里包括课程讲授，课程作业要求，参加会议，举办会议，论文撰写，投稿等等。

以下仅简单介绍近 20 年来，我们搭建的重要的国际平台。我本人指导的研究生，既是这些平台的搭建者，也是受益者。

1. "中国认知语言学国际论坛" http://cifcl.buaa.edu.cn/

这是我本人创办的北航外事处重点专家资金支持的年度国际会议，我们简称"论坛"。"论坛"已经举办 21 届，2022 年将举办第 22 届。本"论坛"共邀请本专业国际顶级专家 30 位，举办了 30 个 10 讲系列。我们的研究生通过这个"论坛"，获得和国际专家密切接触的机会。好多同学获得跟这些专家读博、访学机会。

2. 英文国际期刊：Cognitive Semantics

在"论坛"专家支持下，我们创办过两种国际期刊，我本人任主编。Cognitive Semantics 目前已经获得 SCOPUS 检索，获得国际同行认可。该刊 2022 年已经进入创刊第 8 年，今年在努力申请进入 SSCI 及 A&HCI 检索。这本期刊也是我本人训练学生的平台。期刊助理由 3 位博士生轮流担任。期刊公众号由博士生带领硕士生服务。各位研究生在围绕期刊的各种服务中得到锻炼，得到提高。

3. 系列丛书：DLDL 及《世界著名语言学家系列讲座》

本期列丛书是以上"论坛"副产品。最初由外语教学与研究出版社出版《世界著名语言学家系列讲座》，共出版图书 20 种。2018 年开始，由荷兰的 Brill 出版社出版，系列名称 DLCL（《著名认知语言学讲座》）至今已经出版到 27 种。基本和"论坛"迟后一年。这些图书，我邀请博士生充当责任编辑，编委。

以上三个平台是持续时间长，影响大的平台。以下主要限于团队内部。

4. 北航认知语言学读书会

在研究生指导中，贯彻"三大"原则。即阅读"大刊"上发表的"大家"的"大论文"。这里的"大刊"指的是国外权威英文期刊，比如 *Language, Cognitive Linguistics*，*Review of Cognitive Linguistics* 等；"大家"指的是有重要影响的知名学者；"大论文"指的是有理论深度，方法前沿等重要论文。

以"三大"为指导原则，自 2011 年开始义务指导学生举办读书会。由最初每学期举办 20 期，到目前每学期固定举办 10 期。至本学期末，将举办 240 期。http://cifcl.buaa.edu.cn/BRCCL.htm 读书会主要以我本人指导的研究生为主，同时有兄弟院校学友参加。

5. 周汇报制度

为了深入贯彻"立德树人"根本任务，深入了解学生学习、科研、生活中的实际情况。自 2021 年秋季学期开学，每周组织研究生进行"周汇报"，英文叫做"weekly report"，至今在坚持。

重理论　强实践　态度与功夫兼容

付翠英

法学院教授，指导的学生崔明亮的学位论文《破产撤销制度研究》，被评为 2021 年校级优秀博士论文。

中国民法研究会理事、中国婚姻家庭法研究会理事、北京市破产法学会常务理事、北京市消费者法学会常务理事。日本京都大学访问学者。曾获得北京市优秀教师荣誉称号。

常言道，精诚所至，金石为开。崔明亮同学的博士论文获得肯定，首先是与他个人禀赋、理论根基、认真态度和肯下功夫分不开。作为他的指导老师，学生论文能够获奖当然是高兴的事儿，当然获奖也是幸运的事儿，优秀文章千千万，毕竟获奖者少。

接到研究生院为校庆希望获奖论文的指导老师写点指导心得的通知时，说实话一时不知道从何写起。当静下来回顾一下自己对博士论文的指导，不限于崔明亮同学，还是有很多苦辣酸甜，一言难尽呢。

就个人指导体会而言，能否创作一篇好的博士论文，最关键的是与学生学术功底和专业志趣是否相匹配的选题。选题好，学生功力不逮，也是难以达成；与学生专业志趣不合，写作分神，容易陷入卡壳。经验提示我们，确定选题的过程中，在尊重学生个人意见的同时，一定考虑到学生的驾驭能力。有的学生好高骛远，题目定好后，无法完成。写不下去时，指导老师就有得苦吃了。曾经为了学生能够完成论文，二周的休假一直在学院资料室陪着学生，看着学生写得苦不堪言、身心憔悴时，指导老师当时的心境有多辣苦也就不难想象了。

选题是写好论文的第一步。选题的过程,导师一定要严格把关,既要关注学术前沿,也要考虑理论创新和实践应用。那些有理论基础,又有创新空间和实践刚需的选题对于一篇好的博士论文的创作至关重要。

选题确定后在开题之前,一定要求搜集新鲜翔实全面的国内外资料,对文献内容有基本的认识和把握。学生的视野和写作思路可以通过文献资料进行判断。搜集资料过程中,一定要多和学生交流,了解学生对文献的理解,防止跑偏。

开题之后务必对学生的学术态度进行仔细观察。有的学生开题通过后,就松懈下来,这样就断了思路。开题后尽量督促学生抓紧论文写作。学生态度不认真,拖延,到最后要毕业了又急匆匆地完成,论文虽然勉强通过,但难以成为一篇好的论文。

完成初稿后不能忽视打磨的重要性。一气呵成固然是创作的理想状态,经过多次反复的推敲修改,如同玉石到玉器的质变,润色方能使论文添彩。

实际上,每位老师对论文指导的体会多少都有共性。重理论,强实践的选题,创作态度和所下功夫兼容,以激发学生的学术潜力为目标,方能体现指导的价值。

以上体会概括一句话,学术不易,功夫第一。